Consultant-Knigge

von
Prof. Dr. Dirk H. Hartel
Duale Hochschule Baden-Württemberg
Stuttgart

Oldenbourg Verlag München

Lektorat: Thomas Ammon
Herstellung: Tina Bonertz
Titelbild: Steve Woods
Einbandgestaltung: hauser lacour

Bibliografische Information der Deutschen Nationalbibliothek
Die Deutsche Nationalbibliothek verzeichnet diese Publikation in der Deutschen
Nationalbibliografie; detaillierte bibliografische Daten sind im Internet über
http://dnb.d-nb.de abrufbar.

Library of Congress Cataloging-in-Publication Data
A CIP catalog record for this book has been applied for at the Library of Congress.

© 2013 Oldenbourg Wissenschaftsverlag GmbH
Rosenheimer Straße 143, 81671 München, Deutschland
www.degruyter.com/oldenbourg
Ein Unternehmen von De Gruyter

Gedruckt in Deutschland

Dieses Papier ist alterungsbeständig nach DIN/ISO 9706.

ISBN   978-3-486-74618-1
eISBN   978-3-486-76728-5

Vorwort oder „Warum dieses Buch?"

Unternehmensberatungen stehen bei Hochschulabsolventen[1] als Arbeitgeber nach wie vor hoch im Kurs. Im Rahmen einer groß angelegten Befragung 2012[2] von ca. 14.000 examensnahen Studenten der Wirtschaftswissenschaften wurde zwischen September 2011 bis Februar 2012 nach den beliebtesten Arbeitgebern gefragt. Dabei liegt die Automobilbranche ganz vorn: Fünf der sechs best platzierten Arbeitergeber lassen sich hier zuordnen. Aber auch Beratungs- und Wirtschaftsprüfungsunternehmen werden als sehr attraktiv eingestuft: Fünf Arbeitgeber (PwC, Ernst & Young, KPMG, McKinsey und Boston Consulting Group) zählen zu den Top 20.

Noch interessanter sind die aktuellen Ergebnisse, wenn man sich ausschließlich die Gruppe so genannter „High Potentials"[3] ansieht: Hier belegen die internationalen Management-Beratungen[4] McKinsey (Nr. 1) und Boston Consulting Group (Nr. 3) zusammen mit Audi die Plätze 1 bis 3. Somit belegt die Studie, dass Absolventen im Allgemeinen und sehr qualifizierte Studenten im Besonderen sich für einen Berufseinstieg in einer Unternehmensberatung interessieren. Dabei sind die Erwartungen aus Sicht der Bewerber an diese potenziellen Arbeitgeber oft sehr ähnlich: Abwechslungsreiches Tätigkeitsspektrum im In- und Ausland, und zwar über Unternehmens- und Branchengrenzen hinweg, direkter Kontakt zum Top-Management der Wirtschaft sowie relativ hohe Einstiegsgelder und gute Karrieremöglichkeiten. Trotz der

---

[1] Aus Gründen der Vereinfachung und besseren Lesbarkeit wird im Folgenden, wenn es sich nicht explizit um geschlechtsspezifische Aussagen handelt, generell die männliche Form verwendet (Berater, Absolvent, Kunde, Student etc.). Die Aussagen beziehen sich jedoch sowohl auf Damen als auch auf Herren.

[2] Jährliche „trendance Graduate Barometer – Business Edition" (für examensnahe Studierende und Absolventen wirtschaftswissenschaftlicher Fächer).

[3] Gemäß der Studie sind dabei folgende Kriterien zu erfüllen: Akademische Leistung: gehören zu den besten 25 Prozent, Erfahrungsprofil: Auslandserfahrung (Studium und/oder Praktikum), Praktikum im Inland, außeruniversitäres Engagement.

[4] Anmerkung: Im Folgenden werden die Begriffe „Consulting" und „(Unternehmens-)Beratung" bzw. „Consultant" und „Berater" synonym verwendet.

hohen Attraktivität als Arbeitgeber setzen sich Consulting-Gesellschaften intensiv mit Recruiting auseinander. Assessment Center im Ausland, direkter Kontakt zu Geschäftsführern und Partnern sowie teilweise „Kopfgeldprämien" sind Ausdruck des Stellenwerts, den die Personalverantwortlichen den „Einser-Kandidaten" einräumen.

Die sehr guten Ranking-Bewertungen aus Sicht der High Potentials, aber auch die starken Bemühungen der Beratungshäuser machen deutlich, dass die Erwartungshaltung auf beiden Seiten sehr hoch ist. In diesem Zusammenhang stellt sich natürlich die Frage, ob ein erfolgreicher Studienabsolvent auch automatisch ein erfolgreicher Unternehmensberater wird. Und daran anschließend stellt sich ebenfalls die Frage, was einen erfolgreichen Unternehmensberater auszeichnet.

Gerade an dieser Stelle setzt das vorliegende Buch an, indem es – basierend auf eigenen fünfzehnjährigen Consulting-Erfahrungen des Autors – Hinweise, Tipps und Tricks für einen erfolgreichen (Berufs-)Einstieg als Consultant geben soll. Dabei erfolgen die Empfehlungen des Autors aus zwei Perspektiven: Einerseits aus der Sicht eines Consultants, der zu Beginn der Berater-Karriere viel lernen musste und mit diesem Buch versucht, dass der Leser die Lernkurve schneller durchlaufen kann als ohne dieses Hilfsmittel, andererseits auch aus dem Blickwinkel eines Partners und Projektleiters, der Neu-Einsteigern (als Bestandteil eines Projektteams) wichtige praktische „Dos" und „Don'ts" mit auf den Weg geben und dadurch von leistungsfähigen Team-Mitgliedern profitieren möchte (Stärke des Projektteams in Abhängigkeit der Performance des schwächsten Glieds). Dabei soll an dem Punkt angesetzt werden, an dem klassische Business-Knigge-Bücher aufhören. Neben grundsätzlichen Aussagen zu Auftreten, Stil und Etikette im Geschäftsleben soll speziell auf die spezifischen Anforderungen an Consultants eingegangen werden. Da besonders für Hochschulabsolventen meist der Umstieg vom Diplomanden/Doktoranden zum (Junior) Consultant ungewohnt ausfällt, soll im Rahmen des Buchs der Fokus auf „die Neuen im Beratungsgeschäft" gelegt werden.

Das Buch will, nicht zuletzt auf Basis konkreter Beispiele aus dem Berater0alltag, Empfehlungen für korrektes Verhalten und Auftreten als Consultant geben. Vor dem Hintergrund, dass Unternehmensberatung nicht gleich Unternehmensberatung ist und fast jedes Haus eine eigene Unternehmenskultur pflegt, können bzw. dürfen diese Empfehlungen jedoch nicht einfach unreflektiert übernommen werden. Im Zweifelsfall erscheint es daher sinnvoll, sich als Junior Consultant an seinen Mentor, Projektleiter oder Beraterkollegen zu wenden, um Fehler zu vermeiden.

Das vorliegende Buch behandelt nicht nur klassische Themen eines Knigge-Führers, sondern möchte – im Sinne einer umfassenden Vorbereitung des Berufsneu- oder -quereinsteigers – im ersten Schritt auf Berater und den Beratermarkt eingehen. Aus diesem Grund sollen im zweiten Kapitel der Begriff sowie das Berufsbild des Beraters dargestellt werden. Darüber hinaus wird der Beratermarkt in Deutschland, nicht zuletzt unter dem Blickwinkel „Arbeitsmarkt" näher beleuchtet. Schwerpunkt von Kapitel 2 ist indes die Beantwortung der Frage, welche Anforderungen an einen Consultant gestellt werden, und zwar aus drei Perspektiven: Arbeitgeber, Kunde und Gesellschaft.

Das anschließende Kapitel widmet sich der adäquaten Kontaktaufnahme mit einem potenziellen Auftraggeber, jedoch nicht aus inhaltlicher Sicht, sondern aus Sicht von Verhalten, Sprache und Auftreten: Welche Wege bieten sich zu Beginn eines Akquisitionsprozesses an? Was ist bei einer telefonischen Kontaktaufnahme zu beachten? Welche Fehler können bei der Angebotserstellung auftreten? Dies sind nur drei Fragen von vielen, die an dieser Stelle behandelt werden sollen.

Kapitel 4 stellt den Hauptteil des Buchs dar. Hier werden konkrete Hinweise für die Phase der Projektarbeit mit Kunden gegeben. Sie reichen von Tipps bei der An- und Abreise über geeignete Kleidung als Berater oder Beraterin bis hin zu einem geeigneten Verhalten und Auftreten beim Klienten vor Ort. Auch in diesem Kapitel wird auf die Kommunikation, sei sie schriftlich oder mündlich, sei sie gegenüber Kunden oder Kollegen, besonderer Wert gelegt.

Im nächsten Kapitel werden Empfehlungen über das richtige Auftreten außerhalb der direkten Projektarbeit gegeben. Was ist bei Geschäftsessen zu beachten? Welche gemeinsamen Freizeitaktivitäten sind möglich und wo wird u. U. die Grenze zur Privatsphäre überschritten? Sollte man solche Veranstaltungen im Selbstverständnis als objektiver Berater eher generell meiden? Und wenn nein, wo gibt es Grenzen bei solchen „off-site-Terminen"?

„Nach dem Projekt ist vor dem Projekt" – getreu diesem Motto behandelt das sechste Kapitel die Frage, welche Aufgaben am Ende eines Projektes anfallen, denn nur ein erfolgreicher Projektabschluss führt i. d. R. dazu, dass das Gesamtprojekt auch als Erfolg beurteilt wird. Daher soll erörtert werden, an was im Rahmen des Projektabschlusses zu denken ist, und zwar sowohl in Richtung des eigenen Arbeitgebers, aber auch in Richtung des Kunden.

Das siebte und letzte Kapitel versteht sich als Fazit und zugleich „Management Summary". An dieser abschließenden Stelle sollen die wichtigsten zehn Regeln für einen Einsteiger bei der Beratungsgesellschaft gegeben werden. Gerade die ersten drei bis sechs Monate sind nicht nur die abwechslungsreichsten und anstrengendsten für einen Berater, sondern auch der Zeitraum, in dem sich ein Consultant intern und extern positioniert – sei es im positiven, sei es im negativen Sinne.

Das Buch richtet sich somit an drei Zielgruppen:

1. Bachelor- und Master-Studenten, die ein Profil-, Wahlpflichtfach oder Vertiefungsstudium „Unternehmensberatung" gewählt haben
2. Hochschulabsolventen, die unmittelbar vor dem Einstieg in eine Beratung stehen
3. Quereinsteiger mit Berufserfahrung, die aus Industrie, Handel oder Dienstleistung in eine Consulting-Gesellschaft wechseln

Ein abgeschlossenes Buchprojekt stellt selten den Erfolg einer einzelnen Person dar. Vor diesem Hintergrund dankt der Autor seinen ehemaligen Kollegen sowie den Interviewpartnern, die für Beispiele, Anekdoten und kritische Hinweise zur Verfügung standen. Aus Gründen der Vertraulichkeit dankt der Autor auch zahlreichen ehemaligen Kunden, die an dieser Stelle nicht namentlich genannt werden konnten.

Die Zweitauflage des „Consultant-Knigge" wurde um zwei Geleitworte ergänzt. Hierfür möchte ich meinem akademischen Lehrer, Professor Dr. Dr. h.c. mult. *Horst Wildemann*, danken, bei dem ich nicht nur wissenschaftlich geprägt, sondern auch in die Management-Beratung eingeführt wurde. Darüber hinaus freut es mich besonders, dass Herr Dipl.-Kfm. *Christoph Weyrather* als Geschäftsführer des Bundesverband Deutscher Unternehmensberater BDU einen Kurzbeitrag beigesteuert hat. Schließlich steht der BDU nicht nur für 13.000 Mitglieder, sondern deckt über seine Mitgliedsunternehmen immerhin 20 Prozent des Gesamtbranchenumsatzes in Deutschland ab.

Der Autor dankt außerdem Herrn *Thomas Ammon*, Lektorat Wirtschafts- und Sozialwissenschaften im Oldenbourg Verlag, ganz herzlich für die Hilfe im Rahmen der Überarbeitung der ersten Auflage, für die partnerschaftliche Zusammenarbeit sowie für die inhaltliche und technische Unterstützung bei der Aktualisierung dieses Buches.

An letzter, zugleich wichtigster Stelle möchte ich meiner Frau *Uta Strelow-Hartel*, M.A., danken. Sie hat mich nicht nur erneut beim Redigieren des Textes unterstützt, sondern auch auf manchen gemeinsamen freien Tag verzichtet. Ihr und unseren beiden Söhnen Tim Torben und Dominik Darian widme ich dieses Buch.

Der Autor hofft, dass der Leser auch in der überarbeiteten und aktualisierten Auflage viele Anregungen, Tipps und Tricks für das tägliche Berater-Dasein findet, und würde sich freuen, hierüber Rückmeldungen zu erhalten. Er bittet außerdem um Verbesserungsvorschläge, Anregungen und weitere Beispiele aus der Praxis, gerne per Mail unter hartel@dhbw-stuttgart.de.

Stuttgart, im Juli 2013   Prof. Dr. Dirk H. Hartel

Geleitwort

Dem Popper'schen Grundsatz „Alles Leben ist Problemlösen" folgen erfolgreiche Managementberatungen, indem sie nicht nur Konzepte zur Lösungssuche gemeinsam mit Kunden entwickeln und bewerten, sondern sie auch bei der Implementierung begleiten. Spätestens seit dem 3-Phasen-Modell der Veränderung nach Lewin wissen wir, dass Veränderungsprozesse nur dann nachhaltig umgesetzt werden, wenn es gelingt, die Phase der internen Ablehnung zu überwinden, indem beispielsweise die betroffenen Mitarbeiter zu Beteiligten gemacht werden.

Aus dieser Überlegung heraus wurde in den 80er Jahren die GENESIS-Methodik (Grundlegende Effektivitätsverbesserung nach einer Schulung in schlanker Produktion, Organisation und Beschaffung) entwickelt, die bereits in über 800 Workshops bei 148 Unternehmen erfolgreich angewendet wurde. GENESIS basiert auf einer praxiserprobten Methode, bei der Lösungsansätze, Methoden und standardisierte Vorgehensweisen zur kurzfristigen Schaffung effizienter und effektiver Strukturen für einen definierten Untersuchungsbereich geboten werden. Der Schwerpunkt liegt auf der Erzielung einer kurzfristigen Produktivitätssteigerung, der nachhaltigen Reduzierung der Durchlaufzeiten und Bestände, Freisetzung von Flächen und der Verbesserung des Qualitätsniveaus. Die Durchführung eines GENESIS-Workshops erstreckt sich auf vier Tage und durchläuft alle Phasen des Problemlösungsprozesses von der Problemerkennung bis hin zur Realisierung der Maßnahmen.

Als höherwertige, wissensintensive Dienstleistung wird die Effektivität einer Beratungsleistung nicht nur von der fachlichen und methodischen Kompetenz des Consultants geprägt, sondern auch von dessen sozialen Fähigkeiten. Nicht nur bei der Berater-Auswahl, sondern auch in der täglichen Zusammenarbeit zwischen Klient und Consultant – auch und gerade bei Veränderungsprojekten – hat Vertrauen in die Person des Beraters einen wesentlichen Stellenwert. Fehlt es an Vertrauen bzw. an Akzeptanz, scheitert bereits das „Lernen von außen" als erste Phase im Veränderungsprozess auf dem Weg zum selbstverantwortlichen Lernen. Dabei ist es im Übrigen vernachlässigbar, ob es sich um einen externen Consultant handelt oder um

Inhouse-Consulting-Einheiten, die inzwischen in 21 der DAX30-Unternehmen etabliert sind.

An dieser Stelle setzt das Werk von Professor Hartel an. Schließlich hängt nicht nur der Erfolg oder Misserfolg maßgeblich mit den korrekten Verhaltensweisen eines Beraters zusammen, sondern diese prägen schlussendlich auch das Fremdbild, welches in unserer Gesellschaft vorherrscht. Nicht zuletzt in diesem Sinne kann und wird der „Consultant-Knigge" meines ehemaligen Doktoranden gewiss eine zielführende Rolle spielen. Als Wissenschaftler, aber auch als Berater, Beirats- und Aufsichtsratsmitglied namhafter Industrieunternehmen möchte ich es dem Buch wünschen.

München, 2013   Univ.-Prof. Dr. Dr. h. c. mult. Horst Wildemann
                                                              Technische Universität München,
                              Forschungsinstitut Unternehmensführung, Logistik und Produktion
                                      Geschäftsführender Gesellschafter, TCW GmbH & Co. KG

Geleitwort

Bereits im Zuge seiner Gründung im Jahr 1954 hatte der BDU erstmalig Richtlinien für die Berufsausübung von Unternehmensberatern formuliert. Für uns als Bundesverband spielt die Qualität der Unternehmensberatung in Deutschland auch heute weiterhin genauso eine besondere Rolle wie deren Weiterentwicklung. So haben wir beispielsweise die EU-Dienstleistungsrichtlinie und die hierin enthaltenen Anforderungen an die Branchenverbände, sich Verhaltenskodizes zu geben, erneut zum Anlass genommen, die wesentlichen Kriterien für die Berufsausübung in komprimierter Form zu beschreiben. Im Dezember 2010 sind die neuen Berufsgrundsätze für Unternehmensberater im Bundesverband Deutscher Unternehmensberater (BDU) in Kraft getreten. In neun Paragrafen werden u. a. Aussagen und Selbstverpflichtungen für die BDU-Mitglieder hinsichtlich Berufsausübung und Verschwiegenheit getroffen.

Hier sehen wir durchaus Parallelen zum Werk von Professor Hartel, der sich auch in seiner Neuauflage des „Consultant-Knigge" mit Fragestellungen von Auftreten, Verhalten, Sprache und Kommunikation im Berateralltag intensiv auseinandersetzt. Als praxisorientiertes Buch richtet es sich nicht nur an Studiengänge mit Schwerpunkt „Consulting", sondern insbesondere an Berufseinsteiger in der Consultingbranche. Damit erreicht er aus Sicht des BDU eine ganz wesentliche Zielgruppe, denn die erfreuliche Auftragslage hat dazu geführt, dass 2012 besonders die großen Unternehmensberatungen zusätzliche Beraterinnen und Berater eingestellt haben. In der aktuellen Ausgabe unserer jährlich erscheinenden Marktstudie „Facts & Figures" gaben Dreiviertel dieser Betriebe an, die Zahl ihrer Mitarbeiter gegenüber dem Vorjahr erhöht zu haben. Auch in Bezug auf „Juniors" waren es in dieser Größenklasse immerhin 60 Prozent.

Speziell die Einstiegsgruppen der „Business Analysts", „Junior Consultants" und „Consultants" steht vor der Herausforderung, sich innerhalb kürzester Zeit in ein neues Arbeitsumfeld einzuarbeiten. Hier leistet der kompakte Band von Professor Hartel Hilfe, indem er nicht zuletzt durch zahlreiche Beispiele konkrete Handlungsempfehlungen ausspricht. Vor diesem Hintergrund wünsche ich dem „Consultant-Knigge" und allen, die dazu beigetragen haben, eine breite Leserschaft aus Praxis, Lehre und Wissenschaft.

Bonn/Berlin, 2013   Dipl.-Kfm. Christoph Weyrather
                                                          Geschäftsführer, Bundesverband
                                           Deutscher Unternehmensberater BDU e. V.

Inhaltsverzeichnis

Abbildungsverzeichnis

1 Einleitung oder „Was hat „Consulting" mit „Knigge" zu tun?"

Unternehmensberater bewegen sich nicht nur in einem sehr dynamischen Umfeld, sondern unterstützen ihre Kunden auf dem Weg in eine erfolgreiche unternehmerische Zukunft. Vor über 250 Jahren wurde *Adolph Freiherr Knigge* geboren, der 1788 das Buch „Über den Umgang mit Menschen" veröffentlichte und sich mit soziologischen Aspekten des Zusammenlebens befasste. Stellt man diese beiden Aspekte gegenüber, wirft dies die Frage nach dem gegenseitigen Bezug auf. Zunächst ist festzuhalten, dass der „Knigge" schon zu Lebzeiten des Autors ein Erfolg war und seitdem immer wieder umgeschrieben und weiterentwickelt wurde. Inzwischen gibt es fast für sämtliche Bereiche des öffentlichen, beruflichen und privaten Lebens einen speziellen Knigge, der sich mit Umgangsformen befasst. So existieren z. B. „Ess- und Tischknigge", „Spanienknigge", „Business Tipps Knigge", „Kinder-Knigge", „Knigge für Weintrinker". Ratgeber für Berufseinsteiger in die Consulting-Branche bzw. Tipps und Tricks für erfahrene Berater gibt es aus unserer heutigen Sicht jedoch nicht. Hier stellt sich die Frage, ob für diese Zielgruppe Themen wie „Auftreten", „Wirkung" und „Kleidung" keine oder nur geringe Relevanz für den Berufsalltag aufweisen. Diese Frage kann aus eigenen beruflichen Erfahrungen verneint werden. Andererseits zeigte bereits eine Studie aus dem Jahr 2005 mit 600 Führungskräften und Personalentscheidern eindeutig, dass 87 Prozent der befragten Personen einen Zusammenhang zwischen gutem Benehmen und persönlichen Erfolg sehen[5].

Was zeichnet aber „gutes Benehmen", speziell für Unternehmensberater, aus? Diese Frage bleibt in vielen Befragungen unbeantwortet. Kommen wir also zurück zu der Ausgangsfrage, warum vorbildliches Verhalten im beruflichen Umfeld gerade für (angehende) Consultants einen hohen Stellenwert besitzt:

---

[5] Vgl. Claus Goworr Consulting (2005), S. 4.

1. Geringe Erfahrungsmöglichkeiten bei Hochschulabsolventen mit Kursen zu Verhalten und Auftreten

Während Studierende im Laufe ihres Studiums eine Vielzahl an Kursen und Seminaren zu fachspezifischen Themen, Sprachen und EDV belegen (müssen), stellen Kurse zum Benehmen und Verhalten im Berufsleben eine Ausnahme dar. Zu Beginn des Berufslebens können Consultants daher meist nur auf private Erfahrungen (Stichwort „Erziehung") setzen oder darauf, durch gutes Beobachten und schnelles Nachahmen dienstälterer Kollegen nicht negativ aufzufallen.

2. Instrument zur Differenzierung im Bewerbungsprozess

Unternehmensberatungen im Allgemeinen und große, internationale Beratungen im Besonderen zählen zu den beliebtesten Arbeitgebern in Deutschland. Obwohl Beratungshäuser im Gegensatz zu den Jahren 2003 bis 2005 wieder verstärkt Personal suchen, findet eine starke Selektion bei den Bewerbern statt. So zählen gerade für Personalverantwortliche im Rahmen von Vorstellungsgesprächen und Assessment Centers nicht nur die fachlichen und methodischen, sondern auch die sozialen Kompetenzen und Verhaltensweisen zu den Auswahlkriterien. Die Beobachtungen dazu beginnen bereits bei der Begrüßung (Wird die Hand gegeben? Findet Blickkontakt statt? Stellt sich der Bewerber vor?), ziehen sich über das Verhalten des Bewerbers in der Mittagspause zwischen zwei Testblöcken hin und enden erst am Schluss der Bewerberrunde (Verabschiedet und bedankt sich der Bewerber? Fragt er nach dem weiteren Vorgehen? Wünscht der Bewerber seinem Gegenüber einen schönen Feierabend oder ein schönes Wochenende?).

3. Berater im Rampenlicht von Kunden, Vorgesetzten und Kollegen

In den meisten Beratungen findet die Projektarbeit bei dem Kunden vor Ort statt, der ihm entweder entsprechende Räumlichkeiten zur Verfügung stellt oder (bei kleineren Projektteams) ihn in die eigenen Büros räumlich integriert. In beiden Fällen steht somit der Berater den kompletten Arbeitstag (von 8 bis 20 Uhr) unter Beobachtung, und zwar aus Sicht des Kunden, aber auch aus Sicht der Kollegen aus dem Projektteam und seines Projektleiters. Dabei registrieren die Mitarbeiter des Kunden nicht nur das Berater-Verhalten ihnen gegenüber, sondern auch, wie der Umgang zwischen den Beratern untereinander erfolgt (Umgangston, Hierarchieverhalten, Abstimmung teamintern, Zuständigkeiten, …). Vor diesem Kontext ist es entscheidend, dass der Consultant schnell und reibungslos seine eigene Rolle innerhalb der Projektstrukturen findet.

4. Beratungsalltag = Teamarbeit

Nur in wenigen Fällen werden Projekte von einzelnen Beratern betreut, wobei sich diese Fälle i. d. R. auf erfahrene Consultants beschränken. Der häufigere Fall sind Projekte mit ein bis drei Projektmitarbeitern plus Projektleiter. Schließlich ist zu berücksichtigen, dass es sich zwar um mehrere Projekt-Mitarbeiter auf Consultant-

Seite handelt, die einzelnen Funktionen und Rollen im Team jedoch nur einzeln besetzt sind, sodass es – vielleicht mit Ausnahme von Praktikanten – keine „Rückfallebenen" gibt. Gerade in solchen Teamstrukturen, die effizient und unter Zeitdruck arbeiten, werden bestimmte Umgangsformen, Verhaltensweisen und Regeln von den Beteiligten (vom Projektleiter bis zum Business Analyst) vorausgesetzt, um das gemeinsame Projektziel zu erreichen. Dabei geht es nicht nur um den persönlichen Erfolg der Projekt-Beteiligten und die Zufriedenheit des Kunden mit dem Projektergebnis, sondern häufig auch um finanzielle Aspekte, die sich auf die persönliche Consultant-Vergütung auswirken.

5.　Kunden-Fokus auf Berufseinsteiger

Projekte mit externer Unterstützung werden in Abhängigkeit des Projektvolumens, des terminlichen Drucks (Projektzeitplan) und der Tragfähigkeit und Zahlungsbereitschaft des Kunden personell besetzt. Je nach Projektvolumen wird das Projekt von einem Principal, Project Manager oder Senior Consultant geleitet, ggf. unterstützt durch entsprechende Teilprojektleiter. Den personellen Schwerpunkt stellt das Projektteam dar, welches von einem Mitarbeiter bis zu x Mitarbeitern umfassen kann. Diese Strukturen sind – auch wenn in vielen Fällen der Projektleiter auf Kundenseite nur mit dem Consulting-Projektleiter direkten Kontakt hält – beim Klienten bekannt. Nicht zuletzt durch die beiden Aspekte Auftreten und äußere Erscheinung (Alter) stehen junge Consultants schnell unter besonderer Beobachtung. Ursächlich hierfür ist meist, dass der Kunde einen Tagessatz im vierstelligen Euro-Bereich pro Consultant zahlt und auch entsprechende Leistung in Form von Ergebnissen und konkreten Handlungsempfehlungen erwartet. Für den Projektleiter ist es somit persönlich (Projektleitung als internes Karriere-Sprungbrett), aber auch im Sinne des gesamten Unternehmens wichtig, dass das gemeinsam gestartete Projekt erfolgreich abgeschlossen wird. Trotz meist abgestufter Manntagesätze in Abhängigkeit der jeweiligen Qualifikation (zwischen 600 und 5.000 Euro pro Tag) des Beraters wünscht und fordert der Kunde, von jedem Berater des Projektteams zu profitieren. Er hat wenig bis kein Interesse daran, den Berater gegen Bezahlung „schlau zu machen", wobei das in vielen Fällen ja gerade der wesentliche Grund für Hochschulabsolventen ist, in eine Unternehmensberatung einzusteigen (umfassendes Lernen und Weiterqualifizieren).

Diese Sensibilität des Kunden ist nicht zuletzt darauf zurückzuführen, dass in den Boom-Jahren des Beratungsgeschäfts des letzten Jahrzehnts viele Beratungen, speziell Strategieberatungen und Spin-offs aus dem Hochschulbereich, vermehrt beruflich relativ unerfahrene Akademiker einsetzten. Bei manchen Kunden aus Industrie, Handel und Dienstleistung machte sogar das Schlagwort der „Kinderlandverschickung in der Beratung" die Runde.

Auf Basis dieser Erkenntnisse wird sehr wohl deutlich, dass es für einen erfolgreichen Berufseinstieg sowie für den späteren generellen beruflichen Erfolg eines Unternehmensberaters darauf ankommt, neben fachlichen und methodischen Knowhow über spezielle soziale Kompetenzen in den Kategorien „Benehmen", „Verhalten" und „Auftreten" zu verfügen. Diese Kompetenzen wirken in zwei Richtungen: Erstens erleichtern und sichern sie den Erfolg innerhalb der Zusammenarbeit mit Kollegen und Vorgesetzten (Projektleiter, Partner etc.). Zweitens sind sie Grundvoraussetzung für die Akzeptanz und das Vorankommen beim Kunden, sei es vom Büro aus oder noch viel mehr beim Klienten vor Ort.

Im „worst case" kann falsches Auftreten dazu führen, dass der „Neue" weder von den Kollegen noch vom Kunden akzeptiert wird. Gerade in diesem Bereich gilt das Sprichwort vom „bleibenden ersten Eindruck", von dem sich der eine oder andere nicht mehr erholt[6] und der in zahlreichen Fällen die Ursache für eine Aufhebung des Arbeitsverhältnisses noch innerhalb der Probezeit darstellt. Der Autor wagt sogar die Hypothese, dass solche Gründe neben der fehlenden Stressresistenz des Juniors zu den Haupt-Ursachen einer vorzeitigen Kündigung gehören. Dieser Umstand mag zwar auf den ersten Blick überraschen, aber in der Tat werden Consultants, speziell Business Analysts oder Junior Consultants, nur in den seltensten Fällen wegen Defiziten im fachlichen oder methodischen Wissen gekündigt. Gerade Absolventen mit sehr guten Examina („die Einser-Kandidaten des Semesters") steigen bei Beratungen ein, so dass hier fachliche Schwächen nicht zu erwarten sind.

Nach wie vor besteht bei Berufseinsteigern reges Interesse an der Unternehmensberatungsbranche. Daher soll im folgenden Kapitel Transparenz in das (nicht formalisierte) Berufsbild des Consultants gebracht werden.

---

[6] So ist mir von einem Projektleiter in einer Unternehmensberatung bekannt, dass er auf Grund einer unglücklichen Formulierung in seinem ersten Projekt noch nach vielen Jahren intern hinter vorgehaltener Hand als „Mr. Fettnäpfchen" tituliert wurde. Die meisten der (jüngeren) Kollegen wussten indes gar nicht mehr, auf welche Situation dieser „Titel" zurückgeführt wurde.

2 Consultant – Traumberuf vieler Hochschulabsolventen?!

Das Berufsbild des Unternehmensberaters ist – ähnlich wie das des Journalisten – weder national noch international formal festgeschrieben. So existieren weder ein offizieller Titel, der durch eine berufsständische Kammer vergeben wird, noch gibt es standardisierte Ausbildungskonzepte oder formale Anforderungskataloge an Berater. Auch im akademischen Lehrbetrieb gibt es nur wenige Hochschulen, die spezielle Studiengänge zum „Unternehmensberater" anbieten. Als Erst-Studiengang trifft man „Consulting" am ehesten an privaten Hochschulen. Üblicher ist indes (wenn überhaupt) eher eine Vertiefungsrichtung im betriebswirtschaftlichen (Haupt-)Studium.

Die fehlende Fixierung von Rahmenbedingungen zum Schutz der Marke „Unternehmensberatung" führen in letzter Konsequenz dazu, dass sich jeder als „Consultant" bzw. alles als „Consulting" anbieten kann. Obwohl es dadurch sehr schwer wird, einen (kleinsten) gemeinsamen Nenner für Consultant zu finden, soll in diesem Kapitel dennoch versucht werden, spezifische Merkmale von Beratern zu fixieren und darzustellen.

Dabei möchte der Autor das Berufsbild aus vier Blickrichtungen heraus beleuchten: Im ersten Abschnitten soll zunächst auf den Unternehmensberatungsmarkt in Deutschland eingegangen werden. Hier soll das (externe) Umfeld des Beraters dargestellt werden (Was heißt Unternehmensberatung? Wer zählt dazu, wer nicht?).

Im zweiten Abschnitt steht neben der Darstellung der internen Strukturen in Form von Karrierestufen (Aufgaben, Anforderungen, Zeitrahmen) vom „Business Analyst" bis zum „Partner" die Erwartungshaltung der Kollegen an einen neuen Consultant im Vordergrund. Die dritte Sichtweise beleuchtet demgegenüber die Erwartungshaltung des Kunden an externe Berater, die zwischen den einzelnen Ebenen des Kunden divergieren kann. Während sich die zweite und dritte Sichtweise i. d. R. auf konkrete Aspekte der Unternehmensberatung bezieht, basiert die vierte Sichtweise der Gesellschaft auf einem eher diffusen Bild der Beraterzunft.

2.1   Versuch einer Definition: Berufsbild „Consultant"

2.1.1   Unternehmensberatung: Was steckt dahinter?

Unternehmensberater ist nicht gleich Unternehmensberater. Für den Beruf eines Unternehmensberaters, aber auch die Dienstleistung „Unternehmensberatung" existiert keine allgemein gültige Begriffsdefinition. Aus drei Gründen: Erstens gibt es keine staatlichen oder berufsständischen Vorgaben bzgl. eines Anforderungsprofils oder bzgl. Tätigkeiten und Inhalten einer Unternehmensberatung. Da der Begriff in Deutschland (wie in den meisten anderen Ländern auch) nicht geschützt ist, kann sich somit jeder mit diesem Titel auf seiner Visitenkarte schmücken. Der zweite Grund für eine fehlende generelle Definition ist darauf zurückzuführen, dass Unternehmensberatungsleistungen ein sehr breites Tätigkeitsspektrum abdecken: Sie reichen z. B. von der Unterstützung bei der Suche und Auswahl neuer Mitarbeiter bis zur strategischen Neuausrichtung eines Konzerns im Zuge einer Firmenübernahme. Berücksichtigt man diese Aspekte, zeichnet sich deutlich die Notwendigkeit ab, sich auf den kleinsten gemeinsamen Nenner zu einigen. Schließlich liegt der dritte Grund darin, dass Unternehmensberatung erst seit wenigen Jahren als wissenschaftliche (Teil-)Disziplin innerhalb der Betriebswirtschaft anerkannt wird.

Unabhängig von diesen Problemkreisen soll dennoch der Versuch unternommen werden, Unternehmensberatung praxisnah anhand spezifischer Merkmale zu definieren[7]:

* Erbringung einer professionellen, persönlich erbrachten und hochwertigeren Dienstleistung gegenüber einem privaten oder öffentlichen Betrieb
* Betriebsindividuelle Anpassung der Dienstleistungsergebnisse
* (In Abhängigkeit des Kundenwunsches bzw. Beratungsmandats) Darstellung, Analyse und Bewertung von betrieblichen Problemfeldern sowie Ableitung und Empfehlung von Verbesserungsvorschlägen und Lösungskonzepten einschließlich im Bedarfsfall Unterstützung bei der Implementierung im Betrieb
* Unabhängigkeit bei der Beurteilung und Empfehlung von Lösungsansätzen
* Zeitliche Befristung der Dienstleistung
* Durchführung durch eine Einzelperson oder ein Beraterteam
* Unterstützung des mittleren oder oberen Managements

Diese konstitutiven Merkmale sollen auch die Grundlage für das im Buch verwendete Verständnis von Unternehmensberatung sein. Außerhalb dieser Definition für „Unternehmensberatung" entfallen somit Dienstleistungen wie etwa

---

[7]   Vgl. im Folgenden *Hartel, D.* (2008).

- Dienstleistungen für (private) Einzelpersonen, z. B. Steuer- und Rechtsberatung
- Personalleasing (soweit nicht von Interimsmanagement tangiert)
- Gefälligkeitsgutachten
- Programmierdienstleistungen (ohne konzeptionellen Anspruch)
- Akquisitions- und Planungsleistungen unter dem Deckmantel einer Beratung (z. B. Make-or-Buy-Beratung für ein anschließendes Outsourcing-Projekt)

Zurückkehrend zu den beschreibenden Merkmalen von Unternehmensberatung und Consulting wird das weite Feld der Unternehmensberater in vielen Fällen in vier grundlegende Bereiche differenziert: Strategieberatung, Organisations- und Prozessberatung, IT-Beratung, Human-Resource-Beratung. Sie unterscheiden sich sowohl im Hinblick auf Zielsetzung und Inhalte als auch bzgl. der Objekte und sollen im Folgenden näher vorgestellt werden.

Strategieberatung
Das Beratungsfeld der Strategieberatung ist – bezogen auf seinen Anteil am Gesamtmarkt in Deutschland – zwar nur der zweitgrößte Bereich, in der breiten Bevölkerung aber wahrscheinlich der bekannteste. Die Strategieberatung setzt bei der obersten Unternehmensleitung an und soll diese bei der strategischen Unternehmensführung unterstützen. Sie dient somit der langfristigen und grundlegenden Entwicklung, Dokumentation und Anpassung der Gesamtunternehmensstrategie oder bestimmter Geschäftsbereichsstrategien. Nachdem die unternehmerische Strategie erarbeitet, mit dem Top Management abgestimmt und i. d. R. vom Aufsichts- oder Beirat freigegeben wurde, zeichnen Strategieberater im nächsten Schritt oft auch für die Entwicklung strategischer Programme für die Operationalisierung der Strategie in den einzelnen Funktionsbereichen des Unternehmens verantwortlich. Anhand eines Beispiels soll dies kurz erläutert werden: Zwei Finanzdienstleister werden im Rahmen eines Merger Managements von einer Strategieberatung in Bezug auf die zukünftige (gemeinsame) Unternehmensstrategie beraten. Die Consulting-Gesellschaft entwickelt dabei nicht nur ein Strategiepapier auf Grundlage der verabschiedeten Vision, sondern erarbeitet darüber hinaus auch Programme für die einzelnen Funktionsbereiche, die von diesem einschneidenden Ereignis tangiert sind. Dazu zählen z. B. der Aufbau einer neuen Markenstrategie, Konzepte für die Umsetzung der erforderlichen Personalanpassungsmaßnahmen oder für die Erhöhung der Liquidität, u. a. in Form von Sale-and-Lease-back.

Strategieberater beraten das Top Management einschließlich der Kontrollorgane bei grundlegenden Fragestellungen der Unternehmensführung. In diesem Bereich bewegen sich – nicht zuletzt wegen des hohen Anspruchs an die Beratungsleistung und die damit zusammen hängende Lukrativität der Dienstleistung – die großen Beratungshäuser wie McKinsey & Company oder Boston Consulting Group im globalen sowie

Roland Berger Strategy Consultants oder Droege & Comp. im eher europäischen Umfeld. Dem hohen Anspruch an die Beratungsqualität und dem wesentlichen Gestaltungsspielraum auf Leitungsebene steht das entsprechende Risiko gegenüber, bedingt durch falsche oder unzureichende Beratungsempfehlungen dem Klienten nachhaltigen Schaden (bis hin zur Insolvenz) zuzufügen. Solche Fälle (Märklin, Enron, AEG, ...) werden in der Öffentlichkeit teilweise für beliebte „Beraterschelte" aufgegriffen und führen u. U. zu einem eher einseitigen Bild der Gesellschaft über Consultants. Bei der teilweise zu Recht hervorgebrachten Kritik sollte aber immer berücksichtigt werden, dass erstens Missmanagement nicht automatisch auf falsche Empfehlungen eines Beraters zurückgeführt werden darf und zweitens positive Beispiele einer erfolgreichen Beratung als eigener Erfolg des Managements ausgewiesen werden, ohne die externe Unterstützung gegenüber Dritten zu erwähnen.

Dem Beratungsfeld „Strategieberatung" wird auch in Zukunft eine wichtige Rolle zukommen, obwohl es in den letzten Jahren an relativer Bedeutung verloren hat[8]. Die zunehmende Dynamik von Märkten (Währungskrisen, Mergers & Acquisitions, Globalisierung von Beschaffungs- und Absatzmärkten, kürzere Produktlebenszyklen, neue Technologien, ...) führt dazu, dass strategische Rahmenbedingungen häufiger als früher überdacht werden müssen, um die langfristige Unternehmensexistenz sicherzustellen. Außerdem herrscht gerade auf Management-Ebene entsprechender Unterstützungsbedarf an Externen, da eigene Ressourcen für solche planerischen Entscheidungsvorlagen intern häufig nicht zur Verfügung stehen. Empirische Studien haben beispielsweise aufgezeigt, dass gerade Führungskräften der ersten und zweiten Hierarchieebene – bedingt durch operatives Tagesgeschäft – zu wenig Zeit für strategische Fragestellungen zur Verfügung steht.

Organisations- und Prozessberatung

Das mit Abstand größte Beratungsfeld in Deutschland befasst sich mit Fragen der Aufbau- oder Ablauf-Organisation oder Prozessen[9]. Die Organisations- und Prozessberater setzen auf eine bestehende oder neu erarbeitete Strategie eines Unternehmens auf. Zielsetzung ist dabei die Gestaltung oder Neugestaltung der Strukturen oder Prozesse, ohne die Unternehmensleitlinien oder die -vision in Frage zu stellen. Generell steht im Vordergrund, die Prozesse effektiver (Doing the right things) und/oder effizienter (Doing things right) zu gestalten.

---

[8]   Während der relative Marktanteil der Strategieberater 2006 noch 30,5 Prozent des Gesamtberatungsmarkts in Deutschland betrug, sank er sechs Jahre später auf 24,5 Prozent ab (vgl. BDU (2013), S. 8).

[9]   43,8 Prozent der Beratungsumsätze ließen sich 2012 der Prozess- und Organisationsberatung zuordnen (zum Vergleich 2006: 33,7 Prozent). Nicht zuletzt die Marktanforderungen „Flexibilität" und „Geschwindigkeit" führen dazu, dass Klienten verstärkt diese Form der Beratung einkaufen.

Am Beispiel des Auftragsabwicklungsprozesses eines Maschinenbauunternehmens soll dies verdeutlicht werden: Im ersten Beratungsschritt ist zunächst der Untersuchungsbereich abzugrenzen. Hierzu zählen etwa Fragen wie „Für welchen Standort oder welches Produkt soll der Prozess analysiert werden?" oder „Wo beginnt der Auftragsabwicklungsprozess (Prozessbeginn)?" bzw. „Wo endet der Prozess (Prozessende)?" (bei Auslieferung oder nach Ende der Installation beim Kunden?). Ob der Produktionsstandort an sich nicht besser ausgelagert werden sollte, wird im Rahmen der Prozess- und Organisationsberatung nicht thematisiert. Im nächsten Schritt ist der definierte Prozess zu erheben und zu bewerten. „Erheben" bedeutet dabei die Dokumentation von Teilprozessen und Tätigkeiten einschließlich Durchlauf- und Bearbeitungszeiten, Prozesskennzahlen, Verantwortlichkeiten sowie von Schnittstellen und Problemen (die den Prozessschritten am besten direkt zugeordnet werden). Für die Aufnahme der Prozesse wird in komplexeren Fällen häufig mit Modellierungen gearbeitet, d. h., der Prozess wird IT-gestützt abgebildet, z. B. mit Hilfe von Tools wie ARIS oder MS-Visio. Eine detaillierte Prozesserhebung hilft bei der anschließenden Prozessbewertung, z. B. durch interne wie externe Benchmarks oder Einschätzungen von Experten, indem sie Defizite und Ansatzpunkte bereits durch eine gute Form der Visualisierung offenkundig macht. Die wesentliche Herausforderung für den Prozess- und Organisationsberater liegt indes bei der Suche und Verabschiedung von Lösungsansätzen, im vorliegenden Beispiel etwa durch die Vereinheitlichung der verwendeten Software über Standort- und Abteilungsgrenzen hinaus oder durch die räumliche Zusammenführung aller Beteiligten im Sinne eines Auftragsabwicklungszentrums, um unnötige Schnittstellen zu vermeiden. Dabei sind die Ansatzpunkte immer im Spiegel des Projektziels zu beurteilen: „Welchen Beitrag leistet der Lösungsansatz x, um das Projektziel einer Reduzierung der Prozessdurchlaufzeit um x Arbeitstage zu erreichen?".

Im Gegensatz zur Strategieberatung erfolgt üblicherweise der Kontakt zwischen Unternehmensberater und Kunde nicht nur auf Ebene des Top Managements, sondern eher auf den Ebenen mittlere bis untere Führungskräfte. Somit kommt es in diesen Fällen besonders auf die Fähigkeit des Beraters an, sich dem Kunden anzupassen (soziale Kompetenz), um Lösungen nicht nur auf dem Papier (oder der bunten Powerpoint-Folie) zu erarbeiten, sondern auch die Mitarbeiter des Kunden von der Umsetzung der Ansätze zu überzeugen. Gerade in diesem Punkt unterscheiden sich erfolgreiche von weniger erfolgreichen Beratern bzw. Beratungen. Es wundert daher kaum, dass fast alle Beratungen diese Umsetzungskompetenz für sich in Anspruch nehmen[10].

---

[10] Das führt sogar soweit, dass eine große Unternehmensberatung für sich den Slogan „Beraten ist umsetzen" in Anspruch nimmt.

IT-Beratung

Für IT-Beratungen steht der Betrachtungsgegenstand „IT-System" im Vordergrund. Sie helfen Kunden, entweder geeignete Informationstechnologien auszuwählen und einzuführen (z. B. die Einführung von SAP-Modulen), oder bestehende Systeme weiterzuentwickeln bis hin zu Programmierleistungen. In beiden Fällen ist die IT-Beratung nicht strikt von der Prozess- und Organisationsberatung zu trennen, da es für eine unternehmensindividuelle Auswahl von Software, aber auch für die Anpassung von Standard-Lösungen erforderlich ist, die Prozesse und Strukturen des Kunden zu kennen. Im ungünstigen Fall (hier gibt es leider einige Praxisbeispiele) erheben zunächst die Prozessberater die Geschäftsprozesse, damit der Kunde anschließend von den IT-Beratern erfährt, dass diese mit den vorliegenden Prozessdokumentationen (der Prozessberater) nichts anfangen können und daher die Prozesse erneut (gegen entsprechende Vergütung) zu erheben sind. In der Tat gibt es zahlreiche Wirtschaftszweige, wie die Finanzdienstleistung oder die Automobilindustrie, in denen maßgeblich die eigenen Geschäftsprozesse (in der Fondsbuchhaltung bei Kapitalanlagegesellschaften) von IT-Anforderungen geprägt sind. „Geprägt" bedeutet dabei, dass sie vordringlich die Effektivität und Effizienz dieser Prozesse determinieren. Dies darf aber nicht dazu führen (was von IT-Beratern gelegentlich missverstanden wird), dass die IT den Prozessen folgen sollte, und nicht die IT vorgibt, wie die Prozesse im Unternehmen ablaufen sollten. Dennoch sind „IT" und „Prozesse" vielfach nicht voneinander zu trennen. Schließlich stellt die eigentliche Programmierleistung in den meisten IT-Projekten nicht selten nur 10 Prozent des Projektaufwands dar.

Human Resources Beratung

Unternehmensberatung erfordert in sämtlichen Projekten die Einbindung oder zumindest die Berücksichtigung des Faktors „Personal". Bei der „Human Resources Beratung" stehen die Führungskraft oder der Mitarbeiter im Vordergrund der Beratungsleistung. Typische Beratungsinhalte sind Personalentwicklungsprogramme, z. B. zur Verbesserung von fachlichen, methodischen oder sozialen Fähigkeiten oder Outplacement-Support zur Unterstützung ehemaliger Mitarbeiter bei der Suche nach zukünftigen Berufsmöglichkeiten.

In den Statistiken des BDU wird zwischen „HR-Beratung" und „Personalberatung/Executive Search" differenziert. Dabei unterstützt die Personalberatung ihre Klienten bei der Suche und Auswahl geeigneter Mitarbeiter („Head Hunting"). Dieser Unterscheidung, die schon sprachlich nicht eindeutig ist („Human Resource" versus „Personal") soll nicht weiter verfolgt werden. Im Rahmen dieses Buches gelten auch Personalberatertätigkeiten daher als „HR-Beratung".

Die Marktanteile der vier Beratungsfelder werden regelmäßig durch den jährlich erscheinenden BDU-Bericht „Facts & Figures"[11] veröffentlicht. Die Organisations- und Prozessberatung prägt stark den deutschen Beratungsmarkt, während Strategiebe- ratung, IT-Beratung sowie mit Abstand Human Resources Beratung folgen (siehe Abbildung 1). Speziell in der Organisations- und Prozessberatung profitieren viele Consultants davon, dass ihre Kunden eine Doppelstrategie aus Kostensenkung und Wachstum verfolgen.

Abbildung 1: Marktanteile der Unternehmensberatungsfelder in Deutschland[12]

Die Trennung der Beratungsfelder darf nicht darüber hinwegtäuschen, dass in der Praxis die Grenzen häufig fließend verlaufen. Hierzu ein Beispiel: Zwei mittelständi- sche Unternehmen des Chemiefachhandels überprüfen die Vorteile eines wirtschaftli- chen und rechtlichen Zusammenschlusses (Merger Management). Hier ergeben sich für alle vier Beratungsfelder Betätigungsbereiche: Aufgabe einer Strategieberatung wäre z. B. die Überprüfung der Sinnhaftigkeit dieser Fusion in Form einer durchzu- führenden Due Diligence. Für eine Organisations- und Prozessberatung steht hin- gegen die Ausrichtung und Vereinheitlichung der Prozesse im Vordergrund, z. B. bei den distributionslogistischen Prozessen der Chemikalienauslieferung an die Kunden. Bei der IT-Beratung indes ist etwa die Frage zu beantworten, mit welchem IT-System zukünftig die kaufmännischen Prozesse abgewickelt werden sollen, während die Human-Resource-Beratung den Qualifizierungsbedarf der Mitarbeiter im Vertrieb

---

[11] Vgl. BDU (2013).
[12] Vgl. BDU (2013), S. 8.

eruieren und schließen soll. Die vier dargestellten Themenfelder haben zwar unterschiedliche Schwerpunkte, sollten aber nie isoliert voneinander betrachtet werden: So sollte beispielsweise bei der Neuausrichtung der Distributionslogistik die eingesetzten IT-Systeme ebenfalls Beachtung finden. Andererseits stellt bei einer Business Due Diligence auch und ganz besonders die Beurteilung der Leistungsfähigkeit betrieblicher Funktionsbereiche des Partners (Logistik, Vertrieb, Beschaffung etc.) einen wesentlichen Faktor dafür dar, ob ein Merger zu empfehlen oder abzulehnen ist.

Der beschriebene Fall führt in der Praxis zu zwei Tendenzen: Auf der einen Seite entschließen sich zahlreiche Beratungshäuser, die eine gewisse Größe überschritten haben, vermehrt zu einer „Alles-aus-einer-Hand"-Strategie, um den Kunden über den gesamten Beratungsprozess von der Strategiedefinition bis hin zur Maßnahmenumsetzung zu begleiten[13]. Dabei besteht natürlich die Gefahr, dass die Beratung aus Kundensicht an Profil verliert („Wo liegen die Kernkompetenzen der Berater dieses Hauses?"). Auf der anderen Seite führen diese unterschiedlichen Beratungsfelder dazu, dass Unternehmen, speziell vor oder während Restrukturierungsphasen, simultan mehrere Consultancies beauftragen. Im worst case resultiert aus dieser Situation, dass die Berater sich gegenseitig „beauftragen" und der Kunde die Beurteilungs- und Koordinationskompetenz verliert. Nur wenige Kunden dürften mit dieser Berater-Strategie Erfolg haben. Somit ist aus Sicht des Kunden immer zu überlegen, ob und wann eine oder sogar mehrere Beratungen Aufträge erhalten sollten. Schließlich gibt es einen Trade-off zwischen „Erfahrungen mit dem Haus" (spricht eher für eine „Hausberatung") und „Spezialisten-Know-how" (spricht eher für die Beauftragung unterschiedlicher Gesellschaften). In vielen Fällen bestehen klare Vorgaben vom Management auf Kundenseite: „Einen Hausberater würde ich nicht empfehlen. Einmal nistet dieser sich dann ein, weil er im Budget für die kommenden Jahre diese Posten schon fest eingebucht hat. Zum anderen ist die Themenvielfalt, wenn man denn schon Berater engagiert, so groß, dass man hierfür auch Spezialisten haben sollte"[14], so etwa *Jürgen Heraeus*, Vorsitzender des Heraeus-Aufsichtsrats.

2.1.2   Beratungsmarkt in Deutschland: Eine Branche mit Zukunft

Die Geburtsstunde der modernen Unternehmensberatung wird 1886 mit der Gründung des „Analytischen Testlabors" durch *Arthur D. Little* in Verbindung gebracht. Das naturwissenschaftlich geprägte Unternehmen war das erste Consulting-Unter-

---

[13]   Vgl. zum Beratungsprozess ausführlich z. B. *Niedereichholz, C.* (2010) und *Niedereichholz, C.* (2013).

[14]   Im Interview mit dem manager magazin (vgl. *Noé, M. / Student, D.* (2007)).

nehmen der Welt. Es spielte u. a. bei der Entwicklung von Glasfasern und Penicillin eine tragende Rolle. Zu den erfolgreichsten Zeiten beschäftigte das Unternehmen über 2.000 Mitarbeiter in 30 Ländern, musste aber 2002 Gläubigerschutz in den USA beantragen. Die Meilensteine der Beratung lassen sich folgendermaßen zusammenfassen[15]:

Historische Entwicklung der Unternehmensberatung

- **1886**: Gründung des „Analytischen Testlabor" durch Arthur D. Little
- **1903**: Gründung des Vereins beratender Ingenieure (VDI) mit Beschränkung auf technische Beratung
- **1909**: Gründung der Arthur D. Little Inc.
- **1914**: Gründung Vorläufergesellschaft von Booz Allen Hamilton
- **1925**: Gründung von McKinsey & Company (Einstellung von Hochschulabsolventen statt „alter Hasen"; Guideline: erst der Kunde, dann die Firma, dann der Berater)
- **Weimarer Republik**: Dominanz des dt. Beratungsmarktes durch RKW und REFA
- **1930er Jahre**: Erster Boom / Gründung von Beratungshäusern (bedingt durch Verbot für Investment- und Handelsbanken in den USA, Unternehmensanalysen selbst durchzuführen)
- **1940er Jahre**: Aufkommen der amerikanischen (publizierenden) Management-Gurus (Drucker, Hammer & Champy, Rappaport)
- **1960er Jahre**: Etablieren von Strategieberatungen (BCG, Bain & Company, ...)
- **1970er Jahre**: Eintritt großer Wirtschaftsprüfungsgesellschaften in den Beratermarkt (PWC, Deloitte, Ernst & Young, KPMG, ...)
- **1980er Jahre**: Aufkommen großer IT-Beratungen
- **1990er Jahre**: Etablieren von Inhouse-Consultings und student. Unternehmensberatungen
- **2000er Jahre**: Tendenzen zur Trennung von Prüfung und Beratung (in USA und EU)
- **2010er Jahre**: Wachstum durch Konsolidierung und Zusammenschlüsse

Abbildung 2: Meilensteine der Unternehmensberatung

Nimmt man Bezug auf den europäischen Beratungsmarkt, so hat sich dieser mit einem Marktvolumen von fast 98 Mrd. Euro im Jahr 2012 seit 1994 nahezu verneunfacht (1994: 11 Mrd. Euro). Hauptmärkte der Unternehmensberatung stellen dabei Deutschland, gefolgt von Großbritannien und Frankreich, dar. Ähnlich wie auf dem nationalen deutschen Markt wurde auch das Wachstum im europäischen Umfeld im Jahr 2009 kurzzeitig unterbrochen, hat aber im Folgejahr wieder das Niveau des Vorjahres erreicht[16].

Betrachtet man speziell den deutschen Unternehmensberatungsmarkt als größten nationalen Einzelmarkt, ergibt sich folgendes Bild: In Deutschland arbeiten ca.

---

[15]   Vgl. ausführlich *Heuermann, R./Herrmann, F.* (2003), S. 23–43.

[16]   Vgl. FEACO (2012).

95.150 Unternehmensberater, und zwar in ca. 15.000 Gesellschaften[17,18]. Diese Daten belegen, dass es sich um eine eigene, wenn auch kleine Branche in Deutschland handelt. Hinzu kommt, dass der Anbietermarkt stark heterogen strukturiert ist (nur jeder dritte Berater arbeitet bei einer großen Beratung mit mehr als 45 Mio. Euro Umsatz). Zu der Masse der Beratungsgesellschaften zählen viele kleinere Beratungen, teilweise sogar nur „1-Mann-Beratungen" (die aber dennoch gelegentlich den hochtrabenden Titel „xxx Management Group" tragen). Auch vor diesem Aspekt ist es nachvollziehbar, dass es weder „den" Berater noch die „Beratungsgesellschaft" geben kann.

Im Einklang mit dem europäischen Markt hat der deutsche Beratungsmarkt seit den 90er Jahren ein starkes Wachstum durchlaufen (siehe Abbildung 3). Zwischen 1994 und 1999 nahm der Markt um durchschnittlich 9,4 Prozent pro Jahr zu und erreichte – nicht zuletzt bedingt durch die zahlreichen „Jahr-2000-Umstellungen" in der IT – einen vorläufigen Höhepunkt von 12,9 Mrd. Euro im Jahr 2001. Die Folgejahre 2002 bis 2004 waren von Stagnation geprägt. Im Beratungsgeschäft gab es – erstmalig – verstärkten Wettbewerb um Mandate, der in vielen Fällen über den Preis (sprich Manntagesatz) ausgetragen wurde: Kostenlose Vorstudien für potenzielle Kunden und selbst Festpreisangebote bei Management-Beratungen waren nicht selten die Folge.

Diese Tendenzen wirkten sich in direkter Folge ebenfalls auf den Arbeitsmarkt für Unternehmensberater aus: Der Rückgang an Kundenprojekten führte in vielen Fällen zu einem „Rightsizing" bei den Personalstrukturen in der Beratung. Die Anpassungen betrafen speziell junge Berufseinsteiger, entweder durch einen Einstellungsstopp für Hochschulabsolventen oder durch einen direkten Personalabbau („Last in, first out"). Ein Grund hierfür liegt im höheren Anspruchsniveau der Kunden aus Industrie und Handel, die nicht bereit waren, für Berater mit geringer Berufserfahrung vierstellige Tagessätze zu zahlen. In nicht wenigen Fällen haben große Beratungshäuser sich von Einstellungszusagen „freigekauft", indem sie zukünftigen Mitarbeitern eine Prämie dafür zahlten, dass sie die neue Stelle nicht antraten und auf den Arbeitsvertrag verzichteten.

Seit 2005 profitieren die Beratungshäuser wieder von einem starken Wachstumsschub, der sich in der verstärkten Nachfrage nach Personal niederschlägt. Als wesentliche Gründe für das Wachstum seien auf der Nachfrageseite genannt:

---

[17] Vgl. BDU (2013), S. 5. Allein 8.000 Gesellschaften weisen einen Jahresumsatz von unter 250.000 Euro aus.

[18] Darüber hinaus existieren ca. 80 bis 100 so genannter studentischer Beratungen, bei denen Hochschulstudierende private und öffentliche Unternehmen gegen Bezahlung unterstützen.

- Vermehrte Investitionsbereitschaft der deutschen Wirtschaft (bedingt durch stabilen Export, vor allem nach Asien)
- Verstärkte Globalisierungsstrategien, auch und besonders bei Mittelständlern
- Bedarf nach permanenter Anpassung von Strukturen und Prozessen zum Sicherstellen der Wettbewerbsfähigkeit

Diese Faktoren begünstigen die Einstiegschancen für junge Berufseinsteiger, zumal die Beratungsbranche dadurch nicht nur vor dem Hintergrund der Gehalts-[19] und Karrierestrukturen attraktiv ist, sondern auch im Hinblick auf die positive Entwicklung der Branche. Schließlich gibt es in Deutschland nur wenige Wirtschaftszweige, die einen ähnlichen Wachstumspfad vorweisen können (vielleicht noch am ehesten die Logistikbranche, die ebenfalls vom globalen Wachstum profitiert).

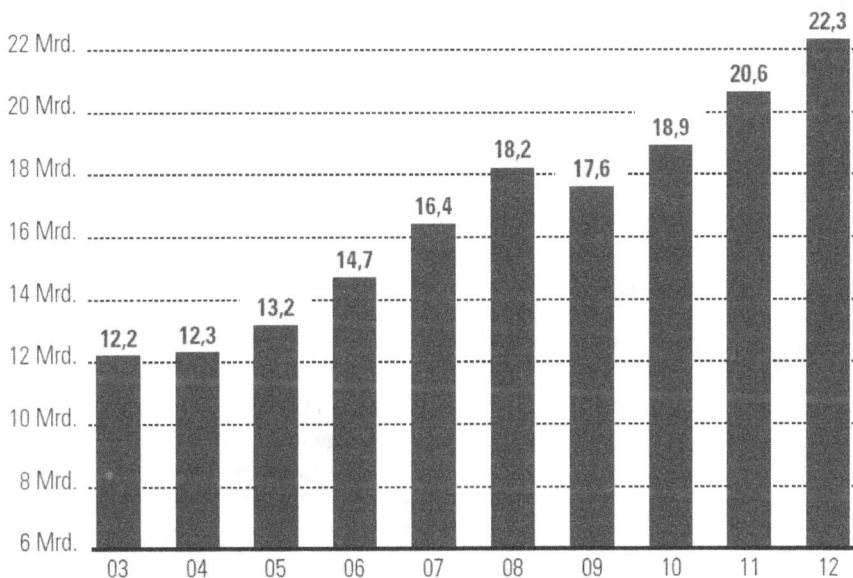

Abbildung 3: Umsatzentwicklung des Beratungsmarktes (in Mrd. Euro) in Deutschland[20]

Zusammenfassend lässt sich festhalten, dass die Beratungsbranche seit 2010 im Allgemeinen und auch für 2013[21] im Besonderen zuversichtlich in die Zukunft sieht und

---

[19] Gemäß der Vergütungsberatung PersonalMarkt liegen die durchschnittlichen Einstiegsgehälter je nach Unternehmensgröße, Qualifikation und Verhandlungsgeschick zwischen 49.000 Euro und 59.000 Euro jährlich (vgl. *Friedrichsen, H.* (2011)).

[20] *BDU* (2013), S. 4.

daher auch Berufseinsteigern vielfältige Perspektiven bietet. Jedoch erschwert die nach wie vor ungeklärte Schuldenkrise in den Euroländern verlässliche Aussagen über zukünftige Entwicklungen.

Seit ca. zwei Jahren zeichnet sich der Trend zur Konsolidierung und zum Zusammenschluss zwischen mittelgroßen und großen Marktteilnehmern ab: „Die Kauflust in der Branche wird weiter steigen. Mit Zusammenschlüssen wappnen sich die Consultingfirmen für den weltweiten Wettbewerb"[22]. So setzen Beratungen vermehrt auf anorganisches Wachstum. Während erste Ansätze zunächst scheiterten (Deloitte/Roland Berger bzw. Booz & Co. und A. T. Kearney), schlossen sich beispielsweise PWC und PRTM im Sommer 2011 zusammen und übernahm KPMG BrainNet ein Jahr später. Im Februar 2013 gaben Ernst & Young und J&M Management Consulting ihre Fusion bekannt, während Booz & Company ankündigte, den Düsseldorfer Wettbewerber Management Engineers zum April zu übernehmen. Auch soll es erneut Verhandlungen zwischen Deloitte und Roland Berger geben[23].

2.2 Erwartungen des Arbeitgebers: Wann ist ein Consultant ein Consultant?

2.2.1 Was wird von einem Berater erwartet?

Der Arbeitsmarkt für den Berufseinstieg in eine Unternehmensberatung kann also insgesamt als attraktiv eingestuft werden, und zwar sowohl inhaltlich und Karriere bezogen als auch hinsichtlich des Marktpotenzials in Deutschland und Europa. Trotz dieser guten Rahmenbedingungen stellt sich die Frage nach dem Anforderungsprofil an Berufseinsteiger, unabhängig davon, ob es sich um den ersten Job nach dem Studium oder um einen Quereinstieg aus einer anderen Branche (z. B. Industrie oder Handel) handelt. Hier gibt es ein großes Spektrum an Ansichten: Oberflächlich und verkürzend betrachtet, gewinnt man in der Praxis teilweise den Eindruck, dass gerade „Einser-Absolventen" außer ihrer Abschlussnote keine weiteren Qualifikationen vorweisen müssen. In diesem Fall gilt die (irrige) Annahme, dass die Bachelor-, Diplom- oder Master-Note als Erfolgsgarant genügend aussagekräftig ist.

Aber auch das andere Extrem ist bis vor wenigen Jahren von einigen größeren Gesellschaften immer wieder propagiert worden: „Wir sind weltoffen und interdiszipli-

---

[21]   Im Jahr 2013 wird mit einem Branchenplus von 6,8 Prozent gerechnet (vgl. BDU (2013), S. 11).
[22]   BDU (2013) (Vorwort des BDU-Präsidenten *Antonio Schnieder*).
[23]   Vgl. *Peitsmeier, H./Löhr, J.* (2013).

när und stellen daher von Geistes- bis Naturwissenschaften aus sämtlichen Fakultäten ein". In der Praxis wurde dann nur in wenigen Fällen auf diese „Weltoffenheit" tatsächlich zurückgegriffen. Pfarrer, Chemiker und Sportwissenschaftler gelten auch heute noch als Exoten im Beratungsgeschäft.

Wenn beide Wege („Einser-Kandidaten" und „Wir stellen alle Studienrichtungen ein") nicht zum Ziel führen, stellt sich ergo die Frage, welche Anforderungen von zukünftigen „Juniors" zu erfüllen sind. Klassisch bietet sich auch hier die Untergliederung in fachliche, methodische und soziale Anforderungen an:

Fachliche Anforderungen
Zu den „harten" Faktoren zählen die fachlichen Anforderungen. Auch wenn immer wieder Einzelfälle anderer Fakultäten bekannt werden, wird bei zukünftigen Unternehmensberatern ein wirtschafts- oder ingenieurwissenschaftliches Studium i. d. R. vorausgesetzt. Besonders umworben (wie auch in vielen industrie- und industrienahen Branchen) sind diplomierte Wirtschaftsingenieure, die beide Themenfelder inhaltlich abdecken.

Management-Beratungen erwarten in vielen Fällen ein universitäres Studium, gerne ergänzt um einen Master, einen MBA oder eine Promotion. So haben beispielsweise bei großen Beratungen wie McKinsey oder Boston Consulting Group 30 bis 40 Prozent einen Doktortitel. Bei IT- sowie Prozess- und Organisationsberatungen sind Universitätsabschlüsse von Vorteil, aber keine Voraussetzung. Generell ist davon auszugehen, dass im Zuge der durchgängigen Einführung von Bachelor- und Master-Abschlüssen die Differenzierung nach Universität, Fachhochschule oder Dualer Hochschule/Berufsakademie in Zukunft signifikant an Bedeutung verlieren wird.

Neben dem eigentlichen adäquaten Abschluss wird i. d. R. eine überdurchschnittliche Abschlussnote erwartet, d. h. Gesamtnote „gut" oder „sehr gut". Der Studienort indes hat meist als Auswahlkriterium eine nachrangige Bedeutung, außer vielleicht, wenn der Recruiter von derselben Hochschule stammt. Wie bei allen Hochschulabsolventen werden einschlägige Praktika bei Beratungsgesellschaften erwartet. Praktika und freiberufliche Tätigkeiten (bei großen Gesellschaften im Research oder Back Office, bei kleineren teilweise auch direkt beim Kunden vor Ort) werden von vielen Beratungen angeboten. Sie gewährleisten, dass der spätere Bewerber weiß, was auf ihn zukommen wird. Als sehr vorteilhaft wird auch ein früheres Engagement bei einer Studentenberatung bewertet. Aber auch freiwillige Praktika in den Kundenbranchen der Beratung wirken sich positiv auf die Bewerberauswahl aus. Hat ein Bewerber z. B. während des Studiums ein Praktikum bei einem Automobilhersteller absolviert, erscheint seine Bewerbung in dieser Business Line der Beratungsgesellschaft als entsprechend glaubhaft, da er einerseits die Sprache des Beraterkunden kennt und andererseits über Wissen um Trends und aktuelle Themen in der Automotive-Industrie[24] verfügt.

Abgerundet werden die fachlichen Anforderungen um verhandlungssichere Eng-lisch-Kenntnisse, einschlägige Auslandserfahrungen sowie fundierte IT-Kenntnisse. Bei den EDV-Erfahrungen reichen im Allgemeinen Fortgeschrittenen-Kenntnisse in MS-Office (Word, Excel, Powerpoint, Access) aus. Hürden in den ersten Monaten des Beraterlebens ergeben sich bei der Anwendung oft nicht durch fehlende IT-Kenntnisse, sondern in den fehlenden Erfahrungen, Sachverhalte nachvollziehbar und prägnant in „Folien zu gießen" (siehe „methodische Anforderungen").

Grundsätzlich spielt ein Generalisten-Wissen eine größere Rolle als ein Spezialisten-Wissen (mit Ausnahme von Quer-Einsteigern, die aus einer bestimmten, zu beraten-den Branche kommen) für Berufseinsteiger. So konnte der Autor selbst in vielen Jahren des Recruiting feststellen, dass es selten Berater gibt, denen es zum Berufs-einstieg an Fachwissen mangelte. Vor diesem Hintergrund kann im Übrigen nicht in die beliebte Pauschalverurteilung eingestimmt werden, dass die Hochschulen die falschen Inhalte vermitteln.

Methodische Anforderungen
Die Spreu vom Weizen bei potenziellen Junior-Beratern trennt sich eher bei den methodischen Fähigkeiten.

Ansätze der internationalen Beratungen kennen: Hier wird erwartet, dass der Consul-tant die einschlägigen Ansätze der internationalen Beratungen aus dem Bereich der strategischen Unternehmensführung kennt: Beispielhaft seien an dieser Stelle etwa das Erfahrungskurvenkonzept, die Gap-Analyse oder die Szenariotechnik genannt. „Ken-nen" bedeutet in diesem Kontext jedoch mehr als nur „beschreiben können": Vielmehr muss der Berater die Vor- und Nachteile, die Voraussetzungen sowie die konkrete Anwendung dieser Ansätze in praktischen Fällen verinnerlicht haben.

Richtiges Instrument für den richtigen Zweck anwenden: Neben den eher strategischen Ansätzen müssen zukünftige Juniors auch in der Lage sein, Methoden und Instrumente wie Portfolio-Technik, Gap-Analyse, Prozessanalyse oder logistische Kette zur richti-gen Zeit Ziel orientiert im Projekt anzuwenden. „Ziel orientiert" bedeutet etwa, den klassischen Ansatz des relativen Marktanteils-Wettbewerbsvorteils-Portfolios von Boston Consulting Group unter Anwendung neuer Dimensionen auf die Klassifizie-rung von Lieferanten zu übertragen. Bei aller Orientierung an den Instrumenten sollte aber immer beachtet werden, dass die eingesetzten Methoden und Instrumente nur

---

[24]   Das Themenfeld „Consulting im Industrieunternehmen" wird z. B. in *Hartel, D.* (2009) vertiefend behandelt.

Mittel zum Zweck sind: Kein Kunde beauftragt eine Beratung, eine Prozessanalyse in der Entwicklungsabteilung durchzuführen, sondern für den Kunden stehen die Verkürzung von Entwicklungszeiten im Vordergrund. Die folgenden Fragen sind daher immer im Voraus zu beantworten: Stehen die erforderlichen Daten zur Verfügung und welche Aussage soll mit dem Instrument erreicht werden?

Probleme lösen statt ausschließlich analysieren: Im Mittelpunkt des Interesses steht für den Kunden das Lösen eines konkreten Problems, nicht die Analyse. Demzufolge muss auch der Projektschwerpunkt auf dem Entwickeln, Bewerten und Umsetzen von Lösungsansätzen liegen. In einigen Fällen gewinnt man den Eindruck, dass sich einzelne Berater auf das Analysieren spezialisiert haben und dies so lange tun, bis das Budget aufgebraucht ist. So ist dem Autor ein Fall bei einem Automobilzulieferer bekannt, bei dem dieser für die Ist-Analyse von Logistik und Einkauf 500.000 D-Mark bezahlt hat. Die Frage nach Lösungsansätzen zur Verbesserung der Strukturen und Prozesse stellte sich für die Berater nicht mehr, da das Projektbudget bereits aufgebraucht war!

Den roten Faden verfolgen: Wenn es sich bei Projektaktivitäten nicht um reine Coaching-Themen handelt, wird vom Berater erwartet, dass er strukturiert den Problemlösungsprozess mit Hilfe eines Projektstrukturplans plant, steuert und kontrolliert. Dabei ist zwar der Projektleiter für das Gesamtcontrolling verantwortlich, jeder einzelne Berater im Team muss hierzu aber seinen Beitrag leisten. Auch und besonders bei komplexen Projekten erwartet der Kunde vom Berater, dass dieser weiß, wie die nächsten Schritte in der Projekt-Vorgehensweise auszusehen haben.

Fähigkeit, Erkenntnisse (Probleme, Ergebnisse, Empfehlungen) aufs Papier bringen: Methodische Kompetenz bedeutet auch, nicht nur im Zusammenspiel mit dem Kunden Projektergebnisse zu erarbeiten, sondern diese auch so – möglichst in Form von Schaubildern – zu dokumentieren, dass sie auf Anhieb für einschlägige Personen (i. d. R. die Mitarbeiter des Kunden) einfach (aber nicht zu verallgemeinernd), nachvollziehbar und nicht fehlinterpretierbar sind. Hier gilt der Spruch, dass Powerpoint-Folien immer „kinder- und vorstandsgeeignet" sein sollen.

Soziale Anforderungen

Die sozialen Fähigkeiten als „soft facts" erschließen sich im Gegensatz zu den „hard facts" dem Recruiter im Rahmen von Vorstellungsgesprächen meist nur schwer. Oft beeinflussen sie aber maßgeblich, ob „der Neue" von Kunden-, Vorgesetzten- und Kollegenseite im späteren Projektalltag akzeptiert und integriert wird. So hat einmal ein Partner einem etwas forschen Junior einen guten Ratschlag mit auf den Weg gegeben: „Versuche hier nicht, besonders clever zu sein. Das sind wir hier alle! Versuche lieber, etwas freundlicher und hilfsbereiter als die anderen aufzutreten!" Was sind aber typische soziale Kompetenzen von Beratern?

Wozu Schaubilder?

Quantitative Schaubilder

Wieviel?   Warum?

| Erzähltext
Was? Warum? | Tabelle | Kreis-
diagramm | Balken-
diagramm | Säulen-
diagramm | Kurven-
diagramm | Punkte-
diagramm |

Text, Text, Text,
Text, Text, Text,
Text, Text, Text,
Text, Text

Konzeptionelle Schaubilder

Wer?   Wo?   Wann?   Wie?

| Organi-
gramm | Landkarte | Gantt-
diagramm | Prozess | Konzept | Matrix |

**Graphisch aufbereitete Informationen sind schneller und leichter zu verarbeiten als Texte.
Trotzdem gilt: Einfachheit ohne Banalität und Inhaltsleere.**

Abbildung 4: Ein Bild sagt mehr als 1.000 Worte…

Zuhören und verstehen: Nicht nur als Berufseinsteiger und am Anfang neuer Projekte ist es von elementarer Bedeutung, dass der Berater dem Kunden zuhört und nachfragt. Gerade in frühen Projektphasen ist Fragen nicht mit Unwissen gleichzusetzen, sondern mit Interesse an den Problemen des Kunden, so dass Fragen besser als vorschnelle Standardantworten sind. Ein Beraterwitz soll dies verdeutlichen:

> Zwei Unternehmensberater befinden sich zusammen mit dem Werkleiter auf einem Betriebsrundgang. Sie sollen sich über mögliche Kosteneinsparungen in der Elektrodenfertigung ein Bild machen. Nach knapp einer Stunde meint der eine: „Nach meinen Erfahrungen können mindestens 20 % der Kosten eingespart werden."
> Nach einer weiteren Stunden kommt der andere zum Ergebnis: „Wenn man die Sache genauer betrachtet, sind eher 30 % an Einsparmöglichkeiten vorhanden."
> Nach dem Betriebsrundgang wollen sich die beiden Berater unter vier Augen besprechen, bevor sie ihre Vorschläge der Geschäftsleitung unterbreiten. Kaum sind sie unter sich, meint der eine Berater zum anderen: „Kannst du mir eigentlich sagen, was Elektroden sind?"[25]

---

[25] proTransfer (2003), S. 8.

Natürlich ist es nicht opportun, bei jeder fachlichen Unsicherheit zu fragen, da ansonsten für den Junior Consultant die Gefahr besteht, sich als „Greenhorn" zu outen. Gerade in den ersten Projekten im Beraterleben ist es häufig nicht ganz einfach zu entscheiden, ob es erlaubt ist, den Kunden zu fragen (weil es sich etwa um ein unternehmensspezifisches Kürzel handelt), oder ob die Antwort dem Consultant bekannt sein müsste (weil es sich etwa um einen branchentypischen Begriff handelt). So stellte einmal in einem Automobil-Projekt ein Berater die Frage an den Kunden, was dieser denn mit „LAB"[26] meine. Da es sich dabei um einen unternehmensübergreifend üblichen Standard-Begriff dieser Branche handelt, hatte er sich mit dieser Frage als „Grünschnabel" entlarvt. Ob er sich vorher dem Kunden gegenüber als Automobil-Experte vorgestellt hatte oder nicht, ist dem Autor im Übrigen nicht bekannt …

Fragen richtig stellen: „Wer fragt, führt" ist eine alte Moderatoren-Weisheit. Wichtig ist dabei immer, a) zu wissen, warum man diese Frage stellt (Beispiel: Frage des Beraters: „Können Sie mir bitte die Absatzzahlen von 1997 bis 2007 zur Verfügung stellen?", Gegenfrage des Kunden: „Wofür brauchen sie diese Daten überhaupt?") und b) die Art der Frageformulierung („Der Ton macht die Musik").

Auch hier eine kurze Geschichte aus der Praxis: Im Rahmen eines Standort-Audits Ende der 90er Jahre bei einem Dresdner Komponentenhersteller wurden unter einem sehr engen Zeitplan sämtliche Funktionsbereiche analysiert. Der Druck auf den Werkleiter durch das Beraterteam wurde irgendwann so groß, dass er sich zu der Aussage „Das ist ja schlimmer als damals bei der Stasi" hinreißen ließ. Hier hatte es offensichtlich an dem notwendigen Fingerspitzengefühl der Consultants bei der Art der Fragestellungen gefehlt …

Kritik einfordern und akzeptieren: Einsteiger im Beratungsgeschäft können – auch bei guter Vorbereitung und entsprechender Qualifizierung – nicht alles von Anfang an wissen. Sie sind daher auf das Feedback ihrer Vorgesetzten (Projekt- oder Teilprojektleiter), des Mentors und der Teamkollegen angewiesen. Keine rhetorische Frage, sondern Standard für Einsteiger sollte daher die Frage an den Projektleiter sein, was man selbst hätte besser machen können (z. B. im Anschluss an eine Präsentation oder einen Workshop). Trotz des Termindrucks sind die Kollegen und Vorgesetzten faktisch dazu verpflichtet, ein konstruktives Feedback zu geben.

Zu den bereits genannten kommen weitere soziale Kompetenzen hinzu, die Unternehmensberater erfüllen sollten. Da sie nach Ansicht des Autors selbst erklärend

---

[26]   LAB = Lieferabruf; gemäß Empfehlungen des VDA (Verband der Automobilindustrie e. V.) werden im Lieferabruf Bedarfsmenge und -termin des Kunden für den Terminnah-, -mittel- und -fernbereich an den Lieferanten übermittelt.

sind, sollen sie an dieser Stelle nur aufgezählt werden, was ihren Stellenwert aber nicht einschränkt:

- Teamfähigkeit entwickeln: Kein Projekt wird von einer Person allein bearbeitet; nur gemeinsam, d. h. zusammen mit Kunden und Kollegen können Projekte effektiv bearbeitet werden.
- Sprache des Kunden sprechen: Der Berater muss die Kundenperspektive einnehmen können, ohne sich anzubiedern. Nur wer die Bedürfnisse des Kunden versteht, wird dessen Bedarfe auch befriedigen können.
- Vertrauen des Kunden gewinnen, dieses aber nicht ausnutzen
- Mobilität zeigen („Heimschläferprojekte" in der Heimat sind auch bei Beratungen mit regionalen Niederlassungen eher die Ausnahme)
- Geistige Flexibilität aufweisen: Jedes Projekt ist anders („Kundenindividuelle Problemlösung" statt Projekt nach „Schema F" abwickeln)
- Belastbarkeit und Engagement zeigen: 60 und mehr Wochenarbeitsstunden sind gerade für Einsteiger (bei denen alles noch etwas langsamer geht) keine Seltenheit – Verzicht auf Teile des Privatlebens ist damit unvermeidbar („Work-Life-Balance"-Ideen sind für Berater in den ersten Jahren eher ein theoretisches Konstrukt).
- Objektivität und Gründlichkeit gewährleisten (im Umgang mit Kunden, Zahlen, Daten, Fakten, schließlich muss sich der Berater-Projektleiter auf die Auswertungen des Junior Consultant verlassen können).
- Auf Auftreten und Verhalten Wert legen

Die sozialen Anforderungen zeichnen sich durch ihr breites Spektrum aus. Einige von ihnen gelten unabhängig vom Beraterprofil, andere sind speziell für den Consultant-Alltag von hoher Bedeutung. In beiden Fällen geht es zwar teilweise auch um die eigene Erziehung im Umgang mit anderen Menschen (das, was gerade für *Knigge* im 18. Jahrhundert im Vordergrund stand), bedeutet aber andererseits nicht, dass man „es hat oder eben nicht". Worauf Berater im Zusammenhang mit Auftreten und Verhalten achten sollten, wird explizit in den nächsten Hauptkapiteln aufgegriffen.

2.2.2 Karrierestufen in der Beratung: Entlang der Pyramide

Management-Beratungen empfehlen ihren Kunden aus Effektivitätsgründen schlanke Organisationsstrukturen: Lean Management mit flachen Hierarchiestufen zählt fast zu den Projekt-Klassikern in Strategie- und Organisationsberatungen. Statt xx Hierarchieebenen soll es bei Siemens zukünftig nur noch y Ebenen zwischen Vorstand und Sachbearbeiter oder Werker geben. So soll sichergestellt werden, dass nicht Wert schöpfende Funktionen abgebaut werden.

Demgegenüber zeichnen sich Beratungsgesellschaften häufig selbst durch ein sehr differenziertes Hierarchiesystem aus. Auch bei kleineren Beratungen mit weniger als 20 Mitarbeitern sind drei bis vier Ebenen keine Seltenheit. Wozu dienen also solche Karrierestufen? Hierfür gibt es zwei Antworten: Zunächst dienen sie nach außen hin als Differenzierungskriterium der Berater bzgl. Erfahrungsschatz und Know-how gegenüber dem Kunden. Auf diese Weise realisiert das Beratungshaus unterschiedliche Manntagesätze in Abhängigkeit der jeweiligen Qualifikation. Die Karrierestufen wirken darüber hinaus auch nach innen, indem sie den Mitarbeitern, speziell den Berufseinsteigern, die Entwicklungsmöglichkeiten bis in das Top Management innerhalb ihres Arbeitgebers aufzeigen.

Sowohl die Anzahl der Karrierestufen als auch die einzelnen Bezeichnungen weichen von Beratung zu Beratung teilweise voneinander ab, wobei sich auch interne Beratungen wie VW Consulting oder DB Management Consulting[27] grundsätzlich an diesen Nomenklaturen orientieren (siehe Abbildung 5):

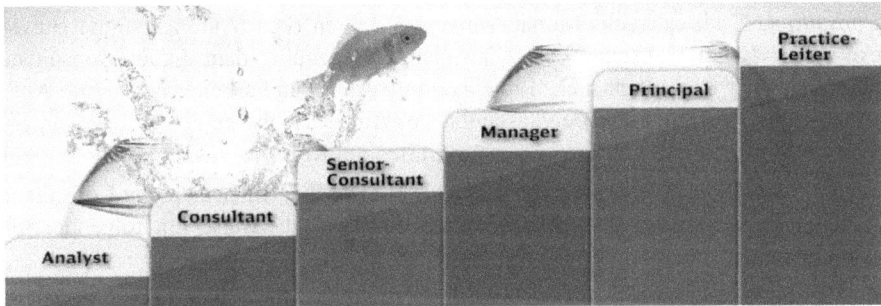

Abbildung 5: Karrierestufen am Beispiel von DB Management Consulting[28]

Gemäß des Prinzips „Up or Out" oder „Grow or Go" soll sich der Berater innerhalb eines bestimmten Zeitraums in der Pyramide nach oben weiterentwickeln. Entwickelt sich der Mitarbeiter nicht in der vorgegebenen Zeit oder entscheidet er sich aktiv zu einem Wechsel, verlässt er seinen Arbeitgeber. Dieses (amerikanische) Prinzip ist Teil des Geschäftsmodells renommierter Beratungshäuser, um einerseits neue Ideen von außen zu erhalten und um andererseits ein Netzwerk zu Alumni und damit zu potenziellen Kunden aufzubauen. So ist es vielleicht kein Zufall, dass zeitweise vier von acht Mitgliedern des Vorstands der Deutschen Post DHL AG früher als Berater für den „Gelben Riesen" gearbeitet haben und seit vielen Jahren McKinsey zur präferierten Management-Beratung der Bonner zählt. Eine jährliche Fluktua-

---

[27]   Deutsche Bahn AG.
[28]   *O. V.* (2013a).

tionsrate von bis zu 20 Prozent stellt hier keine Seltenheit dar. Roland Berger weist z. B. 15 Prozent und Accenture 12 Prozent[29] aus. Infolge dessen erreichen nur wenige Junior Consultants die finale Stufe des Partners.

Am Beispiel von Roland Berger Strategy Consultants sollen die Aufgaben und Anforderungen an die einzelnen Karrierestufen exemplarisch dargestellt werden[30]:

Junior Consultant[31]: In den häufigsten Fällen steigen Hochschulabsolventen in dieser Position ein. Sie arbeiten direkt in Kundenprojekten mit und übernehmen schwerpunktmäßig folgende Aufgaben:

- Durchführung von Desk Researches
- Durchführung von Interviews (auf Sachbearbeiter-Ebene)
- Übernahme von Datenauswertungen und -aufbereitungen für Präsentationsunterlagen; Vorbereitung von Präsentationen
- Vorbereitung und Teilnahme an Workshops
- Allgemeine Unterstützung des Projektteams

Consultant: Nach ca. sechs Monaten bis zwei Jahren (kein Automatismus) entwickeln sich Junior Consultants zu Consultants. Gegenüber dem Junior Consultant übernimmt der Consultant mehr Projektverantwortung und arbeitet bestimmte Aufgaben (oder Projektmodule) eigenständig ab. Außerdem ist er in der Lage, Interviews mit unteren und mittleren Führungskräften auf Kundenseite zu führen.

Senior Consultant: Wiederum nach ca. zwölf bis 18 Monaten erreicht der Consultant diese Stufe. Sein Aufgabengebiet erweitert sich typischerweise um folgende Bestandteile:

- Verantwortung für ein oder mehrere Projektmodule oder Projektleitung kleinerer Projekte
- Projektsteuerung nach innen und außen
- Durchführung von Präsentationen
- Teilnahme an Akquisitionsaktivitäten (z. B. für Folgeprojekte bei bestehenden Kundenbeziehungen)

Project Manager[32]: Project Manager fungieren als Projektleiter und zeichnen somit für das Projektcontrolling und auch für das Projektergebnis (inhaltlich wie finanziell) verantwortlich. Project Manager erstellen Projektberichte an den zuständigen Partner

---

[29] Vgl. *Jacoby, A.* (2005).

[30] Vgl. im Folgenden angelehnt an das Beispiel Roland Berger Strategy Consultants: *o. V.* (2013b)

[31] Einige Beratungen steigen auf unterster Ebene mit dem „Business Analyst" ein, der hier aus Vereinfachungsgründen gleichgesetzt werden soll. Alternative Bezeichnungen sind etwa „Fellow" (bei McKinsey) oder „Associate" (bei Boston Consulting Group).

[32] Alternative Titulierung: „Manager".

und zeichnen sich durch ihre funktionale (z. B. Einkauf) oder Branchen bezogene (z. B. Versicherungen) Spezialisierung aus. Neben der Projektleitung übernehmen Project Manager auch Akquisitionsaufgaben bis hin zur Kalt-Akquisition.

Principal[33]: Principals fokussieren ihre Schwerpunkte neben der Steuerung mehrerer (laufender) Projekte auf die Akquisition neuer Projekte. Personalführung und -entwicklung zählen ebenfalls zu ihren typischen Aufgabengebieten. Bei Volkswagen Consulting wird für diese Karrierestufe z. B. eine mindestens sechsjährige Beratungserfahrung erwartet, bei großen Beratungen normalerweise länger.

Partner: Partner sind Teilhaber an der Gesellschaft, übernehmen Personalmanagement-Aufgaben und verantworten einen bestimmten Kompetenzbereich, indem sie ihn als Profit Center führen, auch inhaltlich weiterentwickeln sowie nach innen und außen repräsentieren (z. B. in Form von Studien oder öffentlichen Vorträgen).

Zu den unterschiedlichen Positionen (und den Vorzügen der Position eines Partners) kursiert ein entsprechender Beraterwitz im Internet:

> Treffen sich zwei Partner einer internationalen Strategieberatung. Fragt der eine den anderen: „Was hast du dieses Jahr mit Deinem Bonus gemacht?" „Eine Kreuzfahrt." „Und mit dem Rest?" „Meinen Anteil an Accenture auf 10 % erhöht, den neuen Maybach angezahlt, das Studium meiner beiden Kinder in Harvard bezahlt und eine Perlenkette von Tiffany für meine Frau gekauft. Und was hast du mit Deinem Bonus gemacht?".
>
> „Du weißt doch, der Carrera GT2, da konnte ich nicht nein sagen". „Und mit dem Rest?"
>
> „Eine Mietskaserne in München gekauft, eine Pattek Philipe von 1951, eine VIP-Lounge in der Ullrich-Haberland-Arena und ein neues Gestüt für meine Frau, sie reitet doch so gerne."
>
> Kommt ein Berater vorbei, fragen die beiden: „Hey, erzähl mal, was hast du mit deinem Bonus gemacht?" „Einen Wintermantel gekauft." „Und den Rest?" „Den hat meine Mutter dazugegeben."

Nur wenige erreichen die oberste Karrierestufe des Partners, die durchschnittliche Verweildauer in der Beratungsbranche beträgt ca. sechs Jahre[34]. Viele Berater wechseln schon früher (auf unterschiedlicher erreichter Stufe) zu einem (ehemaligen) Kunden oder allgemein zu einem Unternehmen der beratenen Branche. Dies ist – wie bereits erwähnt – Teil des Geschäftsmodells und nicht als ein berufliches Schei-

---

[33]   Alternative Titulierung: „Senior Manager".

[34]   Vgl. *Jacoby, A.* (2005).

tern oder ein Nicht-Erfüllen der Arbeitgeber-Erwartungen zu deuten: „Das ist ein Turbo - ein Jahr in der Unternehmensberatung entspricht drei bis vier Jahren in anderen Wirtschaftsunternehmen"[35], so *Klaus Reiners*, Pressesprecher des BDU. Daher sollte sich jeder Berufseinsteiger in der Consulting-Branche bewusst sein, dass die Wahrscheinlichkeit sehr hoch sein wird, im Alter von spätestens 40 Jahren außerhalb der Beratung zu arbeiten.

2.3 Erwartungen des Kunden: Was erwartet der Kunde vom Consultant?

Bevor die Frage nach der Erwartungshaltung des Kunden an den Berater beleuchtet wird, soll an dieser Stelle zunächst das Verhältnis zwischen Berater und Kunde näher beleuchtet werden. So haben aus Sicht des Autors fünf wesentliche Determinanten dazu beigetragen, dass sich das Verhältnis Berater-Kunde in den letzten zehn Jahren vielleicht stärker als in den 30 Jahren davor verändert hat. Dies blieb wiederum nicht ohne Folgen auf die Erwartungshaltung des Kunden an einen Unternehmensberater.

1. Professionellerer Auswahlprozess auf Kundenseite

Während Berater früher durch das obere und mittlere Management direkt ausgewählt wurden, findet heute auch im Mittelstand ein professioneller Auswahlprozess mit Lastenheft des Projekts, „Beauty Contests" und Preisverhandlungen statt[36]. Darüber hinaus wird die Beratersuche und -auswahl heute im vielen Unternehmen aktiv von der Einkaufsabteilung begleitet, während vor zehn Jahren der Einkauf eher die Funktion des reinen Bestellabwicklers innehatte[37].

2. Methodenkompetenz auf Kundenseite

Früher war es möglich, dass sich der Berater allein durch seine Methodenkompetenz sowie durch Erfahrungen in Projektmanagement und -controlling gegenüber seinen Klienten differenzierte. Inzwischen existieren in zahlreichen mittleren wie größeren Unternehmen aus Industrie, Handel und Dienstleistung fundiertes Methoden-Wissen und Projekterfahrung, nicht zuletzt durch bereits abgewickelte Projekte in der Ver-

---

[35] *Huber, M.* (2012).

[36] Vgl. *Hartel, D.* (2004).

[37] Vgl. zum Wandel von Beauty Contest und Pitches exemplarisch *Terpitz, K.* (2007).

gangenheit oder durch eigene Mitarbeiter, die früher selbst als Unternehmensberater gearbeitet haben.

3. Weniger „Schullandverschickung" von Beratern

Die meisten Unternehmen haben heutzutage schon Erfahrungen in der Zusammenarbeit mit externen Consultants (in negativen Fällen wird gelegentlich auch von „Beraterschädigung" gesprochen). Dies führt dazu, dass die Auftraggeber vielfach wissen, was sie vom Berater erwarten können und was nicht. Infolge dessen übernehmen nun Auftraggeber viel stärker als früher eine aktive Rolle bei der Zusammensetzung des externen Projektteams. Dabei wird naturgemäß stärker als früher darauf geachtet, möglichst wenige Jung-Berater auszuwählen, da hier teilweise schlechte Erfahrungen vorliegen. So scheint die Zeit der „Schullandverschickungen" von Theorie geleiteten und berufsunerfahrenen Beratern in Großprojekten immer mehr der Vergangenheit anzugehören. Zur Auflockerung hier noch etwas zum Schmunzeln:

> Der junge Unternehmensberater hat seinen ersten Arbeitstag beim neuen Klienten. Der Chef spricht ihn an: „Nehmen Sie den Besen und kehren Sie bitte das Zimmer." Der Akademiker ist empört: „Aber ich komme doch von einer renommierten Unternehmensberatung!" – „Oh, Entschuldigung, ich zeige Ihnen gleich, wie das geht."

4. Stärkere Umsetzungsorientierung der Beratungsleistung

Früher wurden Consultants primär für die Erarbeitung von Konzepten beauftragt. Die anschließende Umsetzung sollte – meist aus Kostengründen – dann von eigenen Mitarbeitern durchgeführt werden. In nicht wenigen Fällen führte dieser Schnitt (Konzept versus Umsetzung) zu einem Bruch im Projekt: Das Konzept war oder wurde zumindest als zu wenig praxisorientiert betrachtet, die späteren „Umsetzer" identifizierten sich wegen der fehlenden vorherigen Einbindung nicht genügend mit dem Projekt und hatten auch nicht selten (neben ihrem eigenen Tagesgeschäft) zu wenig Zeit für die Projektarbeit. Demgegenüber werden Beratungen jetzt stark im Hinblick auf ihre Umsetzungsorientierung ausgewählt. Bei Referenzen wird z. B. oft die Nennung „ergebniswirksamer Umsetzungserfolge" erwartet, denn auch eine neue Geschäftsstrategie bringt dem Auftraggeber nichts, wenn sie nur auf dem Papier steht und sich nicht umsetzen lässt.

5. Zunehmend Bezahlung nach Projektergebnis und weniger nach entstandenem Aufwand (leistungsorientierte Vergütung des Beraters)

Die höheren Erwartungen an die Umsetzungsorientierung einer Beratung (siehe Punkt 4) finden ihren Ausfluss darin, dass Berater vermehrt leistungs- statt aufwandsorientiert vergütet werden. Konnte bis Mitte der 90er Jahre von Seiten der Beratungen oft noch das abgerechnet werden, was angefallen ist (das so genannte „Honorarbudget"), werden nun Consultants teilweise (Mix aus fixen und variablen Vergütungsbestandteilen) oder vollumfänglich am Projektergebnis (nach Umsetzung) bezahlt. Dies setzt a) voraus, dass man sich auf gemeinsame messbare Zielgrößen (als Erfolgsmaßstab) einigt und b), dass das Ergebnis auch von einer externen Consulting-Gesellschaft beeinflusst werden kann (Was passiert, wenn der Auftraggeber die Umsetzung zeitlich verzögert und dadurch die Effekte verspätet oder gar nicht eintreten?).

Die fünf dargestellten Trends haben zu einer nachhaltigen Veränderung im Verhältnis Auftraggeber-Auftragnehmer geführt, indem die Geschäftsbeziehung mit und die Erwartungshaltung des Auftraggebers im Umgang mit Beratern signifikant professionalisiert wurde. Obwohl die Erwartungen des Kunden an die Beratung stark von den Variablen „Kunde" (z. B. handelt es sich um ein internationales Finanzinstitut, ein genossenschaftliches Kreditinstitut oder eine Privatbank?) und „Projektinhalt" (z. B. handelt es sich um ein neues Marketingkonzept oder eine geplante Restrukturierung?) abhängen, gibt es typische Erwartungen an externe Consultants, die zu erfüllen sind. Sie sollen an dieser Stelle thesenhaft dargestellt werden und hängen nicht zuletzt von den Mitarbeitern des Kunden ab. Der Autor nimmt eine praxisbasierte Differenzierung in „generelle Erwartungen und Anforderungen des Managements auf Kundenseite" und in „Erwartungen des Kunden-Projektleiters und seines Teams" vor.

Generelle Erwartungen und Anforderungen des Managements auf Kundenseite
Erfüllen der fachlichen, methodischen und sozialen Kompetenzen: Die im Abschnitt 2.1 dargestellten grundlegenden Anforderungen an Consultants sind natürlich auch aus Sicht des Managements bzw. des Projektauftraggebers zu erfüllen und sollen an dieser Stelle nicht wiederholt werden. Zu den fachlichen Anforderungen sind hier das Branchen-Know-how sowie die Erfahrungen mit ähnlich gelagerten Projekten zu nennen. Auch in Zeiten des (branchenübergreifenden) Benchmarking ist es von hoher Bedeutung, das geschäftliche Umfeld, speziell die Wettbewerber des Auftraggebers, fundiert zu kennen.

Dies kann in Einzelfällen sehr weit gehen. So erlebte der Autor im Rahmen eines Prozessbenchmarking folgende Situation: Zusammen mit den Einkaufsleiter sollten

Kriterien definiert werden, auf deren Basis Vergleichsunternehmen aus der Berater-Datenbank gefiltert werden sollten. Dabei wurde der Produktionsleiter ungewohnt aktiv und definierte eine Vielzahl an Kriterien bezogen auf Branche, Breite und Tiefe des Produktspektrums, Produktionsstandort, verwendete Produktionstechnologie usf. Auf die Bemerkung des Autors, dass diese restriktive Einschränkung voraussichtlich zu nur sehr wenigen Vergleichspartnern führen wird, merkte der Produktionsleiter Freude strahlend an, dass bei den definierten Kriterien eigentlich nur der direkte Konkurrent in Stuttgart in Betracht käme und er schon sehr auf die Prozesskennzahlen gespannt sei. Abgesehen davon, dass die Zahlen des Stuttgarter Wettbewerbers nicht in der Datenbank vorlagen, hätte dieses Vorgehen auch gegen die Vertraulichkeit von Projektdaten verstoßen.

(Lösungs-)Ideen des Beraters: „Zuhören und verstehen" als notwendige Berater-kompetenz darf nicht dahin gehend missverstanden werden, dass der Berater lediglich passiv Ansatzpunkte via Interview im Unternehmen sammelt, aufbereitet und gar als eigene Lösung ausgibt. Vielmehr wird von ihm erwartet, dass er nicht nur ein Problem analysiert, sondern auch Lösungsalternativen aufzeigt und (nachvollziehbare, weil begründete) Empfehlungen ausspricht. Hier liegt der Mehrwert des Consultants darin, dem Projekt und dem Auftraggeber als Sparrings Partner zur Verfügung zu stehen und nicht darin, dass er seine unerfahrenen Berater auf Kundenkosten „schlau macht" (siehe „Schullandverschickung").

Unternehmensindividuelle Problemlösung: Im Allgemeinen erwartet der Kunde, dass das Beraterteam (mindestens ab der Stufe des „Consultants") über fundierte einschlägige Projekt-Erfahrungen verfügt. Geht es bei dem Projekt beispielsweise um die Einführung eines neuen SAP-Moduls, so geht der Kunde davon aus, dass das Berater-team diese Aufgabe bei anderen Unternehmen derselben Branche bereits erfolgreich abgeschlossen hat. Abgesehen davon, dass diese Erwartung nicht bei allen Projekt-themen erfüllt sein kann (z. B. bei Unternehmen mit Staatsmonopol), steht der Berater hier vor einem gewissen Dilemma: Auf der einen Seite wird von ihm erwartet, dass er entsprechende Checklisten, Vorgehensweisen, Inhalte etc. schon vollumfänglich kennt und „nur noch auf das vorliegende Projekt übertragen muss" (nach dem Motto: „Ein Projekt wie dieses bei uns haben Sie doch bestimmt schon x-Mal gemacht, oder?"). Auf der anderen Seite fordert der Kunde aber auch, dass er keine „Schema-F-Lösung", sondern eine individuelle Problemlösung geliefert erhält.

Hilfe zur Selbsthilfe: Externe Berater sind nicht zum Nulltarif zu haben. Vielfach kostet bereits ein Junior Consultant einen vierstelligen Euro-Betrag pro Tag. Nicht nur vor diesem Hintergrund möchte der Klient, im Besonderen bei Change-Management-Projekten in der Prozess- und Organisationsberatung, dass der Unternehmensberater gezielt und damit nur temporär für eine bestimmte Aufgabe eingesetzt wird. Daher visiert er eine nachhaltige Lösung an, die auch eine entsprechende Einbindung seiner eigenen Mitarbeiter inkludiert. Sie zeigt sich z. B. darin, dass die Kundenmitarbeiter in die Lage versetzt werden, ähnliche Projekte zukünftig auch ohne externe Hilfe bewältigen zu können. Beispielsweise zeichnet sich ein erfolgreiches Projekt für ein Outsourcing von IT- oder Logistik-Prozessen an einen spezialisierten Dienstleister dadurch aus, dass der Auftraggeber bei zukünftigen Outsourcing-Projekten auch ohne externe Unterstützung den geeigneten Dienstleister auswählen kann.

Erwartungen des Kundenprojektleiters und seines Teams

Wird das Projekt auf Kundenseite nicht auf höchster Ebene geleitet (Projektleiter nicht Teil der Unternehmensleitung), was in vielen Fällen aus Ressourcengründen der Fall ist, können die Erwartungen hier abweichen. I. d. R. sind Projektleiter und Projektteam auf Kundenseite ebenso am Projekterfolg interessiert wie die Unternehmensleitung und das Beraterteam. Dennoch zeigen sich in der Praxis nicht selten andere Erwartungsschwerpunkte:

Entlastung und Projektbeschleunigung: In den meisten Fällen stehen die Projektmitarbeiter und nicht selten auch der Projektleiter auf Kundenseite nicht zu 100 Prozent dem Projekt zur Verfügung, sondern müssen parallel ihr Tagesgeschäft oder weitere Projekte bearbeiten. Vor diesem Hintergrund erwarten sie eine entsprechende fachliche und zeitliche Entlastung bei Projekttätigkeiten wie Recherchen, Auswertungen, Ergebnisaufbereitungen usw. durch den Unternehmensberater. Dabei fungiert der Consultant sozusagen als „qualifizierter Leiharbeiter auf Zeit". Wichtig für die Akzeptanz auf Kundenseite ist hier, dass er als Entlastung und nicht als zusätzliche Belastung empfunden wird.

Gehör bei Management: Projekte mit externer Unterstützung verfügen normalerweise über eine höhere Dynamik in Folge von mehr „Management Attendance". Dadurch ergibt sich für Projektleiter und -mitarbeiter die Gelegenheit, ihre Anliegen über mehrere Hierarchiestufen hinweg bei der Unternehmensleitung vorzutragen, indem der Berater als Sprachrohr agiert. Der Berater hingegen muss indes darauf Wert legen, dass er diese Anliegen und Sichtweisen teilt und nicht fremde Meinungen unreflektiert wiedergibt.

Einhalten von Kommunikationslinien: Projektleiter und -mitarbeiter auf Kundenseite sind sich bewusst, dass die Unternehmensberater direkten Kontakt zu Ebenen pflegen, die ihnen selbst oft verwährt sind. Dennoch erwarten sie vom Consultant, dass er die vereinbarten Kommunikationslinien einhält, d. h. er sich beispielsweise nur zusammen mit dem Projektleiter gegenüber dem Betriebsrat zum Projektstatus äußert. Ein ähnliches Tabu ist das direkte und alleinige Herantreten des Consultants an Mitarbeiter des Kunden, mit denen bisher noch kein Kontakt hergestellt worden war. So beging der Autor einmal den Fehler im Rahmen einer Abteilungsveranstaltung, Mitarbeiter der Abteilung dazu einzuladen, bei Fragen direkt im Projektbüro vorbeizukommen. Anschließend wurde er darauf hingewiesen, dass Anfragen grundsätzlich zunächst über die Abteilungsleitung zu filtern seien.

Integrationsfähigkeit: Projekte mit externem Support laufen normalerweise über mehrere Monate, in Einzelfällen über Jahre. Daher verschwimmen im Laufe der Zeit u. U. die klaren Linien zwischen internen und externen Projektmitarbeitern. Damit die Berater nicht dauerhaft als Fremdkörper betrachtet werden, spielt somit ihre Integrationsfähigkeit eine große Rolle. Sie kann sich beispielsweise schon dadurch äußern, ob der Berater immer nur mit seinen eigenen Kollegen oder auch gelegentlich mit den Mitarbeitern des Kunden zu Tisch geht. Auf diese Weise lassen sich auch eventuelle gegenseitige Vorbehalte aus dem Weg räumen.

Nicht mit fremden Federn schmücken: Berater sollen im Einklang mit dem Kunden Lösungen erarbeiten und ggf. auch bei der Umsetzung unterstützen. Da solche Projekte selten bei null starten, liegen vielfach bereits erste Ideen, Ansatzpunkte, Vorstudien o. ä. vor. Sollte hierauf im weiteren Projektverlauf zurückgegriffen werden, ist es ganz entscheidend, dass der Consultant die jeweilige Quelle entsprechend nennt und sich nicht mit fremden Federn schmückt. Ansonsten läuft er Gefahr, dass in späteren Projektphasen solche Ideen und Ansätze durch die Kundenmitarbeiter oder -projektleiter unabgestimmt als eigene Unterlage präsentiert werden und der Eindruck beim Steuerkreis entsteht, dass das Projektteam mehr gegeneinander (Interne versus Externe) als miteinander arbeitet.

2.4   Sichtweise der Gesellschaft: Sind Consultants Überflieger oder Blender?

Nur wenige Berufsbilder werden so divergent beurteilt wie das des Unternehmensberaters. So reicht das Image des Consultants in der öffentlichen Meinung von „sehr positiv" bis „sehr negativ": Auf der einen Seite der abgehobene Theoretiker und gnadenlose Cost Cutter, der auch ohne Nachfragen grundsätzlich alles besser weiß, auf der anderen Seite der Helfer, um Betriebe wieder wettbewerbsfähig zu machen und damit Arbeitsplätze zu sichern. Die Mehrheit nimmt jedoch eine eher kritische Beurteilung vor, bei der Berater gerne als verlängerter Arm des Managements oder der Private-Equity-Heuschrecken eingestuft werden: Sie erarbeiten entweder Konzepte, die wegen der fehlenden Praxis- und Branchenerfahrung der Berater in der Praxis nicht umsetzbar sind, oder ihre Konzepte sind eigentlich gar keine, weil es immer nur um Kostensenkungsmaßnahmen nach dem „Rasermäher-Prinzip" geht. Darüber hinaus wird der „McKinsey-Stereotyp" gerne als Sinnbild aller Berater herangezogen, der abgehoben auftritt, Tausende von Euro pro Beratertag „einkassiert" und dann, wenn es ernst wird (sprich, um die Umsetzung geht), das beratene Unternehmen sich im Zweifelsfall selbst überlässt. Als gern zitierte Negativ-Beispiele für McKinsey werden die Fälle Swissair, Philip Holzmann oder West-LB genannt. Natürlich lässt sich nicht belegen, dass die finanzielle Schieflage auf falsche und teure[38] Beratung durch „McK" zurückgeführt werden kann, aber das ist der öffentlichen Meinung oft auch gleich.

Dass dieses Bild nicht oder nur in seltenen Fällen der Realität entspricht, braucht an dieser Stelle nicht extra hervorgehoben werden. Vielmehr stellt sich die Frage, auf welche Ursachen solche Vorurteile zurückzuführen sind. Der Autor sieht hier speziell fünf Einflussfaktoren:

1. Berichterstattung der Medien

In den Medien findet eine sehr kritische Auseinandersetzung mit der Beraterzunft statt. Dabei ist zwischen Fachpresse und allgemeiner Presse zu unterscheiden. Während die Fachpresse durchaus kritisch sowohl die Beratungsleistung als auch die Leistung des betroffenen Managements beurteilt, findet in der Tagespresse meist eine wesentlich negativere Auseinandersetzung mit dem Beratereinsatz statt: „Gierig", „Theoretiker", „arrogant", „blutjung", „schneidiges Auftreten" sind nur einige Attribute, mit den Consultants in Verbindung gebracht werden.

2. Berichterstattung von Kunden

Berater sind zu Vertraulichkeit verpflichtet. Hintergrund-Informationen über laufende oder abgeschlossene Projekte gelangen – wenn überhaupt – normalerweise nur über den Auftraggeber an die Öffentlichkeit. Dabei ist folgendes Phänomen nicht selten festzustellen: Handelt es sich um ein weniger erfolgreiches Projekt, wird die Ursache gerne auf Beraterfehler zurückgeführt. In solchen Fällen wurde dann das Management des Klienten „falsch beraten". Wurde das Projekt jedoch zu einem Erfolg, wird sich der Erfolg gerne selbst zugeschrieben. Die Berater werden dann von Unternehmensseite wenig bis gar nicht erwähnt. Demzufolge gelangen in vielen Fällen nur negative Projekterfahrungen mit Beratern an die allgemeine Öffentlichkeit.

3. Auftreten der Berater

Öffentliche Auftritte von Beratern sind selten, es sei denn, sie arbeiten (gelegentlich) als wirtschaftspolitische Berater wie Roland Berger. Beraterauftritte finden daher eher im beruflichen Umfeld statt, wenn der Berater den eigenen Arbeitgeber berät

---

[38]   Im Falle von Swissair angeblich 100 Mio. Franken, bei Holzmann immerhin 40 Mio. D-Mark (vgl. *Steppan, R.* (2003)).

und in diesem Zusammenhang ein Kontakt entsteht. Neben bestehenden Vorurteilen gegenüber Beratern und Befürchtungen um den eigenen Arbeitsplatz wirken sich schlechte Umgangsformen und u. U. ein sehr distanziertes Auftreten besonders negativ auf das Berater-Image aus. Gerade Junior Consultants fehlt es häufig an dem erforderlichen Respekt den Gesprächspartnern gegenüber. Dieses teilweise als arrogant empfundene Verhalten liegt einerseits an einem sehr direkten Draht zum Top Management schon in jungen Jahren und andererseits an den fehlenden Erfahrungen (durch den Direkteinstieg nach dem Studium) mit Umgangsformen im Betrieb, speziell in Linienfunktionen.

4.   Auswirkungen einer Neidgesellschaft

Meinungen werden durch Medien geprägt. Negative Meinungsbilder über Berater werden in Deutschland teilweise dadurch noch verstärkt, dass ein gewisser Neidfaktor herrscht: Demzufolge bereisen Consultants auf Kundenkosten verschiedene Länder, verdienen Unmengen an Geld und fahren immer neue und teure Autos. Dass von Ländern und Städten meist nur die Hotels und Flughäfen bekannt sind, der Tagessatz nicht dem Tages-Gehalt eines Beraters entspricht und dass mit dem Auto auch schon mal 30.000 Kilometer pro Jahr dienstlich zurückzulegen sind, wird natürlich gerne „übersehen". Der Autor konnte dieses Phänomen selbst im persönlichen Umfeld mehrfach erleben: „Oh, du betreust ein Projekt in Rovereto und Bologna? Das ist ja super. Da wollte ich auch immer mal Urlaub machen." Den Gegenüber hat es sehr überrascht, dass sich das Projekt durch Stress auszeichnete und nichts mit Urlaub zu tun hatte …

5.   Diskretion des Beratergeschäfts

Berater verpflichten sich vertraglich zur Diskretion, sodass nur selten Projektinformationen nach außen treten. Diese Diskretion führt dann fast logischerweise zu Raum für Spekulationen in der Öffentlichkeit, aber auch im privaten Umfeld.

Beachtet man diese fünf Einflussfaktoren, wird deutlich, dass das eher diffuse Beraterimage nicht vom Himmel gefallen ist, sondern durchaus rationale Ursachen aufweist. Kommt man auf die Ausgangsfrage zurück, ob Consultants aus Sicht der Gesellschaft nun „Überflieger" oder „Blender" seien, lässt sie sich für beide Typen mit einem eindeutigen „Ja" beantworten. Im realen Berater-Leben existieren jedoch nicht nur „Überflieger" und „Blender", sondern auch „Problemlöser", „Helfer", „Leiharbeiter auf Zeit", „Cost Cutter", „Branchen-Experten" und vieles mehr.

2.5   Konsequenzen der unterschiedlichen Sichtweisen

Die Darstellung der drei Sichtweisen „Arbeitgeber", „Kunden" und „Gesellschaft" hat aufgezeigt, dass der Consultant, vom Junior Consultant bis zum Partner, in sehr unterschiedlichem Licht betrachtet wird. So wenig es den Berater und die Beratung gibt, so wenig gibt es auch die typischen Sichtweisen. Dennoch gelten die in den Vorkapiteln dargestellten Perspektiven mit stärkerem oder abgeschwächtem Schwerpunkt. Welche Konsequenzen ergeben sich aus diesen Fremdbildern für das Eigenbild des Beraters?

Da ist zunächst die Sichtweise des Arbeitgebers. Nur in wenigen Fällen (bei kleineren Beratungsgesellschaften) ist sie direkt durch das eigene Verhalten des Beraters beeinflussbar. Die Beachtung der Arbeitgeber-Sichtweise hilft indes, Verhaltensweisen und Anforderungen an die eigenen Mitarbeiter besser zu verstehen und sich hieran entsprechend zu orientieren.

Die Kunden-Perspektive lässt sich hier schon stärker durch das eigene Verhalten beeinflussen. So ist ein bewusstes Beachten sozialer Spielregeln (Stichwort: Knigge) ein effektives Instrument, die Sichtweise des Kunden aktiv (und natürlich im positiven Sinne) zu gestalten. Dies gilt logischerweise besonders für Projekte mit einer starken Einbindung des Kunden-Managements und der Kunden-Mitarbeiter (z. B. bei „Change Management"). Hier ist zu beachten, dass der Berater während des Projektes immer unter Kundenbeobachtung steht – im positiven wie im negativen Sinne.

Schließlich gibt es als Meta-Perspektive die Sichtweise der Gesellschaft und des öffentlichen Lebens. Sie ist für Berater, die eher selten eine aktive Presse- und Öffentlichkeitsarbeit betreiben (Stichwort: Diskretion), kaum beeinflussbar. Hier bleibt dem Berater nur die Möglichkeit, durch vorbildliches Verhalten ein positives Image im eigenen privaten Umfeld (Freunde, Verwandte) aufzubauen. Hierzu zählt auch eine kritische Selbstreflexion des eigenen Verhaltens im beruflichen wie privaten Leben des Beraters.

Wenn es schon wenige Möglichkeiten gibt, das Bild des Beraters in der Gesellschaft entscheidend selbst zu prägen, so sollte man doch immer einen Teil Selbstironie behalten. Vor diesem Hintergrund soll der beliebteste Beraterwitz zitiert werden:

Ein Schäfer hütet in einer einsamen Gegend seine Schafe. Plötzlich taucht in einer großen Staubwolke ein Jeep Cherokee auf und hält direkt neben ihm. Der Fahrer ist ein junger Mann mit Anzug, Krawatte und Sonnenbrille. Er steigt aus und sagt zum Schäfer: „Wenn ich errate, wie viele Schafe Sie haben, bekomme ich dann eins?" Der Schäfer schaut den Mann an, überlegt kurz und sagt: „In Ordnung". Der junge Mann nimmt sein Notebook aus dem Jeep, verkabelt es mit seinem Handy und seinem GPS-Empfänger, geht im Internet auf eine NASA-Seite, scannt die Gegend mit Satelliten ein, tippt wie wild auf seine Tastatur und erstellt eine Datenbank mit 60 Excel-Tabellen. Dann druckt sein Minidrucker einen 520 Seiten langen Bericht aus, den er durchliest. „Sie haben hier exakt 1232 Schafe!" Der Schäfer antwortet: „Das ist richtig, suchen Sie sich ein Schaf aus". Der junge Mann nimmt sich ein Tier und lädt es in seinen Jeep. Als er sich verabschieden will, sagt der Schäfer zu ihm: „Wenn ich Ihren Beruf errate, geben Sie mir das Tier dann wieder zurück?" „Abgemacht", meinte der sportliche junge Mann. Der Schäfer sagt: „Sie sind ein Unternehmensberater!" – „Das ist richtig, wie haben Sie das erraten?" – „Ganz einfach", erwidert der Schäfer, „erstens kommen Sie hierher, obwohl Sie niemand gerufen hat, zweitens wollen Sie ein Schaf als Bezahlung dafür, dass Sie mir etwas sagen, was ich ohnehin schon wusste, und drittens haben Sie keine Ahnung von dem, was ich mache, denn Sie haben sich meinen Hund geschnappt."

3 Kontakt mit potenziellen Kunden

Das korrekte Verhalten und Auftreten eines Consultants wird nicht erst in der Kick-off-Veranstaltung eines gemeinsamen Projekts relevant, sondern bereits in der Vorphase, im Rahmen des gegenseitigen Kennenlernens und der Akquisition. Hier wird bereits der Grundstein für die Art und Weise der späteren Zusammenarbeit gelegt bzw. entschieden, ob es zu einem späteren Zeitpunkt überhaupt zu einer Zusammenarbeit kommen wird.

Das folgende Kapitel setzt an diesem Punkt an. Es gibt somit Tipps und Hinweise für ein geeignetes Auftreten im Geschäftsleben, und zwar untergliedert in die Teilprozesse „Kontaktaufnahme", „persönliche Kennenlernen" sowie „Angebotsabgabe und Vertragsabschluss" des Kundenakquisitionsprozesses. Dabei werden folgende Fragen beantwortet:

- Welche Medien der Kontaktaufnahme gibt es?
- Was sollte bei Anschreiben im Rahmen der Kalt-Akquisition beachtet werden, und welche Unterlagen sind beizufügen?
- Wann ist der ideale Zeitpunkt zum so genannten „Nachfassen"?
- Was sollte der Berater vor dem ersten persönlichen Kennenlernen beachten?
- Braucht man bei sämtlichen Terminen Unterlagen als Handouts?
- Sollte man als Consultant eher dem Kunden zuhören oder eher das Gespräch selbst aktiv vorantreiben?
- Welches „Dos and Don'ts" sind bei der Angebotserstellung zu beachten?
- Wie transparent sollte eine Angebotskalkulation ausfallen?
- Bis zu welchem Prozentsatz sind Angebotspreise verhandelbar?

3.1 Kontaktaufnahme: Der erste Eindruck zählt!

Für eine Kontaktaufnahme mit einem potenziellen Kunden in Richtung einer Projektanbahnung gibt es grundsätzlich zwei sehr verschiedene Wege. Im ersten (günstigeren) Fall gehen die Aktivitäten einer Kontaktaufnahme von Seiten des möglichen Auftraggebers aus. Dafür kommen im Wesentlichen folgende Auslöser in Betracht:

- frühere gemeinsame Projektaktivitäten (beim selben oder bei einem damaligen Arbeitgeber)
- Empfehlung durch Dritte (z. B. aus der eigenen Branche)
- Veröffentlichung eines Fachartikels durch den Berater zu einem Thema, welches sich direkt mit dem Problemkreis des Auftraggebers befasst
- Fachvortrag durch den Berater auf einem einschlägigen Seminar oder einem bestimmten Kongress

Bei den vier genannten Auslösern handelt es sich deshalb um den „günstigen Fall", weil der Geschäftspartner ein reales Problem hat und er zur Problemlösung auch externe Ressourcen nutzen möchte. Hier stehen die Chancen auf einen erfolgreichen Akquisitionsprozess besser als bei einer aktiven Kontaktaufnahme durch den Berater. Auch für den Fall der aktiven Kontaktaufnahme durch den Consultant existieren unterschiedliche Wege. So unterscheidet man einerseits zwischen Warm-Akquisition (bei bereits bestehenden und ehemaligen Geschäftsbeziehungen) und Kalt-Akquisition (bei Neukontakten), andererseits zwischen den Informationsträgern Telefon oder Brief. Im Normalfall ist die Kombination aus „telefonischer Kontaktaufnahme" und „schriftlicher Kontaktaufnahme" sinnvoll. Für eine erfolgreiche Kontaktaufnahme – gemessen an der Kennzahl „Anteil vereinbarter qualifizierter Gesprächstermine im Verhältnis zur Gesamtzahl der Kontakte" – empfiehlt sich folgende Vorgehensweise:

1. Telefonische Kontaktaufnahme mit dem potenziellen Projektentscheider
2. Versenden geeigneter Unterlagen
3. Nachfassen und bei Interesse Vereinbarung eines persönlichen Gesprächs

An dieser Stelle soll nicht der Versuch gestartet werden, das Thema „Direktmarketing" auf wenigen Seiten vollumfänglich aufzubereiten. Vielmehr sollen – basierend auf eigenen Erfahrungen im Beratungsgeschäft – Empfehlungen ausgesprochen werden, auf welche Aspekte in der Phase der Kontaktaufnahme besonderer Wert zu legen ist.

Telefonische Kontaktaufnahme mit dem potenziellen Projektentscheider

Geeigneten Ansprechpartner eruieren: Das beste Telefonat mit einem Gegenüber wird nicht zum Erfolg führen, wenn dieser nicht der richtige Ansprechpartner ist. „Richtig" bedeutet in diesem Fall, dass die Person a) fachkompetent und b) entscheidungsbefugt ist sowie c) über ein entsprechendes Projektbudget verfügt. Nur wenn alle drei Bedingungen erfüllt sind, besteht eine Chance auf die Vereinbarung eines persönlichen Gesprächstermins. Allein das Kriterium „Fachkompetenz" reicht nicht aus, was sich an einem konkreten Beispiel verdeutlichen lässt: Geht es um ein Projekt zur Einführung moderner Produktionssysteme, mag zwar fachlich der Produktionsleiter der richtige Ansprechpartner sein. In vielen Fällen, beispielsweise bei sehr großen Produktionsstandorten, wird er aber nicht in erster Instanz über die Vergabe von Berateraufträgen entscheiden und auch häufig wenig Interesse daran haben, dass ihm Externe gegenüber seinen eigenen Vorgesetzten Defizite in den derzeitigen Produktionsstrukturen aufzeigen. Am Telefon führt dies dann schnell zu Rechtfertigungen nach dem Motto: „Das, was Sie hier erzählen, haben wir alles schon gemacht. Wir sind schon seit Jahren unheimlich lean in unserer Produktion."

Im Allgemeinen kommt als Adressat für Beratungsprojekt-Telefonaktionen bei mittelständischen Unternehmen ausschließlich die Unternehmensleitung in Betracht. Bei Großunternehmen indes sollte der Fokus auf der Ebene unterhalb des obersten Managements liegen, da das Top Management kaum Zeit für Telefoninterviews hat und auch die Ebene darunter über Projektbudgets verfügt.

Auf wichtige und aktuelle Themen konzentrieren: Telefoninterviews brauchen einen aktuellen und zugleich wichtigen thematischen Aufhänger. Hierzu zähl(t)en etwa die Abgeltungsteuer in der Finanzdienstleistung oder die Einführung der Lkw-Maut in der Transportwirtschaft. Telefonaktionen ohne aktuellen Bezug, z. B. mit der Einstiegsfrage à la „Sind Ihre Entwicklungskosten auch zu hoch?" (frei nach dem bekannten privaten Krankenkassen-Radiospot „Ist Ihre Krankenkasse auch zu teuer?") wirken meist wenig überzeugend. Die Antwort lautet hier häufig: „Das Thema gilt doch immer. Meinen Sie, ich habe mich in meiner Position damit noch nicht auseinandergesetzt?".

Seriosität ausstrahlen: Bei Telefongesprächen, gerade wenn Sie mit Fremden stattfinden, agieren fast alle Menschen vorsichtiger als im persönlichen Gespräch, nicht zuletzt wegen der fehlenden Möglichkeiten bei Mimik und Gestik. Daher spielt der Aspekt der Vertrauensgewinnung des Gesprächspartners eine wichtige Rolle, gerade bei einer hochwertigen Dienstleistung wie der Unternehmensberatung. Vor diesem Hintergrund sollte bei einer seriöse Beratung nichts Unmögliches versprochen werden: „Wir erhöhen Ihren Marktanteil durch unser neues Konzept auf jeden Fall." Hinzu kommt, Projektinhalte, soweit es sich nicht um veröffentlichte Fallstudien handelt, ohne die Nennung der Projektpartner darzustellen. Auch Pseudo-Anonymisierungen wie „Ein namhafter Automobilhersteller aus Südhessen" sind Zeichen eines unprofessionellen Umgangs mit dem Berufsethos. Konkrete Referenzen anzuführen, mag zwar die eigene Beratungsleistung in einem besonderen Lichte erscheinen lassen, aber welcher Klient will schon, dass bei der nächsten Telefonaktion die damals beauftragte Beratungsgesellschaft sein Projekt mit „Ross und Reiter" gegenüber Dritten vorstellt?

Nicht nur senden, sondern auch empfangen können: Erfolgreiche Kontaktaufnahme bedeutet, nicht nur zu senden, sondern auch zu empfangen. Hier kommt es darauf an, beim Gesprächspartner dessen Erfahrungen zum Thema und zu aktuellen Problemstellungen abzufragen. Es überrascht dabei immer wieder, wie offen Telefonpartner auf Fragen wie „Welche Erfahrungen haben Sie beim Thema xy schon gesammelt?" oder „Was sind denn bei Ihnen die aktuellen Themen im Bereich von xy?" reagieren. Dies setzt beim Berater natürlich ein entsprechendes Fachwissen voraus und auch die geistige Flexibilität, auf das andere Thema umzuschwenken. Von klassischen, für Telefonakquisition ausgelagerten „Call Agents" allerdings kann diese Erwartungshaltung nicht erfüllt werden. Wichtig ist zudem, dass der Berater nicht nur zuhört, sondern eigene Erfahrungen und Erkenntnisse in das Gespräch einfließen lässt. Schließlich wird ein Consultant nicht für das Konsumieren, sondern für das Produzieren von Lösungsansätzen vergütet.

Nächste Schritte vereinbaren statt Termine drücken: Unabhängig davon, wie das Telefoninterview verläuft, sollte am Ende des Gesprächs der Berater einen Vorschlag für das weitere Vorgehen unterbreiten. Hierzu bieten sich drei Optionen an: Sieht er selbst oder der Gesprächspartner keine Ansatzpunkte für ein weiteres Gespräch, sollte geklärt werden, ob grundsätzlich kein Gesprächsbedarf herrscht oder zu anderen Themenfeldern erneut ein Kontakt stattfinden kann. Im ersten Fall empfiehlt sich ein Inaktivieren der Kontaktdaten. Option zwei sieht vor, dem Ansprechpartner vertiefende Unterlagen zuzusenden und einen erneuten Telefontermin zu avisieren (mit dem Ziel, dabei einen persönlichen Gesprächstermin zu fixieren). Option drei zielt darauf ab, direkt ein persönliches Kennenlernen (ggf. über das Sekretariat) zu vereinbaren. Wichtig ist die Erkenntnis, dass „gedrückte Termine", also solche, bei denen der Gesprächspartner nur aus Wohlwollen („Dann kommen Sie halt mal vorbei.") oder durch Druck von Beraterseite („Ein persönliches Treffen macht immer Sinn.") im Prinzip nie den dadurch entstehenden Folge-Aufwand rechtfertigen.

Versenden geeigneter Unterlagen
Ist der Gegenüber der richtige Ansprechpartner, hat sein Interesse an weiter gehenden Informationen signalisiert, so sind nun geeignete Unterlagen für den potenziellen Kunden zusammenzustellen. Entscheidend ist dabei, möglichst schnell, d. h. innerhalb von spätestens drei Arbeitstagen, dem Interessenten die Unterlagen zuzusenden. Für eine möglichst schnelle Reaktion von Seiten des Beraters sprechen zwei Argumente: (a) Zunächst signalisiert er gegenüber dem Ansprechpartner sein Interesse an tiefer gehenden Geschäftskontakten und seine Fähigkeit, schnell und flexibel zu reagieren. Welcher Klient möchte schon einen Berater, der Tage braucht, um auf eine Anfrage zu reagieren? Ist es nicht in vielen Fällen die Reaktions- und Bearbeitungsgeschwindigkeit, die den Berater gegenüber dem internen Mitarbeiter auszeichnet? (b) Die schnelle Reaktion gewährleistet, dass die erste Kontaktaufnahme nicht in Vergessenheit gerät. Hier gilt es, den Kontakt warm zu halten und am

Ball zu bleiben. Schließlich ist Telefonakquisition kein „Geheimtipp", sondern wird von zahlreichen Beratungshäusern praktiziert.

Zunächst stellt sich die Frage nach der Art, wie Unterlagen versendet werden sollen. Grundsätzlich geht dies über Briefpost oder über E-Mail-Kommunikation. Sollte der Versandweg nicht schon vorab mit dem potenziellen Klienten im Erst-Telefonat geklärt worden sein, sind hier die individuellen Vor- und Nachteile abzuwägen. Für einen postalischen Versand spricht vor allem die Seriosität in den heutigen E-Mail-Spam-Zeiten. Der Versand per Internet bietet die schnellere Reaktionsfähigkeit und die Option für den Empfänger, die E-Mail mit den entsprechenden Anhängen an weitere Kollegen weiterzuleiten. Als Nachteile bei E-Mails können sich erweisen, dass sie entweder im der E-Mail-Flut einer Führungskraft untergehen oder so groß sind, dass sie gleich gelöscht werden. Dieses Problem liegt vor allem dann vor, wenn es sich um größere Anhänge handelt und die Führungskraft häufig unterwegs E-Mails abruft. Vor dem Hintergrund persönlicher Erfahrungen empfiehlt der Autor daher eher den Unterlagenversand per Briefpost.

Was aber zählt zu den Unterlagen? Die Basis der Unterlagen stellt das Anschreiben dar. Für das Anschreiben, unbenommen ob per E-Mail oder per Brief, gilt formal die richtige Form von Anschrift und Anrede. Bei der Firmenanschrift ist die aktuelle und damit richtige Bezeichnung zu verwenden. So ist es seit der Hauptversammlung Oktober 2007 ein absolutes „No Go", nach Stuttgart-Untertürkheim Briefe an die „DaimlerChrysler AG" zu senden. Schließlich ließ sich der Daimler-Konzern die Umbenennung in die „Daimler AG" immerhin einen „mittleren zweistelligen Millionenbetrag"[39] kosten, ganz abgesehen von der psychologischen Wirkung der Trennung vom Massenhersteller Chrysler. Gleiches gilt natürlich für die korrekte Angabe der Rechtsform: Bezeichnet sich das Unternehmen als „GmbH & Co. KG" oder als „GmbH und Co. KG"?

Noch bedeutsamer ist die korrekte Wiedergabe der Position des Empfängers: Handelt es sich bei Peter Löscher um den „Vorstandsvorsitzenden", „Vorsitzenden des Vorstands" oder gar um den „Sprecher des Vorstands" der Siemens AG? Während sich diese Frage schnell per Internet-Recherche beantworten lässt, ist es bei weniger bekannten Geschäftspartnern oft weniger einfach: Geschäftsführer oder Geschäftsführender Gesellschafter, Produktionsleiter oder Werkleiter, Leiter Logistik oder Leiter Supply Chain Management? Diese Liste lässt sich beliebig erweitern.

Noch wichtiger, da es sich um die Person an sich handelt, ist die Form der korrekten Ansprache. So sollte zunächst der korrekte Titel, wenn dies nicht schon vor dem ersten Gespräch erfolgte, eruiert werden. Handelt es sich etwa um einen „Dr." oder

---

[39] *Dalan, M.* (2007).

um einen „Dr.-Ing.", ist der Doktortitel ein „e.h." oder „h.c."? Dem einen oder anderen mögen diese Aspekte als Haarspalterei erscheinen, aber im echten Leben kann sich der Berater hier positiv differenzieren. Schließlich fallen diese Titel nicht vom Himmel, sondern sind trotz publikumsintensiver Plagiatsaffären i. d. R. über Jahre hinweg erarbeitet worden. Die Titel werden jedoch nicht immer in der Anrede zum Anschreiben erwähnt, weshalb folgende Regeln zu beachten sind:

Titel: Dr. Martin Mustermann, Anrede: Sehr geehrter Herr Dr. Mustermann

Titel: Dipl.-Ing. Ute Backhausen, Anrede: Sehr geehrte Frau Backhausen (nur in Österreich werden Diplome und Magister in der Anrede berücksichtigt)

Titel: Prof. Dr. Bernd Mayer, Anrede: Sehr geehrter Herr Professor (Professor ausgeschrieben und ohne Berücksichtigung des Dr.-Titels und des Nachnamens)

Bei der Anrede werden ausschließlich akademische Titel berücksichtigt, Positionsbezeichnungen bleiben unberücksichtigt, also gilt: Sehr geehrter Herr Schulze-Langenfeld, statt: Sehr geehrter Herr Geschäftsführer.

Im Anschreiben sollte sich der Consultant auf das gemeinsame Telefonat unter Nennung des Termins beziehen und sich in diesem Kontext nochmals für das bekundete Interesse bedanken. Zudem sollte er erneut den Aufhänger der Kontaktaufnahme (aktuelles Thema aus der Branchenpresse, Änderung rechtlicher Rahmenbedingungen etc.) zu erwähnen. Dies erhöht sowohl das Interesse am Weiterlesen als auch das Erinnerungsvermögen bzgl. des geführten Gesprächs beim Leser. Im Rahmen des Anschreibens sollte auch Bezug auf das beigefügte Material genommen werden, ohne die Inhalte im Detail vorwegzunehmen. Das Anschreiben wird mit dem Hinweis abgerundet, dass der Absender sich innerhalb der nächsten Tagen wieder beim Empfänger melden wird.

Die beizufügenden Anlagen hängen stark von der Projektthematik ab. Generell gilt hier der Grundsatz, dass „Weniger oft mehr" ist. So sollte aus Sicht des Autors nur dann eine allgemeine Imagebroschüre der Beratungsgesellschaft beigefügt werden, wenn es sich um ein weniger bekanntes Unternehmen handelt. Wichtiger ist in solchen Fällen eine Management Summary einer Produktpräsentation (Flyer, Leporello, Powerpoint-Kurzpräsentation), z. B. zu Themen wie „Auswirkungen der Novellierung des Investmentgesetzes auf Kapitalanlagegesellschaften" oder „Bestandsreduzierung im Lebensmitteleinzelhandel". Typische Bestandteile solcher Unterlagen stellen dabei dar:

- Management Summary, also die Inhalte auf einen Blick
- Problemstellung und Auswirkungen: Was ist das Problem und warum sollte sich der Leser damit auseinandersetzen?
- Ziele, Vorgehensweise und Bestandteile der einschlägigen Beratungsdienstleistung: Wie kann durch den Beratungsansatz das betriebliche Problem nachhaltig gelöst werden?
- Nutzen der Beratungsdienstleistung: Welche Ergebnisse können durch das Beratungsprodukt erzielt werden?
- ggf. zu anonymisierende Referenzen und Fallbeispiele: Wo wurde das Konzept bereits erfolgreich umgesetzt?
- Kontaktdaten des Beraters

Die Kunst der Darstellung der Beratungsleistung besteht darin, komplexe Sachverhalte prägnant auf den Punkt zu bringen und tiefer gehendes Interesse zu wecken. Auch hierzu gibt es einfache Regeln:

Qualität vor Quantität: Wenige, aber aussagekräftige Inhalte und Beispiele
Möglichst direkter Bezug zum Interessenten: Keine Fallbeispiele aus dem Handel, wenn der Adressat aus der Industrie kommt bzw. keine Referenzen ausschließlich bei Mittelständlern, wenn ein Großunternehmen angesprochen werden soll

Abbildungen statt „Text-Wüsten", getreu dem Motto: „Ein Bild sagt mehr als 1.000 Worte."

Adäquate Sprache: Vermeiden von „Denglisch" und Beraterdeutsch mit leeren Worthülsen sowie einer theorielastigen Sprache mit Begriffen wie „Systeme", „Konzept", „Hypothesen", „Modell" usw.

Zusammenfassung wesentlicher Erkenntnisse

Einhalten des eigenen Corporate Design bzgl. Farben, Schriftarten und Logos

Vor dem Versand der Unterlagen sollte unbedingt nochmals kritisch hinterfragt werden, ob die jeweiligen Flyer etc. dem Interessenten einen echten Mehrwert bieten, ihn eher verwirren oder er den Eindruck gewinnt, einen Bauchladen an Beratungsleistungen präsentiert zu bekommen: Der Berater macht alles, aber nichts richtig ...

Nachfassen und bei Interesse Vereinbarung eines persönlichen Gesprächs
Eine erfolgreiche Projektakquisition beweist sich zum einen durch verkäuferisches Talent, zum anderen aber auch durch entsprechende Disziplin bei den Aktivitäten. Zu dieser Disziplin zählt speziell das Nachfassen bei versendeten Unterlagen. In der

Praxis wird dieser Bereich häufig zu wenig gewürdigt. Es werden Telefonate geführt und Unterlagen versendet. Danach enden oft die Projektakquisitionstätigkeiten. Gerade an dieser Stelle ist es jedoch erforderlich, den Prozess nachdrücklich zu begleiten. In vielen Fällen bearbeiten die potenziellen Ansprechpartner auf Kundenseite nicht nur ein bestimmtes Projekt, sondern werden meist durch Tagesgeschäft stark in Anspruch genommen. Daher sucht der Interessent i. d. R. nur in einem von 30 Fällen von sich aus wieder den Kontakt mit dem Telefonpartner.

Somit liegt es am Consultant selbst, den Kontakt durch gezieltes telefonisches Nachfassen aufrecht zu erhalten, auch wenn dies sehr zeitaufwändig und wenig anspruchsvoll erscheint. Im Normalfall wird der Interessent zwar nicht auf den Kalender schauen, ob und wann der Berater sich wieder bei ihm gemeldet hat, aber auch hier besteht die Gefahr des Vergessens oder des sich nicht gewürdigt Fühlens auf Kundenseite, wenn der Berater seinen Anruf im Anschreiben angekündigt, aber nicht eingehalten hat. Ob und wie der Berater in andere Projekte eingespannt ist und sich daher erst später melden kann, wird dem Geschäftspartner an dieser Stelle – nicht zuletzt, weil noch keine persönliche Beziehung aufgebaut werden konnte – wenig tangieren.

Für das Nachfassen empfiehlt sich in der Praxis ein Zeitraum von ca. einer Woche nach Versenden der Unterlage, es sei denn, in dem Erst-Telefonat wurde bereits ein bestimmter Zeitplan des weiteren Vorgehens abgestimmt. Bei dem Telefonat gelten dieselben Regeln wie bei dem Erst-Kontakt. Dabei sollte wiederum auf das Erst-Gespräch und die versendeten Unterlagen Bezug genommen werden. Das Ziel ist hier, einen Termin für ein gemeinsames Kennenlernen und ausführliches Vorstellen der Kompetenzen zu vereinbaren. Sollte das Interesse beim Zweit-Gespräch wesentlich geringer als beim Erst-Gespräch ausfallen, ist nach den Ursachen zu fragen und ggf. ein erneutes Telefonat zu einem späteren Zeitpunkt zu vereinbaren. Das „Drücken" von Terminen führt evtl. dazu, dass der Berater vergebens zu dem Termin fährt, im ungünstigsten Fall vielleicht sogar dazu, dass die Akquisition endgültig scheitert.

3.2   Kennenlernen beim Akquisitionstermin: „Senden" und „Empfangen"

Ist das Nachfass-Telefonat erfolgreich verlaufen, wird im nächsten Schritt der Termin des ersten persönlichen Kennenlernens schriftlich per E-Mail bestätigt. Hierzu zählt auch die Angabe, welcher Berater mit welcher Funktion an dem Termin teilnehmen wird. Es spricht auch nichts dagegen, seinerseits nachzufragen, wie viele Personen und wer namentlich von Klientenseite voraussichtlich an dem Termin teilnehmen wird, um nicht zuletzt eine entsprechende Anzahl an Unterlagen-Ausdrucken mitzubringen. Hier sollte keine falsche Zurückhaltung geübt werden: Im Rahmen eines telefonischen Vorgesprächs hatte der Autor vor einigen Jahren einen Termin für eine Akquisition mit einem Logistikleiter eines großen Automobilherstellers vereinbart. In der Annahme, dass dieser Termin ein Zweier-Gespräch wird, war der Autor damals sehr überrascht, als ihm nicht nur der Bereichsleiter Logistik, sondern dessen fünf Abteilungsleiter sowie sein Assistent während des Termins gegenüber saßen.

Die Phase der persönlichen Kontaktaufnahme umfasst nicht nur den Termin an sich, sondern gleichfalls die Vor- und Nachbereitung. Bei wichtigen Kundenterminen fällt teilweise an dieser Stelle bereits ein Aufwand von zwei bis drei Beratermanntagen an, um sich adäquat fachlich und persönlich zu präsentieren. Ein Teil der Vorbereitung ist dabei die Planung der An- und Abreise. Gerade bei Terminen, die bereits morgens stattfinden, sind Unwägbarkeiten speziell bei der Anreise zu berücksichtigen: So durfte der Autor selbst einmal erleben, wie sich eine morgendliche Strecke vom Kölner Flughafen nach Dormagen mit knapp 40 Kilometern in eine zweieinhalbstündige Odyssee wandelte und extremen Stress hervorrief. Eine zu knapp kalkulierte Anreisezeit führt nicht nur zu Stress, Bluthochdruck und u. U. zu einer mangelnden Konzentration im anschließenden Akquisitionstermin, sondern auch zu einem negativen Eindruck beim potenziellen Kunden, wo vielleicht mehreren Führungskräften unnötig Zeit durch Warten „gestohlen" wird. Ähnliches gilt im Übrigen für die Abreise: Hier sollte nicht überstürzt vom Kunden aufgebrochen werden. Dies vermittelt weniger den Eindruck des stark Beschäftigtseins als vielmehr den Eindruck eines schwachen bzw. schlecht geplanten Zeitmanagements. Auch nicht umbuchbare Billig-Flugtickets bedeuten hier oft, riskant zu sparen.

Zur formalen Vorbereitung zählt auch die Frage nach der angemessenen Kleidung. Über die geeignete Beraterkleidung soll an späterer Stelle noch ausführlicher eingegangen werden. Grundproblem dieser frühen Phase ist, dass Unternehmenskultur und -stil dem Berater noch unbekannt sind. Demzufolge empfiehlt sich i. d. R. eine dezente, gepflegte Kleidung, z. B. Anzug oder Kostüm mit dem Ziel, immer etwas besser als der Kunde gekleidet zu sein, ohne jedoch abgehoben zu wirken: Manschettenknöpfe, Designeranzüge und Anzugwesten sind – wenn überhaupt – in solchen Fällen mit Bedacht auszuwählen.

Die inhaltliche Vorbereitung sollte auf der einen Seite auf den Unterlagen aufsetzen, die dem Ansprechpartner bereits vorab zugesendet wurden, andererseits auf einer Internet-Recherche bzgl. aktueller Themen, mit denen sich das Unternehmen derzeit auseinandersetzt, etwa die Errichtung eines neuen Standorts, die Erweiterung der Produkt- und Dienstleistungspalette oder Aktionen wichtiger Wettbewerber. Hat der Kunde Projektvorstellungen, die bereits in einem Lastenheft konkretisiert wurden, sind diese entsprechend der Vorgaben zu beachten. Generell gilt allerdings der Grundsatz, dass der Berater a) immer eine Tischvorlage zum ersten Gesprächstermin mitnehmen und b) genügend Exemplare in ausgedruckter Form bei sich führen sollte. Auch hier sind Rechtschreibfehler ebenso tabu wie Unterlagen, die nach „Schema F" aussehen und nicht auf die Bedürfnisse des Ansprechpartners eingehen. Darüber hinaus sollte der Berater Folgendes mit sich führen:

- ausgedruckte Terminbestätigung
- Anfahrtskizze (auch für den Fall, dass das Navigationssystem defekt ist)
- Unterlagen-Ausdrucke in gebundener Form
- Tischvorlage im pdf-Format auf USB-Stick, falls das eigene Notebook ausfällt oder nicht mit dem Beamer kompatibel ist
- ggf. Produktflyer, Sonderdrucke eigener Fachartikel und Unternehmensbroschüren

Ist die Anreise erfolgreich abgeschlossen worden, empfiehlt sich die Anmeldung am Empfang des Kunden ca. 15 bis 30 Minuten vor dem vereinbarten Termin. 30 Minuten sind dann einzuplanen, wenn es sich um ein sehr großes Werksareal handelt, sehr strenge Sicherheitsvorkehrungen herrschen oder eine aufwändigere EDV-Installation im Vorfeld erforderlich ist, beispielsweise bei Präsentationen, die einen Online-Zugriff benötigen. Nicht nur einwandfreies Funktionieren von Technik, sondern speziell korrektes Verhalten kann über Zu- oder Absage entscheiden:

In etlichen Nachtschichten hatte sich der Berater mit seinem Team auf die wichtige Präsentation vorbereitet. Unbedingt wollte er den Zuschlag für das Prestigeprojekt des Elektronikkonzerns bekommen. Die Powerpoint-Folien und die Argumentationskette waren bis ins letzte Detail ausgefeilt. Endlich wurden sie in den abgedunkelten Raum gerufen, den die Mitbewerber gerade verlassen hatten. Um die gespannte Atmosphäre zu lockern, bat der Berater die blonde Dame in der Ecke noch schnell um einen Kaffee. Sein Pech nur, dass die Blondine keine Assistentin, sondern Abteilungsleiterin war. Der Auftrag ging flöten, noch bevor der Berater den Laptop starten konnte.[40]

Hat der Consultant den entsprechenden Sitzungsraum erreicht, beginnt der Begrüßungsprozess, bei dem zahlreiche Verhaltensregeln zu beachten sind: Zunächst sollte sich der Berater mit seinem Vor- und Namen vorstellen. Absolute Tabus sind hier etwa das Vorstellen mit Anrede oder das Nennen von Titel à la „Guten Tag, mein Name ist Dr. Peter Schult." Wichtig dabei sind auch das Begrüßen mit Handschlag

---

[40] *Terpitz, K. (2007).*

sowie der Blickkontakt zu seinem Gegenüber. Bei der Begrüßung gelten folgende Regeln (in dieser Priorität):

* zunächst der Ranghöhere, dann der Rangniedrigere (soweit es sich dem externen Berater erschließt)
* zunächst die Dame, dann der Herr
* zunächst der Ältere, dann der Jüngere

Wer welchen Rang im Unternehmen einnimmt, ist in vielen Fällen für einen Externen nicht unmittelbar ersichtlich. In solchen Fällen sollte bei den anwesenden Damen begonnen werden und anschließend der Reihe nach begrüßt werden. Bei der Begrüßung findet nicht nur ein Blick- und Handkontakt statt, sondern auch der Austausch von Visitenkarten. Dabei besteht oft die Kunst darin, später die erhaltenen Visitenkarten den Personen zuordnen zu können. Nach dem Erhalt der Visitenkarte ist diese zu lesen. Das ist einerseits sinnvoll, um sich die Namen einzuprägen (Wurde der Name auch richtig verstanden?), und andererseits wichtig, um mögliche Titel zu erkennen, da diese bei der Vorstellung nicht genannt werden. Als grob unhöflich gilt, die Visitenkarte des anderen ungesehen einzustecken oder die eigene Visitenkarte aus reiner Bequemlichkeit einfach über den Schreibtisch zu reichen. Dies signalisiert im Negativfall, dass es sich nicht lohnt, für den Gegenüber nochmals aufzustehen. Apropos Aufstehen: Natürlich gebietet es der Anstand, sich beim Eintreten weiterer Personen, unabhängig vom Geschlecht, zur Begrüßung zu erheben.

Nachdem die Vorstellung und der Kartenaustausch abgeschlossen wurden, setzen sich die Teilnehmer (interne wie externe) an den Besprechungstisch. Hier gilt für den Berater, dass er sich erst dann setzen darf, wenn ihm a) ein Platz angeboten wurde und b) sein Gastgeber sich bereits gesetzt hat. Andernfalls sollte er warten, bis diese beiden Voraussetzungen gegeben sind. Nachdem sich nun alle Teilnehmer gesetzt haben, ist es hilfreich, die erhaltenen Visitenkarten entsprechend der Tischordnung neben sich zu platzieren. Sollten es die potenziellen Klienten bemerken, wird dies im Regelfall als Zeichen der guten Organisation und Professionalität gewertet. Der Blick in die Runde sollte dann auch dazu dienen, die Angemessenheit der eigenen Kleidung zu überprüfen. Tragen die Führungskräfte und Mitarbeiter auf Kundenseite ähnliche Kleidung bzw. ein ähnliches Kleidungsniveau oder gibt es signifikante Unterschiede? Im Idealfall sollte der Berater mindestens so gut, eher etwas besser als der Kunde gekleidet sein, ohne jedoch overdressed zu wirken. Dringend vermieden werden sollte unbedingt ein Underdressing, z. B. dass der Berater eine Kombination, die Kunden-Mitarbeiter durchgängig Anzug und Kostüm tragen.

Im nächsten Schritt wird der Gesprächspartner auf Kundenseite den oder die Berater im Hause begrüßen und alle die Teilnehmer bitten, sich kurz vorzustellen. Sollte dies vergessen werden, kann die Initiative auch vom Berater ausgehen, da beide darauf Anspruch haben zu wissen, mit wem sie zusammensitzen. Dabei sollte der Berater folgende Punkte bei der Eigenvorstellung erwähnen:

- Vorname und Name
- Funktion im Beratungsunternehmen

Ergänzend genannt werden können noch das eigene Alter sowie die Dauer der Firmenzugehörigkeit. Bei weniger als zwei Jahren Berufserfahrung sollte dieser Aspekt aber entfallen. Auch folgende Punkte sind wenig opportun:

- Vorstellung der eigenen Titel: Will man sich hier hervortun?
- Studienschwerpunkte und Studienorte: Welche Praktiker interessiert die akademische Laufbahn?
- Langatmige Vorstellungsarien: Wo liegt der Bezug zum Meeting?
- Informationen über Familie und Freizeit: Solche Aspekte sollte man – wenn überhaupt – in einer späteren Projektphase im Zweier-Gespräch behandeln
- Detaillierte Informationen über vorherige Arbeitgeber und Kunden: Wie hält es der Consultant mit der Vertraulichkeit?

Nach der Kurzvorstellung erscheint es hilfreich, die Teilnehmerrunde nach der zur Verfügung stehenden Zeit zu befragen. Auch wenn im Vorfeld bereits ein exakter Zeitraum fixiert wurde, können sich zwischenzeitlich Änderungen bei den Zeiten ergeben haben. Dies gilt speziell für schnelllebige Branchen wie Elektronik, Automobil sowie Information und Kommunikation, bei denen ungeplante Ereignisse die ursprüngliche Zeitplanung kurzfristig ad absurdum führen.

Anschließend beginnt der Berater, bei mehreren Anwesenden meist der Ranghöchste oder der potenzielle Projektleiter, mit der Vorstellung der Tischvorlage, die vorab als Farbausdruck an sämtliche Teilnehmer ausgegeben wurde. Sind an dem Gespräch nur maximal vier Personen beteiligt, kann auf eine Beamer-Präsentation verzichtet werden und die Unterlage im Ausdruck durchgesprochen werden. Die Tischvorlage sollte zunächst mit einer kurzen, maximal drei Folien umfassenden Unternehmenspräsentation beginnen und die echten Differenzierungsmerkmale der Gesellschaft aufgreifen. Berater-Plattitüden wie „Umsetzungsberatung", „Unser Kunde ist König." (Ist der Berater dann der Kaiser?), „Wir verstehen Ihre Branche.", „Integratives und gesamthaftes Vorgehen" oder „Hierarchieübergreifend und interdisziplinär" sollten darin am besten gar nicht erscheinen, weder auf einer Folie noch „auf der Tonspur".

Nach der Unternehmensvorstellung sollten die eigenen Fach-Kompetenzen unter Beweis gestellt werden, indem einschlägige Referenzbeispiele vorgestellt werden. Dabei ist darauf zu achten, dass der Kunde die vorgestellten Projekte auch inhaltlich nachvollziehen kann. Schließlich hat sich der Berater monatelang mit dieser Thematik auseinandergesetzt, die das Auditorium nun in knapp zehn bis 15 Minuten verstehen soll. Zu vermeiden ist dabei sowohl das Nennen oder Quasi-Nennen des beratenen Unternehmens (es sei denn, es handelt sich um eine veröffentlichte Fallstudie) als auch das beliebte, weil bequeme Hineinkopieren ehemaliger Projektfolien, die nicht selten aus dem Zusammenhang gerissen sind. Auch für das Vorstellen von Fallstudien und Referenzen sollte ein einheitliches Erscheinungsbild gewährleistet werden, um die wesentlichen Inhalte des Projektes abzudecken. Hierzu zählen etwa Angaben zu Projektdauer, -organisation, -schwerpunkte, -vorgehensweise und -ergebnisse. Die Dauer der Fachstudien-Vorstellung hängt dabei von drei Faktoren ab:

- Wie gut lassen sich Parallelen zur aktuellen Ausgangssituation des potenziellen Kunden ziehen?
- In welcher Projektphase befindet sich der Kunde? Gibt es schon konkrete Überlegungen oder befindet er sich noch in der Sondierung?
- Gibt es ein Berater-Lastenheft, auf dem der Schwerpunkt des Termins liegen sollte?

Vor Durchführung der Powerpoint-Präsentation sollte der Berater darauf hinweisen, ob Fragen während der Präsentation selbst oder erst am Ende der Vorstellung gestellt werden können. Empfehlenswert ist in diesem Zusammenhang, Fragen zuzulassen, die sich direkt auf einzelne Folien beziehen. Grundlegende Diskussionspunkte sollten erst am Ende des Vortrags aufgegriffen und behandelt werden. Hierdurch wird auf der einen Seite gewährleistet, dass Unklarheiten direkt geklärt werden können, und auf der anderen Seite vermieden, dass der rote Faden des Vortrags verloren geht.

Für die eigentliche Vortragsgestaltung gelten die typischen Regeln der Präsentationstechnik und Verhaltensweisen, die an dieser Stelle zusammengefasst werden sollen:

Präsentation bedeutet Interaktion:

Auch und gerade wenn die Zuhörer noch nicht mit dem Redner vertraut sind, muss er sie in den Vortrag einbinden. Einbinden bedeutet dabei auf der elementaren Ebene das Sicherstellen des Sichtkontakts mit den Zuhörern, um frühzeitig zu erkennen, ob Inhalte verstanden werden und auf Zustimmung stoßen. Sinnvoll ist auch, als Redner Fragen zu stellen, etwa bezogen darauf, ob und inwieweit sich die Sachverhalte der Fallstudien auf die eigene Unternehmenssituation übertragen lassen. An dieser Stelle ist besonderes Fingerspitzengefühl erforderlich, da ein Teil der Zuhörer vielleicht nicht auf Rückfragen vorbereitet ist oder sich an einen Oberlehrer erinnert fühlt. So werden zwar von jedem Berater Antworten, aber keine Belehrungen erwartet. Werden die potenziellen Geschäftspartner zu wenig oder gar nicht eingebunden, kann folgende Situation eintreten:

> Im Rahmen einer Präsentation einer neuen ERP-Software wurde bei einem Zulieferbetrieb ein äußerst monotoner Vortrag durch einen IT-Consultant gehalten. Vor lauter Langeweile begann ein Zuhörer mit dem Stuhl zu kippeln, was nach wenigen Minuten dazu führte, dass diese Person samt Stuhl lautstark zu Boden ging. Ein für beide Seiten wenig angenehmer Zustand ...

Präsentation bedeutet Abwechslung:

Eine gute Präsentation lebt von ihrer Variation, beispielsweise beim Einsatz unterschiedlicher Medien. Von einer reinen Powerpoint-Beamer-Präsentation ist daher eher abzuraten, vielmehr empfiehlt sich, bestimmte Zusammenhänge z. B. auf einem Flipchart anzuzeichnen. Die Abbildungen sollten natürlich vorher gut überlegt worden sein, ohne jedoch einstudiert zu wirken.

Als ähnlich unangenehm wie der „Stuhl-Kippel-Fall" erwies sich eine Situation im Rahmen einer internen Veranstaltung bei einem süddeutschen Elektronikkonzern vor einigen Jahren: Der Referent ließ den Besprechungsraum abdunkeln und hielt nach der Mittagspause einen wenig begeisterungsfähigen Vortrag: Plötzlich schlief ein Zuhörer ein, was wegen der Abdunkelung nicht weiter schlimm gewesen wäre, wenn es die anderen nicht gehört hätten ...

Präsentation bedeutet Anwesenheit:

Egal, um welche Art von Präsentation es sich handelt, gilt im Normalfall der Grundsatz, dass kein Berater den Besprechungsraum verlässt, wenn ein anderer Berater desselben Teams/Unternehmens moderiert oder Ergebnisse vorstellt. Dafür sprechen zwei Gründe: Allein durch die eigene Anwesenheit gibt man das Zeichen, dass das Thema von hoher Bedeutung für einen persönlich ist und man nicht fehlen möchte. Zweitens kann der Kollege im Falle kritischer Fragen des Geschäftspartners Unterstützung bieten, etwa im Rahmen einer ungeplanten Diskussion oder bei Rückfragen zu bestimmten Aussagen oder Folieninhalten. Selbstverständlich setzt das wiederum voraus, dass beide Berater gegenüber Dritten „mit einer Stimme" sprechen.

Präsentation bedeutet Mitschreiben:

Im Fall, dass der Berater beim potenziellen Kunden allein auftritt, sollte er sich Notizen bei Fragen oder zu offenen Punkten machen, die im Anschluss an den Vortrag wieder aktiv aufzugreifen sind. Sollten mehrere Berater an dem Erst-Termin teilnehmen, empfiehlt sich, dass derjenige, der nicht Vortragender ist, die Fragen und Anmerkungen mitschreibt. Ein Beenden des Erst-Termins ganz ohne Notizen kann evtl. beim Kunden den Eindruck erwecken, dass in dem Termin keine Punkte besprochen wurden, die es Wert waren, zu Papier gebracht zu werden! Solche Notizen sind im Übrigen selbstverständlich auch hilfreich beim Erstellen eines konkreten Angebots auf Basis des Gesprächstermins.

Im Anschluss an die Vorstellung durch den Berater und die Klärung von Fragen zum Vortrag selbst wird im Regelfall der Gastgeber die im Rahmen des vorher stattgefundenen Telefontermins dargestellte Ausgangs- und Problemsituation im Detail erläutern. Auch hier gibt es für den Berater einige Verhaltensregeln, die zu berücksichtigen sind:

Nicht Unterbrechen:

Der potenzielle Geschäftspartner sollte möglichst nicht in seinen Ausführungen unterbrochen werden. Existieren auf Beraterseite Unklarheiten, so sollte sich dieser entweder Notizen machen oder bei einer Gesprächspause nachfragen.

Aktives Zuhören:

Dem Gegenüber sollte vom Berater aus durch Gestik und Mimik signalisiert werden, dass das Gesprochene auch verstanden wurde. Die Zustimmung sollte aber nicht so ausfallen, dass der potenzielle Kunde den Eindruck gewinnt, es mit einem reinen „Ja-Sager" zu tun zu haben.

Gezieltes Fragen:

Ähnlich wie bei der Vorstellung der Fallstudien durch den Berater sollte im Vorfeld geklärt worden sein, ob und inwieweit Fragen während der Ausführungen oder erst am Ende gestellt werden dürfen. In beiden Fällen ist es unerlässlich, dass der Berater sich getreu dem Motto „Wer fragt, der führt" aktiv einbringt. Wichtig ist dabei nicht nur der Inhalt der Frage (Fragt der Berater nach Selbstverständlichkeiten oder nach „Nebenkriegsschauplätzen?), sondern ebenso die Form der Formulierung. Hierbei muss ein Mittelweg zwischen fundiertem Hinterfragen von Sachverhalten und Unklarheiten und der Gefahr des „Ausfragens" gefunden werden. Schließlich besteht der persönliche (noch nicht geschäftliche!) Kontakt erst seit wenigen Minuten!

Am Ende der Ausführungen beginnt i. d. R. die inhaltliche Diskussion des Sachverhalts. Hier muss der Berater seinen Mehrwert transparent machen, da der Kunde vor einer ungelösten Problemstellung steht (beispielsweise fehlende Erfahrung mit einem bestimmten Auslandsmarkt, Wachstumsstillstand oder zu hohe Kosten in einer bestimmten Kostenart) und nach Antworten sucht. „Mehrwert" bedeutet dabei, dass der Consultant Parallelen zu anderen Projekten zieht und auf dieser Grundlage erste Lösungsvorschläge unterbreitet. Dabei ist auf der einen Seite ein fundiertes Fachwissen, auf der anderen entsprechendes Fingerspitzengefühl erforderlich, um einzelne Kundenmitarbeiter gegenüber ihren Vorgesetzten, Kollegen und Mitarbeitern nicht bloßzustellen. Aussagen eines technischen Geschäftsführers gegenüber seinem Produktionsleiter wie „Warum haben wir den von Berater xy vorgestellten Ansatz eigentlich bei uns im Hause noch nie diskutiert bzw. umgesetzt?" dürften das zukünftige Arbeitsklima zwischen Berater und Produktionsleiter im sich anschließenden Projekt kaum fördern.

Wesentlich in diesem Zusammenhang ist, den potenziellen Kunden vom eigenen Know-how zu überzeugen und ihm Denkanstöße für die avisierte Projektarbeit zu geben. Nicht selten begehen Berater den Fehler, auf Grundlage von Halbwissen fertige Standardlösungen verkaufen zu wollen gemäß der Denkweise „Ja, das Problem kennen wir! Wir lösen es dann immer auf diese oder jene Weise." Dieses Verhalten offenbart drei Schwachpunkte: Erstens zeigt der Consultant auf, dass die spezifische Ausgangssituation des potenziellen Kunden ihn eigentlich nicht interessiert, zweitens signalisiert er, die Lösung des Problems sei so einfach, dass der Kunde selbst hätte darauf kommen können und drittens reizt er den Kunden zum Widersprechen.

Aber auch ein anderer Fehler kann in dieser Situation auftreten: Der Berater stimmt dem Geschäftspartner in dessen Ausführungen zu, ohne eigene Ideen und Verbesserungsvorschläge zu unterbreiten. Er redet im Extremfall dem Kunden nach dem Mund: „Ja, Ihre Situation ist wirklich nicht mit anderen Projekten zu vergleichen. Es wird hier schwierig, eine solide Lösung zu finden." Diese falsch verstandene Kundenorientierung führt eher zu einer weiteren Verunsicherung des Kunden und lässt diesen auch daran zweifeln, den richtigen Problemlösungspartner gefunden zu haben.

Ziel der Diskussion sollte es aus Sicht der beiden beteiligten Parteien sein, mögliche Lösungsansätze und Vorgehensweisen einzugrenzen und eine erste Bewertung vorzunehmen. Auf dieser Grundlage wird nicht nur ein gemeinsames Verständnis für das Problem und mögliche Lösungen geschaffen, sondern es findet auch eine Einigung über eine mögliche Vorgehensweise, den roten Faden, statt. Diese Einigung ist speziell deshalb von Bedeutung, weil sie es dem Consultant wesentlich einfacher macht, den Rahmen für das weitere Vorgehen abzustecken.

Als letzter Schritt in dieser Gesprächsphase sollte der Berater einen Vorschlag für das weitere Vorgehen unterbreiten. Hierfür bieten sich drei Optionen an:

1. Erstellen eines Angebots auf Basis der Gesprächsinhalte

Wenn das Gespräch einen erfolgreichen und konstruktiven Verlauf genommen hat und dem Kunden an einer schnellen Problemlösung liegt, sollte der Berater dem potenziellen Geschäftspartner vorschlagen, kurzfristig ein Angebot für eine externe Projektbegleitung zuzusenden. Liegt ein ernsthaftes Interesse auf Kundenseite vor und handelte es sich bei den Gesprächspartnern um Entscheidungsträger, wird die Gegenseite dem Vorgehen zustimmen. In diesem Fall sollte auch angesprochen werden, an wen und in welcher Form das Angebot bis wann zu adressieren ist.

2. Vereinbarung eines Folgetermins mit Entscheidungsträgern

Sollte das Gespräch zwar zur beiderseitigen Zufriedenheit gelaufen sein, sind aber noch weitere Personen in die Entscheidung einzubinden, sollte der Unternehmens-berater auf einen konkreten Folgetermin mit den Entscheidungsträgern (Geschäftsfüh-rung, Eigentümer, Beirat, …) drängen. Wichtig ist dabei zu signalisieren, dass ein solcher Zweittermin aus Beratersicht nur dann sinnvoll ist, wenn alle Beteiligten und Entscheider final eingebunden bzw. Entscheidungen herbeigeführt werden können.

3. Vereinbarung einer erneuten Kontaktaufnahme

Falls der potenzielle Kunde derzeit keinen direkten Handlungsbedarf bzgl. einer Zu-sammenarbeit sieht, sollte auf die Abgabe eines Angebots verzichtet werden. Sollte kein weiterer Gesprächs- und Handlungsbedarf bestehen, sollte der Berater anbieten, innerhalb eines bestimmten Zeitraums (in Abhängigkeit der Situation spätestens in sechs Monaten) erneut den telefonischen Kontakt zu suchen. Zeiträume über sechs Monate hinaus sind wenig Ziel führend, da in solchen Zeitabständen der bisherige Kontakt auf Kundenseite bereits wieder stark in Vergessenheit geraten sein dürfte.

Bei allen drei Optionen erscheint es sinnvoll, mit dem Gesprächspartner ein verbind-liches Vorgehen zu vereinbaren. Auf jeden Fall sollte die Initiative vom Berater ausgehen, da der potenzielle Kunde aus Industrie, Handel und Dienstleistung dies im Regelfall erwartet. Nachdem der Gesprächstermin abgeschlossen wurde, sollte sich der Berater für den Besuchstermin bedanken und anschließend namentlich von sämt-lichen Sitzungsteilnehmern verabschieden. Nach Rückkehr ins Büro sollte ein Teil-nehmer von Beratungsseite ein internes Protokoll erstellen, an die Beteiligten (und ggf. Vorgesetzten) senden und anschließend als Dokument auf dem Unternehmens-server ablegen. Dieses Ergebnisprotokoll sollte möglichst so aufbereitet sein, dass es als Grundlage für das zu erstellende Angebot dienen kann.

Abschließend sei an dieser Stelle noch eine Anekdote aus dem Berufsalltag erwähnt:

Auch *Thomas Hönscheid* aus Darmstadt erlebte einen Lapsus, der ihn fast einen Großauftrag gekostet hätte. Noch heute bekommt der Werbetexter Gänsehaut, wenn er an eine Präsentation bei einem Neukunden denkt, zu der er einen Prakti-kanten mitnahm. Dabei verlief sie ganz nach Plan – so gut sogar, dass der Marke-tingleiter des Unternehmens am Schluss sagte: „Wir haben einen Imbiss vorberei-tet. Ich lade Sie dazu ein." *Hönscheid* hätte am liebsten einen Freudensprung ge-macht, denn die Einladung zeigte ihm: Das Eis ist gebrochen. Den Auftrag haben wir so gut wie in der Tasche. Doch bevor *Hönscheid* antworten konnte, erwiderte der Praktikant: „Ich würde lieber nach Hause fahren." *Hönscheid* wäre am liebs-ten im Boden versunken.[41]

---

[41] *Kuntz, B.* (2007).

3.3   Angebotserstellung und -abgabe: Den Kunden verstanden haben

Sobald es der Terminkalender des Beraters erlaubt, auf jeden Fall aber spätestens eine Woche nach dem gemeinsamen Termin, sollte der Consultant – im Falle der Option eins – dem besuchten Unternehmen ein Angebot unterbreiten. Folgende Bestandteile sollte es – unabhängig von der jeweiligen Projektfragestellung – beinhalten:

- Einleitung / Bezugnahme zu Vorgespräch(en)
- Ausgangssituation und Problemstellung
- Zielsetzung des Projektes
- Projektvorgehensweise und Projektbudget
- Projektorganisation
- Mitwirkung des Auftraggebers
- Disclaimer
- Vertraulichkeitserklärung

Nach der korrekten Ansprache und der Einhaltung der Hierarchiestufen bei der Anrede sollte das Angebot unter Angabe von Ort, Zeit und Teilnehmern Bezug auf das durchgeführte Gespräch nehmen. Ein Beispiel: „Wir beziehen uns auf das Gespräch mit Ihnen und Ihren Mitarbeitern, Frau Schulzke und Herrn Emden, am 23.05.2013 in Ihrem Hause bzgl. einer Projektunterstützung im Rahmen der geplanten Durchlaufzeitreduzierung in Ihrer Vormontage am Standort Lörrach". Darüber hinaus empfiehlt es sich, nochmals für die Möglichkeit des Gesprächs zu danken.

Anschließend sollte die derzeitige Situation einschließlich Darstellung der Probleme dargestellt werden. In diesem Kontext erscheint es auch hilfreich, den Untersuchungsbereich eindeutig einzugrenzen:

- Welcher Standort ist betroffen?
- Welches Produkt/Material bzw. welche Material-/Produktgruppe ist tangiert?
- Wo beginnt der Untersuchungsbereich, wo endet er? Prozessanfang und -ende?

Die Darstellung und Formulierung der Probleme dient dem gemeinsamen Verständnis und damit auch dem Vermeiden, dass der Berater etwas anderes oder zumindest andere Schwerpunkte als der Klient verstanden hat. Im gesamten Angebotstext sollte darauf geachtet werden, die Sprache und das Wording des Kunden wiederzugeben, etwa: Werden eher Anglizismen im Unternehmen verwendet oder setzt man auf Deutsch? Welche Bedeutung haben welche Kürzel? Wird von „Einkauf" oder „Beschaffung" gesprochen, von „Logistik" oder „Supply Chain Management"?

Im nächsten Schritt ist die Projektzielsetzung auszuformulieren. Hier greift das SMART-Prinzip bei der Fixierung geeigneter Ziele:

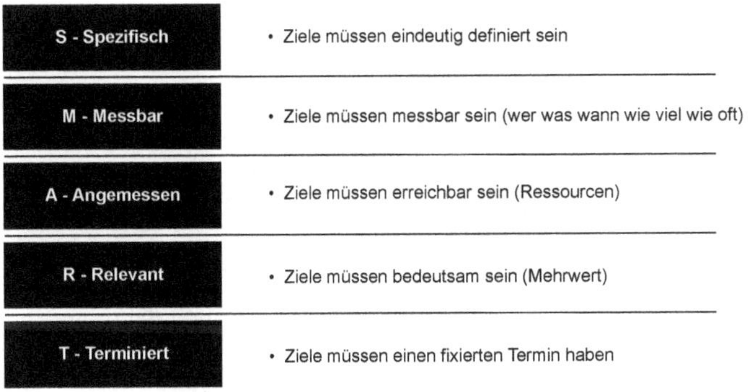

S - Spezifisch	• Ziele müssen eindeutig definiert sein
M - Messbar	• Ziele müssen messbar sein (wer was wann wie viel wie oft)
A - Angemessen	• Ziele müssen erreichbar sein (Ressourcen)
R - Relevant	• Ziele müssen bedeutsam sein (Mehrwert)
T - Terminiert	• Ziele müssen einen fixierten Termin haben

Abbildung 6: Anforderungen an Ziele

Nicht in sämtlichen Projekten lassen sich in diesem frühen Projektstadium bereits Ziele quantifizierbar formulieren. In solchen Fällen sollte versucht werden, das Ziel möglichst präzise verbal zu beschreiben. Auch hier dient die genaue Beschreibung dem gegenseitigen gemeinsamen Comittment, da im Zweifelsfall der Kunde die offene Formulierung zu seinen Gunsten interpretieren wird. Speziell bei einer leistungs- und zielorientierten Vergütung der Beratungsleistung sollte sich das Consulting-Team kritisch mit der Frage auseinandersetzen, ob die – i. d. R. vom Kunden – gesteckten Ziele überhaupt erreichbar sind. Ein pauschales „Zehn Prozent Einsparung sind immer drin." kann schnell zum Bumerang werden, zumal nicht selten das Ausgangsniveau, sprich von welchen Gesamtkosten als Baseline ausgegangen wird, noch nicht exakt bekannt ist.

Als Zeichen der Seriosität ist außerdem eine Projektvorgehensweise und Terminplanung zu hinterlegen. In ihr wird nicht nur festgelegt, wann welcher Inhalt bearbeitet bzw. welcher Meilenstein erreicht wird, sondern auch, in welcher Phase welcher Projektaufwand anfallen wird. In welchem Detaillierungsgrad dies gegenüber dem Kunden kommuniziert wird, obliegt wiederum den Gepflogenheiten der Beratungsgesellschaft. Ein hoher Detaillierungsgrad des Terminplans und damit des kalkulierten Aufwands schafft einerseits Transparenz und damit Vertrauen in die Seriosität und Professionalität der Beratung, andererseits lädt der Berater den potenziellen Kunden förmlich dazu ein, über einzelne Positionen und Aufwände bzgl. Sinnhaftigkeit und Budgethöhe zu diskutieren. Speziell in einzelnen Wirtschaftszweigen wie der Automobilzuliefer- und Logistikdienstleisterindustrie, bei denen gegenüber Kunden immer eine Open-Book-Kalkulation vorzulegen ist, besteht jedoch oft der Wunsch nach einer sehr detaillierten Aufschlüsselung von Inhalten und Manntagen. Dies führt u. U. auf Beraterseite zum Ausweis von Scheingenauigkeiten oder dazu, dass Sicherheitszuschläge einkalkuliert werden, um möglicherweise vergessene Projektinhalte finanziell abzufedern.

Unabhängig von der Detaillierungstiefe sollten dem Kunden unterschiedliche Abrechnungsmodelle offeriert werden. Sie geben ihm die Möglichkeit, den für ihn besten Beratungssupport auszuwählen bzw. seine internen Einkaufsrichtlinien einzuhalten. Dabei lassen sich mögliche Vergütungsmodelle in fixe, fix-variable und vollkommen variable Abrechnungsmodelle differenzieren. Bei den vollkommen variablen Modellen ist ein Trend weg von Abrechnungen nach Aufwand und hin zu leistungsabhängigen Abrechnungen feststellbar, um den Berater finanziell am Erfolg des Projekts zu beteiligen. Abrechnungsmodelle lassen sich aber auch dahin gehend unterscheiden, dass der Kunde den Berater für sämtliche Projektphasen oder pro Phase einzeln beauftragt. Durch die im ersten Fall erhöhte Planungssicherheit auf Seiten der Beratung sollte diese bereit sein, einen entsprechenden Budgetabschlag gegenüber einer phasenweisen Beauftragung zu gewähren.

Neben der Projektvorgehensweise und -abrechnung sollten Angaben zur Projektorganisation gemacht werden.

Da der Erfolg von Projekten maßgeblich von den Beteiligten der Gremien Steuerkreis, Projektleitung und Projektteam(s) abhängt, sind vom Projektleiter die Aufgaben und Auswahlkriterien für die personelle Besetzung entsprechend zu berücksichtigen. Die folgenden Abbildungen sollen hier Hinweise geben:

Aufgaben	Auswahlkriterien	Don'ts
• Vorgabe strategischer Stoßrichtung • Beschlussfassung wesentlicher Entscheidungen • Freigabe von Invests • Sicherstellung Gesamt-Optimum • Kommunikation gegenüber Aufsichts-/Verwaltungsrat/Banken	• Unternehmensleitung bzw. Ebene -1 • Fach-Funktionen: - direkt betroffene Funkt. - vorgelag. Funktionen - nachgelagerte Funkt. - Finanzen/Controlling - Arbeitnehmer-Vertreter im Aufsichts-/Verwaltungsrat	• Operative Entscheidungen in Steuerkreis-Gremium tragen • Entscheidungskriterien ausschließlich qualitativer Natur • Fehlende Fixierung getroffener Entscheidungen

Abbildung 7: Aufgaben des Steuerkreises in der Projektorganisation

Als Problem bei der Auswahl von Teammitgliedern erweist sich oft die Zusage bestimmter Consultants für ein Projekt. Hintergrund dabei ist nicht selten, dass nicht jedes Angebot zu einer Beauftragung führt und damit Projektmitarbeiter in verschiedenen Projekten anzubieten sind. Angenommen, nur jedes vierte Angebot führt zu einem Projektauftrag, müsste das Consultant-Team viermal angeboten werden, um in einem Fall auch tatsächlich zum Einsatz zu kommen. Ein weiterer Problemkreis ergibt sich daraus, dass von der Angebotsabgabe bis zur Projektbeauftragung nicht selten mehrere Wochen/Monate vergehen und Projektmitarbeiter nicht so lange reserviert werden können. Trotz dieser Problematik erscheint es sinnvoll, dem Kunden die „Gesichter hinter der Beratungsgesellschaft" – soweit es noch nicht im Erstgesprächstermin erfolgt ist – in Form standardisierter Beraterprofile zu zeigen, jedoch mit der Anmerkung, dass eine verbindliche Zusage nicht möglich ist. „Standardisiert" bezieht sich im Übrigen dabei auf die formale, weniger die inhaltliche Gestaltung. So führt es sicher zu Irritationen auf Kundenseite, wenn zwei der drei Beraterprofile den Passus „Erfahrungen bei der Einführung innovativer Konzepte in der Organisation" aufweisen. Abgesehen davon, dass man sich unter dieser Worthülse nur wenig vorzustellen vermag, drängt sich natürlich dem Kunden der Verdacht auf, dass bestehende Profile einfach kopiert wurden. Wichtig bei der inhaltlichen Gestaltung der Beraterprofile ist dabei auch, dass diese erkennen lassen, warum gerade diese Beraterin oder dieser Berater genau die oder der richtige Projektmitarbeiter für den Kunden ist.

Aufgaben	Auswahlkriterien	Don´ts
• Kommunikation gegenüber dem Steuerkreis und den Fachabteilungen • Verantwortung für Projektmanagement und -controlling • Motivations- und Kohäsionsfunktion • Moderation • Budget-Verantwortung	• Fachliche Eignung • Soziale Eignung • Methodische Eignung • Unabhängigkeit • Durchsetzungsvermögen • Bereitschaft zu Veränderungen • Akzeptanz Steuerkreis und Projektteams • Frei-Kapazitäten • Kommunikationsfähigkeit	• Projektleiter mit Interessenkonflikten • Projektleiter ohne Entscheidungsbefugnisse (z. B. Budget) • Mehrere Projektleiter • Einbindung zu 100 % in Fachfunktion

Abbildung 8: Aufgaben des Projektleiters in der Projektorganisation

Aufgaben	Auswahlkriterien	Don´ts
• Durchführung von Analysen • Erarbeitung und Umsetzung Soll-Konzepte • Kommunikation in die Fachabteilungen	• Frei-Kapazitäten • Aufgeschlossenheit ggü. Veränderungen • Fachwissen und Kreativität • Meinungsträger innerhalb der Organisation • Teamfähigkeit	• Ja-Sager • Nein-Sager • Einbindung zu 100 % in Fachfunktion • Einseitige Besetzung (fachlich, sozio-kulturell, hierarchisch)

Abbildung 9: Aufgaben der Teammitglieder in der Projektorganisation

Der Projekterfolg hängt nicht nur von der Leistungsfähigkeit und -bereitschaft des Beraters bzw. des Beraterteams ab, sondern auch vom Support auf Kundenseite. Daher sollte sich ein Bestandteil eines Angebots mit den Mitwirkungspflichten des Kunden auseinandersetzen. Zu diesen Supportleistungen zählen über die technische Unterstützung, z. B. in Form eines Projektraums, einer EDV-Ausstattung oder eines Zugangs zum Firmenintranet hinaus die personellen Ressourcen in Form von Verfügbarkeiten von Ansprechpartnern. So sollte festgehalten werden, welche Mitarbeiter (Abteilung, Hierarchieebene, Anzahl Personen) zu welchen Anteilen in Manntagen pro Monat oder pro Projektphase für das Projekt zur Verfügung stehen sollten. Schließlich stellt sich auch für den Auftraggeber die Frage, ob und in welchem Umfang er eigene Ressourcen in das Projekt investieren kann. Speziell bei mitarbeiterorientierten Projektthemen wie Change Management oder Prozessmanagement sollte der Schwerpunkt der Projektaktivitäten intern abgedeckt werden, um einen nachhaltigen Erfolg sicherzustellen.

Im Rahmen der Mitwirkung sollte auch formuliert werden, wie mit Problemen in der Projektarbeit umgegangen werden soll. Mögliche Probleme sind dabei auftraggeberbedingte Verzögerungen, z. B. in der Bereitstellung von Datenmaterial bzw. der kundenseitigen Verfügbarkeit von Projektmitarbeitern, oder unterschiedliche Auffassungen bzgl. der Umsetzung und Umsetzbarkeit von Maßnahmen, speziell dann, wenn hiermit die Projektzielerreichung in Verbindung gesehen wird. In solchen Fällen ist ein entsprechender Vorschlag für ein Eskalationsmanagement zu unterbreiten.

Als vorletztes Element eines Angebots ist der Haftungsausschluss, Disclaimer, zu betrachten. Hier sollte der Berater angeben, welche möglichen Inhalte eines Projektes nicht zum Beratungsumfang zählen. Als Beispiel sei an dieser Stelle die Umsetzungsbegleitung genannt, wenn der Projektauftrag sich auf eine Strategie-

oder Konzepterarbeitung konzentriert. Dabei ist natürlich darauf zu achten, dass der Disclaimer seriös und vom Umfang entsprechend formuliert ist, ohne beim Klienten den Eindruck zu erwecken, dass der Berater sich komplett aus der Projektverantwortung stehlen möchte.

Schließlich sollte das Angebot um eine Vertraulichkeitserklärung ergänzt werden. Dabei sichert der Consultant zu, dass Informationen, die im Rahmen der Projektarbeit erworben wurden, Dritten gegenüber nicht weitergegeben werden. Dieses Stillschweigen gilt auch über den Projektbearbeitungszeitraum hinaus. Außerdem werden nach Projektende die entsprechenden Projektmaterialien vernichtet. Darüber hinaus sollte die Beratungsgesellschaft auch angeben, bis wann sie das Angebot aufrechterhalten möchte. Üblich sind hier Zeiträume von etwa zwei Monaten nach Angebotsübergabe.

Zur formalen Gestaltung des Angebots ist festzustellen, dass Rechtschreibfehler oder optische Mängel, z. B. unglückliche Seitenumbrüche, noch weniger als in Mailings akzeptabel sind. Hier liegt die Gefahr darin, dass der zukünftige Kunde von der formalen wie inhaltlichen Qualität des Angebots auf die Beratungsqualität schließt. Generell sollten Angebote auf dem Postweg oder per E-Mail versendet werden. Gegen den Versand per Fax spricht die Unsicherheit darüber, wo das Fax beim Kunden tatsächlich ankommt. So ist es sicher wenig hilfreich, wenn ein Angebotsfax in einem Großraumbüro-Faxgerät eingeht und die gesamte Abteilung bereits die Manntagesätze der Berater kennt, bevor diese in das Projekt einsteigen … In zwei Ausnahmefällen ist es üblich, ein Beratungsangebot per E-Mail als pdf-File zu versenden: Zum einen, wenn das Angebot noch keinen finalen Charakter hat und mit einer Vertrauensperson auf Kundenseite vorab abgestimmt werden soll; zum zweiten, wenn das finale Angebot aus terminlichen Gründen per E-Mail vorab dem Kunden zugehen soll. In beiden Fällen ist es indes unerlässlich, zu einem späteren Zeitpunkt das finale Angebot auf dem Briefweg nochmals zu versenden.

4 Projektarbeit: Vorsicht, Falle!

4.1 Reisen als Consultant: Wenn einer eine Reise tut ...

4.1.1 Transportmittelwahl

Für Unternehmensberater beginnen Verhaltensregeln in der Projektarbeit nicht erst mit der Projekt-Auftaktsitzung. Vielmehr gilt es, bestimmte Verhaltensweisen bereits bei der Planung und Durchführung der An- und Abreise zu berücksichtigen. Bei der Planung stellt sich zunächst die Frage nach dem geeigneten Transportmittel: In Abhängigkeit vom Kundenstandort kommen i. d. R. meist Pkw, Bahn und Flugzeug in Frage, manchmal auch eine Kombination.

In den meisten Beratungshäusern sind die Zeiten vorbei, in denen der Berater auch bei kürzeren Reisen (sehr beliebt: Flugstrecke München/Frankfurt am Main) per Business Class geflogen ist. Der zunehmende Preis-Wettbewerb, auch unter den renommierten Beratungen, führte Ende der 1990er Jahre dazu, dass dem Kunden statt Reisekosten nach Aufwand diese inzwischen fast nur noch nach Einzelbeleg oder gemäß einer fixen, knapp kalkulierten Pauschale in Rechnung gestellt werden. Viele Fälle, in denen Berater früher noch relativ frei zwischen den Transportmitteln wählen konnten, sind heute per Reise(kosten)richtlinien reglementiert. Diese Reglements sind natürlich unbedingt einzuhalten, wobei im Zweifelsfall Rücksprache mit dem jeweiligen Projektleiter als Vorgesetzten gehalten werden sollte.

Bei der Wahl des geeigneten Transportmittels stellt national der Pkw die häufigste, aber meist auch problembehafteste Alternative für einen Consultant dar. Dabei bedeutet „Pkw" nicht einfach Auto. Schließlich bieten sich grundsätzlich sogar vier Alternativen an:

- individueller Firmen-Pkw
- Firmen-Pkw aus einem Poolbestand (so genanntes „Pool-Fahrzeug", das grundsätzlich sämtlichen Mitarbeitern zur Verfügung steht)
- Leihwagen
- Privat-Pkw

Dabei gilt die oben genannte Aufzählung auch gleichzeitig als sinnvolle Reihenfolge. Zunächst sollte der individuelle Firmen-Pkw genutzt werden, schließlich wird er dem Berater gerade für die Fahrten zum Kunden vom Arbeitgeber zur Verfügung gestellt. An zweiter Stelle steht das Pool-Fahrzeug, wobei einige Beratungen diese nie führten oder heute nicht mehr führen. An dritter Stelle folgt der Leihwagen, wobei große Gesellschaften meist spezielle Haustarife mit Sixt, Europcar etc. vereinbart haben, die im Übrigen oft auch privat genutzt werden können. In diesen Haustarifen werden bereits die Größenklassen reglementiert.

Problematisch wird es für einen Berater erst dann, wenn die reservierte Fahrzeugklasse nicht mehr verfügbar ist, und die Schalterkraft bei der Vermietstation dem Consultant Freude strahlend erklärt, dass der bestellte Audi A4 zwar nicht mehr zur Verfügung stehe, man dem Berater aber ein kostenloses Upgrade für einen Audi TT Roadster bieten könne. Hier heißt es für den Berater, standhaft zu bleiben und unbedingt eine seriöse Geschäftswagen-Alternative einzufordern. Zwar kommt man dann um das Vergnügen, offen unterwegs zu sein, vermeidet aber von Anfang an potenzielle Ressentiments auf Kundenseite. Im Übrigen gelten bei der Leihwagen-Fahrzeugwahl dieselben Regularien wie bei vielen Firmenwagen: Das Fahrzeug sollte diskret in Farbe und Größe (nicht zu klein, nicht zu groß) sowie möglichst eine Limousine oder ein Kombi sein. Die An- und Abreise per Geländewagen, Coupé oder Cabriolet sollte auf jeden Fall vermieden werden, um nicht beim Kunden als „Freizeitoptimierer" oder „Kollege Leichtfuß" abgestempelt zu werden. So ist dem Autor ein Fall von einem Consultant bekannt, der – wegen fehlender Verfügbarkeit von Mittelklassewagen bei Sixt – mit einem Mercedes CLK Cabriolet beim ersten Kundentermin in Nordfrankreich vorfuhr und die eigene Gesellschaft dort als sehr teuer brandmarkte ...

Die vierte Alternative, die An- und Abreise mit dem eigenen Pkw, sollte nur in Ausnahmefällen zum Tragen kommen und setzt voraus, dass es weder Poolfahrzeuge noch Firmen-Pkw gibt. Sie greift nur dann, wenn sich der Kunde a) in unmittelbarer Nähe befindet und es sich b) um ein Modell handelt, welches im weiteren Sinne die allgemeinen Anforderungen an Firmen-Pkw erfüllt. Hierzu die Gedanken eines ehemaligen Geschäftsführers, als ein potenzieller Berater anlässlich eines Beauty Contest mit einem knapp 15 Jahre alten 3er-BMW vorfuhr: „Wenn der Berater schon so wenig erfolgreich ist, um sich ein vernünftiges Auto zu leisten, wie will er uns dann helfen, erfolgreicher zu werden?"

Die Reisen mit dem Transportmittel Bahn sind – im Vergleich zu Pkw und Flug – weitgehend unkritisch. I. d. R. reisen Berater erster Klasse, sobald es sich rechnet, wird ihnen auf Antrag von der Beratungsgesellschaft auch eine Bahncard ausgestellt. Im Allgemeinen genießt die Fahrt mit der Bahn meist ein schlechteres Image als sie tatsächlich zu verantworten hätte. Der Autor durfte feststellen, dass auf Kundenseite in vielen Fällen das Image der Bahn als Verkehrsträger wesentlich besser als unter Beratern ist. Kritisch ist im Vergleich zur Autofahrt – wie bei allen öffentlichen Verkehrsmitteln – dass aus Diskretionsgründen während der Reise nur eingeschränkt an Projekten gearbeitet werden kann.

Zwei Beraterinnen (anscheinend aus dem Bereich Supervision) sind Mitte März 2013 im ICE zwischen München und Köln unterwegs und erörterten intensiv am Viererplatz (mit Tisch) darüber, ob dem Kunden nun der „alte" oder der inzwischen gültige Tagessatz in Rechnung zu stellen ist. Nach einer fünfzehnminütigen, teils hitzigen Diskussion - unter Nennung der genauen Eurowerte - wurde die Problematik dann vertagt.

Die Bahnfahrt bietet sich dem Berater insbesondere dann an, wenn allein gereist wird, das Endziel sich in Bahnhofsnähe befindet und Umsteigen vermieden werden kann. Gerade bei öffentlichen Auftraggebern wird es gern gesehen, wenn die Consultants per Bahn unterwegs sind. Sehr schlecht kommt es natürlich beim Kunden an, wenn dieser geschäftlich im Bereich Bahn und Bahntechnik agiert und die Berater – auf der Beraterrennstrecke München/Frankfurt – per Flieger an- und abreisen (so schon geschehen). Da hilft es meist auch wenig, wenn der Berater auf die Zeitersparnis verweist ...

An- und Abreisen per Flugzeug sind dann in Betracht zu ziehen, wenn es sich um größere nationale Entfernungen zwischen Standort und Beratungssitz oder um internationale Projekte handelt. Während früher das Reisen per Business Class mit Lufthansa üblich war, nutzen Berater heute schwerpunktmäßig Economy-Flüge. Dieses Verhalten geht einerseits auf reduzierte Reisekostenbudgets, andererseits auf Einsparungen auch auf Kundenseite zurück. So ist es beispielsweise bei Siemens inzwischen üblich, dass das mittlere Management auch auf Flügen nach Nordamerika per Economy unterwegs ist. In diesem Fall kommt es auf Kundenseite besonders schlecht an, wenn der Berater auf dem Weg von München in die USA per Business fliegt, während der Projektkollege auf Kundenseite zehn Reihen weiter hinten in der Maschine im Economy-Bereich sitzt.

4.1.2   Reisegepäck

Für die Wahl des geeigneten Reisegepäcks gelten folgende Grundsätze: Zunächst sollte es gut transportierbar sein und die Qualität der Kleidung nicht beeinträchtigen. Als Grundausstattung bietet sich Folgendes an:

* gediegener Koffer in schwarz oder anthrazit
* Pilotenkoffer
* ggf. Notebooktasche

Praktisch und zugleich businesslike sind Koffer, die mit Rollen zum Ziehen ausgestattet sind, gerade wenn der Berater insgesamt drei Gepäckstücke transportiert. Bei der Koffergröße sollte darauf geachtet werden, dass Anzüge möglichst knitterfrei zusammengelegt werden können, da Kleidersäcke zwar schonend, aber für Reisen per Flugzeug oder Bahn äußerst unpraktisch sind. Für Reisen per Flug sollten Boardcases gewählt werden, die, bezogen auf Maße und Gewicht, als Handgepäck akzeptiert werden. Allerdings lässt sich immer wieder feststellen, dass manche Fluggäste, sehr zum Leidwesen Mitreisender, mit roher Gewalt versuchen, ihre Koffer in der Gepäckablage unterzubringen, meist mit dem Resultat, dass das Gepäck dann störend im Fußbereich deponiert wird.

Bezogen auf den Pilotenkoffer oder die Notebooktasche gilt lediglich der Hinweis, dass beide möglichst nicht aus Leder sein sollten. Es wirkt zwar edel, ist indes sehr kratz- und schmutzempfindlich.

Beliebtes Spiel auf Kundenseite ist übrigens, anhand des Zustands des Pilotenkoffers die Anzahl der Berufsjahre und damit der Erfahrungen des Consultants abzuleiten: Wirkt der Unternehmensberater noch jung und hat einen nahezu neuwertig erscheinenden Pilotenkoffer, kann fast davon ausgegangen werden, dass der Berater ein ziemliches „Greenhorn" sein dürfte.

Darüber hinaus sollte der Consultant im Hinblick auf die starke Belastung auf Reisen sowie die mögliche Wirkung auf mitreisende Kundenmitarbeiter und Kollegen auf hohe Qualität des Reisegepäcks achten. Ähnlich wie bei der Wahl eines geeigneten Pkw sollte sich das Reisegepäck diskret und in gedeckten Farben darstellen. Echte Faux pas in Bezug auf Reisegepäck sind:

• Sporttaschen, gerne auch farbenfroh
• Herrentaschen
• bunte Koffer
• Koffer mit Werbe-Aufklebern oder politischen bzw. allgemeinen Sinnsprüchen

Abschließend werde an dieser Stelle noch Hinweise über hilfreiches Zubehör für das Reisegepäck eines Consultants gegeben:

• pro Arbeitstag ein Oberhemd und ein Ragman-Shirt
• ab zwei Projekttagen zwei Anzüge
• Reiseapotheke mit folgenden Bestandteilen:
    – Kopfschmerz- bzw. allgemein Schmerztabletten
    – Tabletten gegen Magen-Darm-Beschwerden
    – Pflaster

- Jod und/oder Desinfektionstücher
- Taschentücher
- Camping-Besteck inkl. Flaschenöffner
- Taschenmesser (Achtung, nicht als Handgepäck für Flieger erlaubt)
- Satz Freizeitkleidung für den Abend
- ggf. Sportsachen

Weitere Hinweise zur Beraterkleidung für Damen und Herren werden im Abschnitt 4.2 im Detail gegeben.

4.1.3   Reisen in öffentlichen Verkehrsmitteln

Im Abschnitt 4.1.1 wurde auf die unterschiedlichen Transportmittel Pkw, Bahn und Flugzeug einschließlich zu beachtender Regeln bei der Auswahl eingegangen. Bei der Nutzung öffentlicher Verkehrsmittel gibt es gegenüber dem Pkw weitere Verhaltensregeln, die Berater im Berufsalltag zu beachten haben.

Im Rahmen des Beratungsauftrags wird zwischen Consulting-Gesellschaft und Kunden Vertraulichkeit über Projekt-Interna vereinbart. Dies bedeutet, dass der Berater bzw. das Berater-Team weder willentlich noch unwillentlich Informationen über Projektinhalte und -ziele gegenüber Dritten kommunizieren darf. Es handelt sich dabei im Prinzip um eine Selbstverständlichkeit im Geschäftsleben, die erstaunlicherweise nicht selten auf Consulting-Seite missachtet wird. Gerade bei Reisen mit Bahn und Flugzeug gibt es bestimmte Grundregeln:

a) Gespräche über Projekte sind tabu.
Sobald sich weitere Personen als nur die Berater in einem Raum (Zugabteil, Flughafen-Lounge, ...) befinden, gilt strengste Vertraulichkeit bzgl. Projektinhalten. Dies bedeutet nicht nur, dass der Projekt- oder der Kundenname nicht genannt, sondern auch, dass generell nicht über das Projekt, auch nicht in anonymisierter Form, geredet werden darf. So ist es teilweise schon beeindruckend, wie manche unerfahrenen Consultants fast schon unbekümmert in manchen Flughafen-Warteräumen über aktuelle Projekte diskutieren. Ebenso häufig treten Fälle auf, in denen in großen Hotels während des Frühstücks zwischen den Beratern die für den Vormittag geplante Abschlusspräsentation durchgesprochen und der Partner „noch schnell bzgl. der Unterlage aufgegleist" wird.

b) Während der Reise am Projekt zu arbeiten, ist tabu, wenn sich weitere Personen in unmittelbarer Nähe befinden.
Ebenso wie Gespräche mit Berater-Kollegen sind Projektarbeiten während der Reise tabu. Natürlich stellt es einen großen Vorteil gegenüber dem Reisen mit dem Auto

dar, dass man im Flieger oder im Zug arbeiten kann, allerdings bedeutet auch dies einen Verstoß gegen die Vertraulichkeit. Wer selbst mit dem Notebook im ICE-Großraumabteil unterwegs war, wird bestätigen können, wie schnell der Sitznachbar von links, rechts oder hinten mal einen interessierten Blick auf den Monitor werfen möchte. Hilfreich sind dabei „Privacy Filters" für den Monitor, sodass nur derjenige vom Bildschirm lesen kann, der direkt vor dem Rechner sitzt. In solchen Fällen kann das Arbeiten akzeptabel sein. Zum „Arbeiten am Projekt" gehört im Übrigen auch das Dokumentieren der eigenen Projektstunden- und Reisekostenabrechnung.

c)   Unterlagen und Taschen unbeaufsichtigt liegen zu lassen, ist tabu.

Auch wenn während der Geschäftsreise die Projektunterlagen nicht zur Bearbeitung aus der Tasche genommen werden, sollten sie einschließlich der Notebooks nicht unbeaufsichtigt liegen gelassen werden. So sind Fälle bekannt, in denen ein Berater „nur mal kurz auf die Toilette ging", um dann anschließend festzustellen, dass Notebook und Aktenkoffer aus dem Zugabteil verschwunden waren. Während sich der materielle Schaden relativ einfach von der Versicherung ersetzen lässt, besteht der größere Schaden vielmehr darin, dass nicht nur Kundendaten entweder in falsche Hände geraten, sondern auch, dass Auswertungen erneut durchgeführt werden müssen. Im ungünstigsten Fall muss außerdem der Kunde angesprochen werden, um die Rohdaten erneut von ihm zu erhalten. Hierbei besteht allerdings die Gefahr, dass der Kunde wissen möchte, warum genau diese Daten erneut zur Verfügung gestellt werden sollen.

Berücksichtigt man diese Tabus, wird deutlich, dass Reisen per Flieger und ICE zu Projektterminen sicherlich entspannter als per Auto von statten gehen und damit der Berater, wenn es zu keinen Verspätungen kommt, meist auch entspannter in den Projekttermin einsteigen kann. Jedoch entfällt das oft genannte Argument, dass man während der An- und Abreise arbeiten könne, zumindest wenn man dies auf die Projektarbeit für den Kunden bezieht und den Aspekt der Vertraulichkeit als Berufsethos ernst nimmt.

Verblüffend ist, dass jedem Berater, der schon einmal mit Bahn oder Flugzeug unterwegs war, Fälle bekannt sind, bei denen am Nachbarplatz Kundendaten in großen Excel-Tabellen verarbeitet wurden oder Powerpoint-Unterlagen mit gut sichtbarem Beraterlogo rechts oben auf Tischen ausgebreitet wurden und man sich insgeheim dachte: „Ach, arbeiten die auch mit den Beratern von xy zusammen?"

4.2   Äußeres Erscheinungsbild: Am Auftreten sollt ihr ihn erkennen ...

Der Begriff Knigge wird landläufig vor allem mit zwei Themen in Verbindung gebracht: auf der einen Seite Verhalten und Auftreten gegenüber Dritten („Benehmen"), auf der anderen äußere Erscheinung und Dresscode. Warum aber sollte man im Allgemeinen und im Berufsleben im Speziellen auf das Äußere entsprechend achten? Und ist dies in Zeiten multikultureller Geschäftsbeziehungen, dem Drang nach Individualität und Selbstverwirklichung sowie zunehmender Toleranz überhaupt noch von Bedeutung? Oder handelt es sich vielmehr um alte Zöpfe, die im konservativen Geschäftsleben eben noch keiner abgeschnitten hat?

Für ein gepflegtes Erscheinen, unabhängig davon, ob Mann oder Frau, ob Principal oder Junior Consultant, auch und gerade in der heutigen Zeit, sprechen primär zwei Argumente:

a)   Der bleibende erste Eindruck als Berater oder „Für den ersten Eindruck gibt es keine zweite Chance!"

Man kann nachweisen, dass die ersten drei bis zehn Sekunden der ersten persönlichen Kontaktaufnahme darüber entscheiden, ob einem der Gegenüber sympathisch oder unsympathisch erscheint. Dabei wird der Sympathie-Faktor im Wesentlichen über das eigene Auge und damit das Äußere des anderen gesteuert. Dabei werden gerade solche Menschen als schön und sympathisch eingestuft, deren Äußeres nicht extrem wirkt. Im Umkehrschluss bedeutet dies aber nicht, dass „graue Mäuse" stets als attraktiv und sympathisch betrachtet werden. Berücksichtigt man darüber hinaus, dass auch der Beratermarkt einem gewissen Wettbewerbsdruck unterliegt, wird deutlich, dass nur solche Consultants erfolgreich agieren, die Wert auf ihr Äußeres legen, ohne übertrieben eitel zu wirken.

b)   Das Erscheinungsbild als Zeichen des Respekts

Ein gepflegtes Erscheinen soll bei dem Gegenüber nicht nur Sympathie hervorrufen, sondern auch als Zeichen des Respekts verstanden werden: Indem der Berater sich Gedanken darüber macht, wie sein Auftreten beim Geschäftspartner ankommt, signalisiert er zugleich, dass es ihm nicht gleichgültig ist, wie der andere ihn einschätzt bzw. über ihn denkt. Vielmehr ist das gepflegte Äußere mit der indirekten Aussage gleichzusetzen: „Der Termin mit Ihnen ist mir so wichtig, dass ich mich dafür besonders einkleide."

Unter Beachtung dieser beiden Aspekte wird daher deutlich, dass das Einhalten bestimmter Dresscodes nicht als Zeichen überkommener Eitelkeiten bei Beratern fehl interpretiert werden sollte, sondern gerade im modernen Geschäftsleben von

Bedeutung ist. Die eine oder andere Verhaltensregel mag sich im Laufe der Jahre an Relevanz verschieben, der grundsätzliche Stellenwert des äußeren Erscheinungsbilds wird aber auch in Zukunft bleiben!

4.2.1 Geschlechtsübergreifende Hinweise: Wie du kommst gegangen, so wirst du empfangen ...

„Das Äußere des Menschen ist das Titelblatt des Inneren" (persisches Sprichwort): Das allgemeine Erscheinungsbild von Beratern, gerade, wenn sie bei größeren Häusern arbeiten, befindet sich üblicherweise auf einem hohen Niveau. Bei den folgenden Hinweisen für den Dresscode geht es daher nicht um grundlegende Fragestellungen, sondern darum, wie ein sehr professioneller Berater sich selbst gegenüber „normal gepflegten" Kollegen unterscheiden kann.

Zunächst gilt der Grundsatz, dass der Consultant, unabhängig davon, ob IT-, Prozess- oder Strategieberater, immer etwas besser als die Mitarbeiter des Kunden gekleidet sein sollte. „Mitarbeiter des Kunden" bezieht sich hierbei auf die direkt am Projekt Beteiligten. Etwas besser bedeutet dabei, sich positiv zu differenzieren, um eine gewisse Distanz zum Klienten zu gewährleisten. Es bedeutet jedoch nicht, den Klienten auszustechen. So sollte dringend vermieden werden, dass sich das Top Management anlässlich von Steuerkreis-Sitzungen in Anwesenheit seiner Berater geradezu schlicht gekleidet vorkommen sollte. Ein zu starkes Abheben führt dann im Zweifelsfall nur zu Missgunst und Minderwertigkeitsgefühlen: „Zahlen wir die Berater so gut, dass sich schon ein Junior Consultant Designerware leisten kann?"

Was bedeutet aber „etwas besser gekleidet sein" im konkreten Fall? Mindestanforderungen sind zunächst:

- frische, knitterfreie Kleidung
- keine Flecken auf Kleidung
- gepflegter, frischer Haarschnitt, ohne bunte Farben oder Strähnchen
- neuwertiger oder zumindest gepflegter Zustand der Kleidungsstücke
- klassischer, nicht zu modischer Stil[42], ohne langweilig zu wirken
- gedeckte Farben: dunklere Grautöne, dunkelblau, anthrazit[43]

Bei den Kleidungsfarben sollten Farbexperimente, auch wenn sie aufeinander abgestimmt sind, eher vermieden werden. Schließlich gilt nach wie vor, dass auch im Hochsommer, wenn der eine oder andere Klient die Krawatte lockert oder ganz

---

[42] Bei Beratungen in sehr innovativen Dienstleistungsbranchen und im Werbe- und Kommunikationssektor sollte hiervon abgewichen werden. Hier wird vom Consultant eher progressive Kleidung erwartet.

[43] Schwarze Kleidung empfiehlt sich nur für ganz besondere Anlässe bzw. im Kreativ-Bereich.

weglässt, helle Anzüge nicht geschäftsmäßig wirken. Absolute „No Gos" für Damen wie für Herren sind dabei Waren aus (knitterfreudigem) Leinen. Außerdem empfiehlt sich, die Kleidung von oben nach unten immer dunkler werden zu lassen, also: Rock bzw. Hose genauso dunkel oder dunkler als die Jacke bzw. das Sakko, Schuhe genauso dunkel oder dunkler als Rock bzw. Hose.

Die Kunst der richtigen Farbwahl besteht für den Berater vor allem darin, gepflegt und modern, aber nicht beliebig und austauschbar zu wirken. So stellte eine Mitarbeiterin bei der Deutschen Post einmal fest: „Unsere Berater erkennen wir schon aus vielen Metern Entfernung: Die Herren tragen alle einen anthrazitfarbenen Anzug, ein weißes Oberhemd und eine kräftige, in Rottönen gehaltene Krawatte." Damit erfüllten die Berater zwar den Dresscode, ließen aber im vorliegenden Fall eine gewisse Fantasie bei der Kleidungswahl vermissen.

Keine Experimente sollten bei der Wahl und Qualität der Schuhe eingegangen werden. Hier sollte der Berater aus Gründen der Optik, aber auch aus Gründen der eigenen Gesundheit Geld in hochwertige Ware investieren. Gerade bei Schuhen wird jedoch – auch bei Beratern – oft eine gewisse Nachlässigkeit festgestellt. Anforderungen hieran sind:

• gepflegte (neuwertige oder geputzte) Oberflächen
• Obermaterial: Glattleder
• Sohle: Leder, kein Kunststoff!
• möglichst unifarben
• dunkel, immer mindestens so dunkel wie Oberteil und Hose bzw. Rock
• geschlossene Schuhe (gilt für beiderlei Geschlecht)
• nicht zu hoher Absatz

Ein weiterer, zu beachtender Aspekt ist das Tragen von Düften. Hier gewinnt man bei Herren teilweise den Eindruck, als hätten diese morgens in After Shave gebadet. Bei weiblichen Consultants besteht das Problem eher darin, dass schwere oder zu liebliche Eaux de Parfum getragen werden. In beiden Fällen sollte vermieden werden, dass auch noch nach mehreren Stunden Kollegen wie Kunden wissen, wann welche Person in welchem Sitzungszimmer gearbeitet oder mit welchem Aufzug gefahren ist. Mindestens genauso wenig akzeptabel wie starke Parfums sind Körpergerüche.

Weitere Grundregeln für die Kleidung bilden:

• i. d. R. keine bessere Kleidung als der Vorgesetzte
• Entfernen von Firmenlabels und Preisschildern
• Keine Jeans (auch keine Markenjeans), und auch nicht kombiniert mit Sakko und/oder Krawatte
• Tagsüber kein sehr heller Anzug, auch nicht im Sommer

- Keine nackte Haut, d. h. Bedecken von Knien, Schultern und Unterarmen

Neben diesen grundlegenden Anmerkungen zum Erscheinungsbild eines Beraters unterliegt der Dresscode im Wesentlichen vier Einflussgrößen, nämlich Branche und Unternehmensgröße, Funktionsbereich und Anlass.

Der Faktor „etwas besser als der Kunde" wird zunächst beeinflusst von der Kundenbranche sowie der Größe des Unternehmens. Bezogen auf einzelne Branchen lässt sich festhalten, dass die Kleidung und das Äußere der Mitarbeiter bei Dienstleistungsunternehmen wie etwa dem Finanzsektor einen höheren Stellenwert genießen als bei Industriebetrieben. Somit steigt auch die Erwartungshaltung gegenüber den dort agierenden Unternehmensberatern, schließlich ist es bei Finanzdienstleistern durchaus auch im Back Office üblich, dass Manschettenknöpfe oder Designeranzüge bei Herren und Kostüme bei Damen getragen werden. Kurzärmelige Hemden wird man in diesem Wirtschaftszweig nicht vorfinden, schließlich gelten bereits Oberhemden mit leichten Musterungen wie dezenten Streifen bereits als durchaus gewagt und teilweise unüblich.

Beispiel Finanzdienstleistung:

Das Beispiel „Finanzdienstleistung" muss dabei wiederum differenziert betrachtet werden: Während bei eher genossenschaftlichen und (halb-) staatlichen Institutionen inzwischen ein gewisser Gestaltungsspielraum herrscht, sind die Anforderungen bei Privatbanken am anderen Ende der Finanzdienstleister äußerst konservativ. Gegenüber Dienstleistungsunternehmen stellen sich die kleidungs- und auftretensspezifischen Anforderungen bei Industrieunternehmen als eher tolerant dar. Geprägt durch einen hohen Anteil an Produktionsmitarbeitern, Technikern und Ingenieuren spielt die Kleidung in vielen Fällen eine weniger wichtige Rolle. In einzelnen Betrieben oder einzelnen Fällen (z. B. Prozessaufnahmen in der Fertigung) ist es möglich, vielleicht sogar opportun für männliche Berater, anstelle eines Anzugs eine Kombination zu tragen. Von diesen typischen Industriebetrieben sind natürlich Hersteller für Damen- und Herrenbekleidung abzugrenzen, bei denen per se der Kleidung eine hohe Bedeutung beigemessen wird. Außerdem gilt im Grundsatz, dass, je kreativer die Branche ist, sich der Berater desto weiter vom klassischen Dresscode entfernen darf.

Mit zunehmender Größe des Unternehmens gewinnt auch der Stellenwert der Kleidung und des Auftretens an Bedeutung. Steht bei kleineren Betrieben der start-up-Gedanke eher noch im Vordergrund, nimmt die Formalisierung mit der Größe und Bedeutung des Unternehmens zu, zumal vielleicht nicht mehr jeder Mitarbeiter jeden Kollegen kennt und daher die Signalwirkung des Äußeren zunimmt.

Die zweite Einflussgröße, neben Branche und Unternehmensgröße, betrifft den Funktionsbereich, in dem sich der Berater bewegt. Auch hier existieren Abstufungen bei der Relevanz des äußeren Auftritts: Je eher es sich um ein Projekt im Produktions- oder produktionsnahen Bereich handelt, desto höher ist die Toleranz beim Kleidungsniveau. Dies lässt sich darauf zurückführen, dass die Textilien u. U. geeignet sein müssen, einer Betriebsbegehung standhalten zu können. Schließlich kann es sogar verbindlich sein, vom klassischen Dresscode des Beraters abzuweichen: Im Rahmen eines Produktionsaudits sollten zwei Prozessberater ihr Audit mit einem „Process Walk" in der Fertigung beginnen, um einen Überblick über die Produktionsschritte zu erhalten. Da die Consultants statt Arbeitsschuhen nur normale Lederschuhe trugen, weigerte sich der Produktionsleiter aus Sicherheitsgründen, ihnen Zugang zur Fertigungshalle zu gewähren. Die Berater mussten notgedrungen den Audit-Ablauf anpassen ...

Zu modische oder zu konservative Kleidung im Produktionsbereich führt eher dazu, dass der Berater als abgehoben eingeschätzt wird. Ähnlich wie bei Produktion, Einkauf und Logistik verhält es sich auch bei anderen, eher back-office-orientierten Funktionsbereichen wie IT, Rechnungswesen oder Forschung und Entwicklung.

Dritte Einflussgröße auf das Kleidungsniveau bildet der Anlass: Zwar ist der Berater immer in irgendeiner Form im Projekt unter Beobachtung, dennoch gilt für Termine zu besonderen Anlässen, beispielsweise einem Statusbericht oder einer Steuerkreissitzung, dass auch die Kleidung diesem Aspekt Rechnung zu tragen hat: Ansonsten eher unüblich, kann es bei solchen Anlässen durchaus opportun sein, eine Weste oder Manschettenknöpfe zu tragen. Hier gilt also: Je höher die Hierarchie der Teilnehmer, desto strenger ist der Business-Dresscode. Aber auch in diesem Fall sollten sich die Teilnehmer von Kundenseite nicht „underdressed" und damit unwohl fühlen. Natürlich passieren auch hohen Politikern manchmal kleidungstechnische faux pas (siehe Abbildung 10):

Bei der Gedenkveranstaltung 2005 anlässlich der 50jährigen Befreiung des früheren NS-Konzentrationslagers Auschwitz hat der US-Vizepräsident *Dick Cheney* einen olivgrünen Parka getragen. Auf dem Kopf trug er eine Skimütze, und an seinen Füßen trug er Wanderstiefel. Nun hat sich die US-Tageszeitung ‚Washington Post' empört über das Outfit *Cheneys* gezeigt. Die Zeitung schrieb, dass *Cheney* aussah wie ein Arbeiter an einem Schneeräumgerät. Da die anderen Teilnehmer der Gedenkveranstaltung dunkel gekleidet waren, sah *Cheney* aus, wie ein ‚ungehobelter Junge unter gut gekleideten Erwachsenen', so die ‚Washington Post' weiter.[44]

---

[44] Vgl. *Givhan, R.* (2005).

Die oben genannten grundsätzlichen Empfehlungen gelten nicht nur für besondere Projektanlässe wie die Akquisition, den Kick-off-Termin oder die Abschlusspräsentation vor der Geschäftsführung, sondern auch dann, wenn der Berater schon seit über einem halben Jahr beim Kunden ein- und ausgeht. Zwar mögen kleidungsbedingte faux pas zu einem solchen Zeitpunkt eher toleriert werden als zu Projektbeginn, auffallen werden sie dennoch! Dies betrifft auch solche scheinbaren Kleinigkeiten wie das Verlassen des Projektbüros ohne bzw. mit offenem Sakko oder geöffneter Kostümjacke oder das direkte Trinken aus Mineralwasserflaschen.

Abbildung 10: US-Vizepräsident Cheney im Parka zur Gedenkfeier nach Auschwitz

Manchmal bleibt es aber auch ohne Folgen, wenn von den grundlegenden Hinweisen abgewichen wird. U. U. kann es sich sogar positiv auswirken, was das folgende Beispiel belegt: Zwei Berater flogen von Deutschland nach China. Zwar kamen sie dort an, nicht aber das zugehörige Gepäck. Infolge dessen führten die Consultants die ersten drei Tage ihre operativen Workshops in Sakko und Jeans durch (so wie sie auch geflogen waren), bis das Gepäck nachgeliefert wurde. Interessanterweise sind den chinesischen Workshopteilnehmern die Jeans zwar aufgefallen, man hatte aber angenommen, dass es sich bei den beiden „Langnasen" um zwei Mitarbeiter aus dem eigenen europäischen Head Office und nicht um externe Berater handeln würde.

Die Kleidung des Consultants wird – gerade bei internationalen Reisen – häufig in hohem Maße in Anspruch genommen. Daher sollte sie abends (im Hotel oder zuhause) auf einem geeigneten Bügel auslüften und regelmäßig gereinigt werden, auch wenn sie ohne Flecken ist. In gut geführten Hotels hilft auch gern der Zimmerservice weiter.

Tipp aus der Praxis: Ist der Anzug oder das Oberhemd durch den Transport zerknittert worden, bietet sich neben dem Hotelservice auch an, die Ware beim Duschen im Bad aufzuhängen: Der Wasserdampf wirkt dabei sehr effektiv beim Entfernen von Falten und Knittern, und das nicht nur bei „Warmduschern"...[45]

4.2.2 Erscheinungsbild des Beraters

Generell gilt die Grundregel, dass der Berater so auftreten sollte, wie es der Kunde von ihm erwartet. Im Gegensatz zu Beraterinnen sind die Möglichkeiten der Grundkleidung bei Herren eingeschränkt. Hier bieten sich generell ausschließlich Anzüge, in Einzelfällen auch Kombinationen an. Die Einschränkung hat auf der anderen Seite aber auch den Vorteil, dass die Gefahr von Fehltritten geringer ausfallen dürfte.

Geht man die Kleidungsbestandteile von oben nach unten durch, sollten folgende Empfehlungen für ein gepflegtes Äußeres beachtet werden:

a) Haare und Frisur

Grundsätzlich sollte der Berater alle vier bis fünf Wochen einen Friseurtermin vereinbaren, um den Schnitt wieder in die richtige Form zu bringen. Bei der Frisur an sich sollten Kurzhaarschnitte bevorzugt werden, speziell dann, wenn der Haarwuchs nicht mehr so ausgeprägt ist. Lange Haare finden sich – wenn überhaupt bei Beratern – eher im Kreativ- und Werbebereich wieder. Jedoch sollte auch auf extreme, militärisch anmutende Kurzhaarschnitte verzichtet werden. Weniger üblich sind darüber hinaus bei Herren auffällige Haarfärbungen (wenn es kein Nachtönen ist) ebenso wie Strähnchen, die gerade bei Strategie- und Prozessberatungen zu progressiv wären.

Zum Tragen eines Bartes gibt es – auch unter Kunden und Beratern – unterschiedliche Auffassungen. Während die einen „Bartträger sind suspekt" sagen, werden sie von anderen unter der Voraussetzung akzeptiert, dass der Bart entsprechend gepflegt und eher unauffällig (keine Zwirbelbärte) ist. Unabhängig davon gilt, dass der Berater rasiert und gekämmt zum Projekttermin erscheinen sollte. Fehlende, mangelhafte Rasur oder ein „out-of-bed"-Look sind klassische Tabus. Auch das Tragen eines

---

[45] Vgl. *Wannenwetsch, H.* (2009), S. 136.

Ohrrings wird nicht in allen Branchen goutiert. Mehrere Ohrringe sind hingegen absolute Tabus.

b) Anzug

Der männliche Berater sollte im Normalfall einen guten Anzug und keine Kombination aus Sakko und Hose[46] tragen. Er sollte dunkel sein, aus gutem Stoff, aber nicht aus Seide. Auch sollte er uni sein, je nach Mode ggf. auch als Nadelstreifenanzug. Große Musterungen, Karos oder ungewöhnliche Farben (hierzu gelten auch helle Sommertöne) sollten ebenso vermieden werden wie zweireihige Anzüge bei Consultants unter 35 Jahren oder bei eher kleineren Männern. Die Ärmel des Jacketts sollten bis zum Handknöchel reichen und nur einen Zentimeter das Oberhemd freigeben.

Knöpfe

Sollte der Berater stehen, sind die Knöpfe des Sakkos mit Ausnahme des untersten Knopfes immer zu schließen. Dies gilt auch bei sommerlichen Temperaturen oder dem kurzen Gang zum Drucker oder Kopierer. Wer sich hingegen hinsetzt, öffnet die Knöpfe und schließt sie wieder, wenn er aufsteht. Auch beim Arbeiten im Projektraum sollte der Consultant sein Sakko tragen. Auf jeden Fall soll der Anzug dem Berater Sicherheit geben, ohne sich unwohl zu fühlen, sei es wegen des Anzugs an sich oder wegen der Passform. Schließlich soll ein Anzug passen und nicht einengen.

Auch hier eine kurze Geschichte aus dem Berateralltag: Ein Berater moderierte einen Kundenworkshop, trug dabei aber offensichtlich eine etwas zu enge Anzughose. Als er etwas auf das untere Drittel eines Flipcharts schreiben wollte, machte es plötzlich „ritsch". Die Hosennaht im Schritt war gerissen. Wie gut, dass er in diesem Moment ein Sakko trug, sodass es vor dem Kunden und den Kollegen unbemerkt blieb …

Weitere Hinweise für das richtige Sakko sind:

- klassischer Schnitt (ggf. modern, aber nicht zu modisch)
- gute Passform, d.h. passend und köpernah, aber dennoch großzügig
- keine Einstecktücher (Ausnahmen: ältere Geschäftsführer, Direktoren und Partner der Beratung), da zu dandylike bzw. im normalen Geschäftsleben old fashioned
- keine groben Stoffe, auch nicht im Winter
- keine Stifte von außen sichtbar in die Sakkotasche klemmen

---

[46] Die Kombination aus grauen Sakko und schwarzer Hose gilt nach wie vor als nicht gleichwertig zu Anzügen.

Ähnlich wie auf Einstecktücher sollte auch auf Westen nur sehr selektiv zurückgegriffen werden, da sie gerade für jüngere Berater nicht sehr altersadäquat erscheinen. Abschließend noch einige Anmerkungen zur Hose: Sie sollte knitterfrei fallen und ca. fünf Millimeter über dem Schuhabsatz enden. D. h., dass Anzüge nur zusammen mit den zukünftigen Schuhen anprobiert bzw. abgenommen werden sollten. Die Hose beim Einreiher kann sowohl mit als auch ohne Aufschlag gewählt werden, beim Zweireiher aber immer mit Umschlag.

c) Oberhemd

Um auf Nummer sicher zu gehen, empfehlen sich unifarbene Hemden, in Einzelfällen auch leicht gemusterte, allerdings muss dann auf die Musterung des Sakkos geachtet werden. Nicht immer muss es ein weißes Oberhemd sein, auch Blau-, Beige- oder Pastelltöne können durchaus – wenn sie zur Anzugfarbe passen – gerne kombiniert werden. Im Gegensatz zu früher sind unifarbene Oberhemden mit weißen Kragen absolute „No Gos". Auch Polo- oder Jeanshemden zählen eindeutig zur Freizeitkleidung. Ähnlich wie beim Anzug kommt es beim Oberhemd weniger auf bestimmte Markennamen, sondern mehr auf guten Stoff und Qualität an. Der Hemdkragen sollte etwas oberhalb des Jacketts sichtbar sein. Zu den drei bekanntesten Kragenformen zählen der Kent-, Button-down- und Haifischkragen (siehe Abbildung 11):

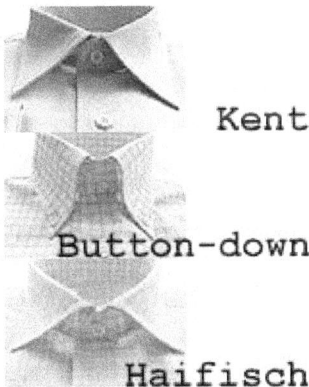

Kent

Button-down

Haifisch

Abbildung 11: Typische Hemdkragen-Formen

Der Kentkragen stellt die Standardform dar und lässt sich sowohl mit als auch ohne Krawatte tragen. Der Button-down-Kragen hingegen sollte – weil eher für sportliche Anlässe geeignet – nur ohne Krawatte, während der Haifischkragen nur mit Krawatte getragen werden. Die Kragenweite ist so zu wählen, dass noch ein Finger Platz hat. Auch sollte beim Tragen einer Krawatte immer auch der oberste Hemdknopf geschlossen sein. Krawatte mit oberem Knopf auf wirkt nicht leger, sondern nur ungepflegt. In sämtlichen Fällen gehört zu einem Oberhemd auch ein geeignetes T-Shirt als Unterhemd. Bei dem T-Shirt sollte folgendes berücksichtigt werden:

- ohne Musterung, weiß (scheint sonst durch)
- kein klassischen (Feinripp-)Unterhemden
- atmungsaktiver, nicht zu dicker Stoff

Oberhemden sollten ausschließlich mit langen Ärmeln getragen werden, kurzärmelige Hemden sind nur ganz selten, am ehesten in Mittel- und Osteuropa akzeptiert. Ist es im Sommer bzw. im Büro sehr warm, kann, aber nur wenn der Kunde das Zeichen dazu gibt, das Sakko abgelegt und das Oberhemd hochgeschlagen werden. Die Krawatte wird weiterhin getragen. Die Initiative sollte aber auf keinen Fall vom Berater ausgehen.

Kontrovers hingegen wird gelegentlich das Tragen von Manschettenknöpfen diskutiert. Hier empfiehlt sich, sie nur dann zu tragen, wenn sie auch auf Kundenseite getragen werden. Bei den meisten Angestellten sind normale Hemden angemessen und angeraten. Manschettenknöpfe werden schnell als overdressed eingestuft und sollten daher nur in besondern Fällen zum Einsatz kommen.

d) Krawatten

Oscar Wilde – britischer Schriftsteller und Dandy – sah in der gut gebundenen Krawatte „den ersten ernsten Schritt im Leben eines Mannes". Allerdings existiert sie bereits wesentlich länger: Die moderne Krawatte entstand im 17. Jahrhundert, als kroatische Reiter bei einer Pariser Truppenübung sie als ein Stück Stoff am Kragen befestigt trugen. Der französische Hof war so davon angetan, dass „à la croate" (croatta) zur Mode wurde und heute zum festen Bestandteil des Herren-Outfits zählt. Die Krawatte an sich unterliegt in hohem Maße modischen Einflüssen im Hinblick auf Länge und Breite.

> Länge
>
> Heutzutage gilt, dass die Krawattenspitze mit dem Hosenbund abschließt oder maximal bis zur Mitte der Gürtelschnalle geht. (daher auch der Name „Langbinder"). Alles andere ist entweder zu kurz oder zu lang.

Die Krawatte sollte dezent und passend zum Hemd wie zum Anzug ausfallen. Je höher die Person auf der Karriereleiter steht, desto schlichter ist das Muster der Krawatte. Während es in Deutschland eher üblich ist, Krawattenmuster von links unten nach rechts oben verlaufen zu lassen, so zusagen als „Zeichen des positiven Denkens", ist es in Amerika umgekehrt. Unabhängig vom Kontinent sind bunte, „lustige" und sonstige auffallenden Krawatten tabu. Nach Ablegen der Krawatte sollte man diese einen Tag hängend ruhen lassen. Da aus der Mode, sollte im Übrigen auf Krawattennadeln, mögen sie beim Mittagessen auch noch so praktisch sein, verzichtet werden. Gleiches gilt auch für Leder- oder vorgebundene Krawatten.

Echte Alternativen zum Schlips gibt es für den Berater eigentlich nicht: Denkbar wären zwar eine Fliege oder ein Halstuch. Sie werden jedoch höchstens von schrulligen Zeitgenossen, britischem Landadel, Clowns und Forschungsminister a. D. getragen. Auf keinen Fall sind sie als Option einer Differenzierung geeignet. Der Consultant läuft vielmehr Gefahr, sich lächerlich zu machen.

e) Gürtel

Wenn die Hose über Gürtelschlaufen verfügt, ist ein Gürtel ein Muss. So kommt es durchaus vor, dass ein Berater wieder ins Hotel geschickt wird, wenn er vor dem Kundentermin den Gürtel vergessen hat. Für Gürtel empfehlen sich Schwarztöne, wobei das Obermaterial Glattleder sein sollte. Den stilbewussten Berater zeichnet die Abstimmung der Gürtelfarbe auf Schuhe, Tasche und Uhrarmband aus, es sei denn, das Uhrband ist aus Metall. Unbedingt zu vermeiden sind auffällige Gürtelschnellen, ganz sicher solche mit großen „D&G"-Lettern.

f) Strümpfe

Strümpfe sind Grundbestandteile der Bekleidung und dürfen in keinem Fall – auch nicht im Sommer– weggelassen werden, schließlich ist das erstens unhygienisch und zweitens seit dem Ende der US-Serie „Miami Vice" auch out. Für die Strümpfe gelten folgende Hinweise:

- schwarz oder anthrazit, am besten uni
- farbliche Abstimmung mit dem Anzug, mindestens eine Nuance dunkler
- blickdicht und ausreichend lang (Wade muss vollständig bedeckt sein)
- Strümpfe, keine Socken
- keine gestopften Strümpfe oder solche mit Löchern
- keine hellen oder gar weißen Strümpfe

Bei der Vielzahl verschiedener dunkler Strumpfpaare sollten Verwechslungen vermieden werden. So ist es z. B. dem Autor selbst schon einmal passiert, dass er bei einer Reinraum-Begehung bei einem Elektronikzulieferer die Schuhe ausziehen musste und dabei feststellte, dass er dunkelblaue Strümpfe zum schwarzen Anzug trug. Sicher ist das noch verzeihbar im Vergleich zum faux pas, den sich Anfang 2007 der damalige Weltbankchef *Wolfowitz* bei einem Moscheebesuch in der Türkei erlaubte (siehe Abbildung 12):

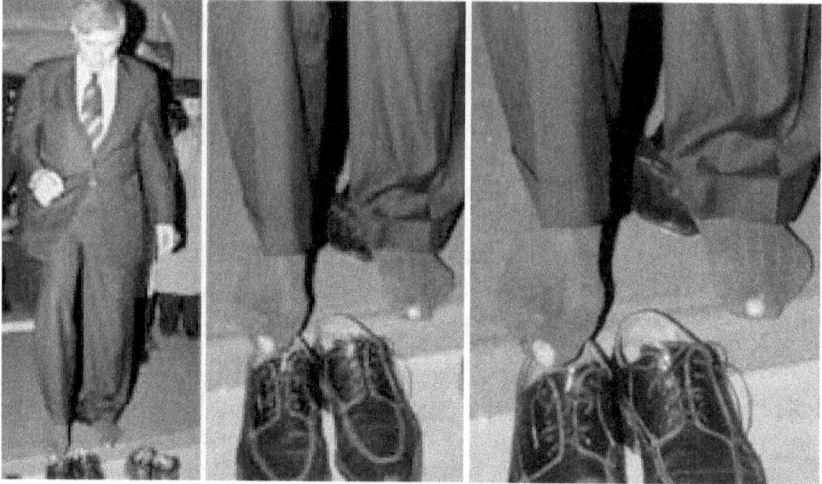

Abbildung 12: Wolfowitz beim Besuch einer türkischen Moschee

Die löchrigen Socken des 63-jährigen gingen damals um die Welt, speziell in türkischen Medien wurde das Thema süffisant in Großaufnahme abgebildet. Dadurch wird leider deutlich, dass sich nicht jeder mit dem Thema Dresscode auseinandersetzt.

g) Schuhe

Schuhe sollten mit Kleidung und Tasche eine stilistische und farbliche Einheit bilden. Hinzu kommen folgende Regeln: Zunächst sollten sie sich im geputzten Zustand befinden. Auch hier kann der Hotelservice über Nacht gute Dienste erbringen. Empfehlenswert sind Schuhe mit dunklem Glattleder mit Ledersohle, wobei der Grundsatz „Never brown after six", also keine braunen Schuhe, Gürtel oder Uhrbänder, zumindest für die Beraterzunft etwas überholt erscheint. Hintergrund dieser Regel ist, dass früher ab 18 Uhr das gesellschaftliche Leben begann und noch heute schwarze Schuhe zur Abendgarderobe üblich sind. Gummisohlen, Schuhe mit hohen Absätzen sowie stark abgelaufene Beläge sollten vermieden werden.

Empfehlenswert ist zudem, Schnürschuhe wegen ihrer klassischen Eleganz zu tragen, während Sneakers oder sehr sportliche Schuhe, z. B. mit Klettverschluss, eher unüblich sind.

Folgende Pflegetipps sollten beherzigt werden, um die Qualität der Schuhe langfristig zu erhalten:

• regelmäßige Pflege mit Lederpflege
• Verwenden von Schuhspannern aus Holz

- Auslüften von mindestens einem Tag nach dem Tragen
- Lagerung im Schrank (gegen Staub und Sonneneinstrahlung)
- Regelmäßige Kontrolle von Sohle und Absatz

Für Schuhe gilt abschließend, dass es sich häufig um ein vom Träger vernachlässigtes, beim Betrachter aber nicht selten um ein besonders wichtiges Kleidungsstück handelt.

h) Accessoires

Generell sollten Accessoires, noch stärker als bei Beraterinnen, bei ihren männlichen Kollegen nur sehr selektiv verwendet werden. Bei Edelmetallen sollten die Schmuckstücke entweder durchgängig in Silber oder in Gold sein. Sie sollten in jedem Fall weder zu verspielt noch zu freizeitorientiert wirken. Im Einzelnen bedeutet dies: Uhren sollten eher dezent ausfallen, protzige Uhren bestimmter Marken (oder deren Plagiate) am besten vermieden werden. Im Fall von Lederarmbändern sollten diese auf Schuhe und Anzug farblich abgestimmt sein.

Über Manschettenknöpfe wurde bereits gesagt, dass sie in vielen Branchen schnell deplatziert wirken, daher sollten sie nur zu besonderen Terminen bzw. in sehr konservativen Wirtschaftszweigen eingesetzt werden. Als Business Analyst oder Junior Consultant wirken sie immer overdressed. Dasselbe gilt übrigens auch für Taschenuhren.

Armbänder sind bei Herren ebenso tabu wie sichtbare Ketten, sichtbare Piercings oder Anstecknadeln. Ohrringe werden in einzelnen Branchen inzwischen akzeptiert, allerdings auch nur, wenn es sich nicht um mehrere handelt. Schließlich sollte der Berater maximal zwei Ringe tragen. Breite Siegelringe oder bunter Modeschmuck sollten ebenfalls vermieden werden.

Zehn typische „No Gos" für männliche Berater
- Zu modische Brillengestelle zu konservativem Anzug
- Offenes Jackett bei Stehen oder im Gehen
- Offener Hemdknopf unter der Krawatte
- Button-down-Hemd mit Krawatte
- Krawattennadel
- Rolex als „Souvenir aus dem letzten Urlaub"
- Socken statt Strümpfe
- Mobilfunkgeräte an den Gürtel geclipst
- Braune Schuhe zu blauem Anzug
- Schuhe mit schiefem Absatz

4.2.3   Erscheinungsbild der Beraterin

Das Erzielen eines korrekten Erscheinungsbilds gestaltet sich bei Frauen meist schwieriger als bei Männern: Die Beraterin muss bei der Kleider- und Schmuckwahl die Balance zwischen den Attributen „aufreizend" und „langweilig" halten. Empfehlenswert im Geschäftsleben ist eine konservative Kleidung, da sie vielfach für Kompetenz und Glaubwürdigkeit steht. „Konservativ" bedeutet aber nicht, dass alle Beraterinnen einer Gesellschaft gleich gekleidet in mausgrau beim Kunden erscheinen. Im Gegensatz zu Herren sind farbliche Nuancen durchaus erwünscht, ohne jedoch zu modisch zu wirken (Ausnahme: Mode- und Textilbranche). Genauso wie bei Beratern sollten sie wenig Haut zeigen, z. B. sind schulterfreie Oberteile, nackte Beine oder Söckchen absolute Stilbrüche. Gleiches gilt für zu enge Kleidungsstücke oder tiefe Ausschnitte.

a)   Haare und Frisur

Für Damen gilt wie für Herren, dass trotz engem Terminkalender ein monatlicher Friseurbesuch Pflicht ist. Das gilt insbesondere dann, wenn die Haare getönt oder gefärbt werden, wobei extreme Farbtöne oder mehr als zwei Farben unüblich sind. Bzgl. der Haarlänge sollte sich die Beraterin an Modetrends und individueller Eignung der Friseur orientieren. Lange wallende Haarmähnen wirken indes immer unseriös.

b)   Hosenanzug oder Kostüm

Hosenanzug oder Business Kostüm bilden die besten Alternativen im Geschäftsleben. In beiden Fällen, geeigneter Schnitt und geeignete Figur vorausgesetzt, strahlen sie entsprechende Seriosität aus. Bei Farben empfehlen sich neben Schwarz und Grau auch Dunkelblau, Beige, Braun oder Kaki, jedoch eher dunkel als hell und Stoffe in guter Warenqualität. Leder, ungewohnte Farben und große Karos eignen sich in keinem Fall.

Für Jacken und Hosen gilt, dass sie weder zu eng noch zu weit geschnitten sein sollten: Konkret bedeutet dies, dass die Jacke nicht spannen, aber auch nicht zu großzügig geschnitten sein sollte, um nicht „sackartig" zu wirken. Handelt es sich um Kostümjacken, so gilt der Grundsatz wie bei Herren-Sakkos: Im Stehen schließen, im Sitzen offen tragen. Die Ärmellänge von Jacken sollte am Daumenansatz enden. Für Rock- und Hosenlänge wiederum gibt es keine Standardlänge. Sie richten sich eher nach der jeweiligen Mode und der eigenen Figur. Rocklängen sollten üblicherweise das Knie umspielen oder maximal eine Handbreit über dem Knie enden. Wallend-weite Röcke sind ebenso ungeeignet wie zu enge Röcke, die die Bewegungsfreiheit unnötig einschränken.

Kleider oder Strickjacken, auch in dezenten Farben und Mustern, sind im Berufsleben zwar allgemein akzeptiert, stellen für Beraterinnen aber gegenüber Anzug,
Kostüm oder einer Jacken-Hosen-Kombination die eindeutig schlechtere Variante
dar, da sie i. d. R. als zu leger wirken.

Kurze Ergänzung zu Jeans: Von Jeans sollte, mit Ausnahme der Branchen Mode,
Werbung und Medien, generell abgeraten werden. In den drei genannten Bereichen sollten es immer Designerjeans sein, da hier gilt: Je lockerer die Aufmachung, desto hochwertiger müssen die Komponenten sein.

c) Oberteile

Als Oberteile bieten sich verschiedene Alternativen an: Bodies, T-Shirts oder
schlichte Blusen. Pullover und Twinsets sind indes nur für inoffizielle Gelegenheiten geeignet. Wie bei Jacketts und Hosen sollte auch bei Oberteilen auf gute, at-
mungsaktive Stoffe geachtet werden. Als Farben sind helle Oberteile in weiß oder
in Pastelltönen sinnvoll, bzgl. Musterungen sind mehr Möglichkeiten als bei Herren denkbar. Jedoch wirken auch hier allzu große Muster unter Jacketts nicht besonders schön.

d) Strümpfe und Strumpfhosen

Strümpfe und Feinstrumpfhosen sind jahreszeitunabhängig, also auch im Hochsommer, immer von Beraterinnen zu tragen. Folgende Aspekte sollten dabei beachtet werden:

• farblich passend zu Rock, Hose oder Kostüm
• keine Musterung, Verzicht auf glänzende Strümpfe
• Strümpfe etwas heller als die Schuhe, aber dunkler als Rock oder Hose
• keine Löcher, keine Laufmaschen

e) Schuhe

Wie bei Herren auch, sollten die Schuhe gepflegt wirken. Die Sohlen und Absätze
sollten sich in gutem Zustand befinden und aus Leder sein. Weitere Hinweise:

• Farbliche Abstimmung zum Gesamtbild, speziell zur Handtasche, nie rot
• Moderne, aber nicht modische Aufmachung
• Geschlossen, auch im Sommer nicht nach vorn geöffnet
• Halbhoher Absatz (ca. fünf Zentimeter)
• Pumps, keine Highheels, keine Sandalen, Stiefel oder Plateauschuhe

Bei den Schuhen sollte Wert auf Qualität gelegt werden, da die Beraterin sie mindestens zehn Stunden pro Tag trägt. Somit müssen sie einigermaßen praktisch
sein, um Haltungsschäden zu verhindern, ohne gleichzeitig Birkenstock-Flair
auszustrahlen.

f) Taschen

Frauen ohne Tasche gibt es eigentlich nicht ... Gleiches gilt somit auch für Beraterinnen. Bei der Handtaschenwahl gibt es nur wenige Optionen: Sie sollten eine mittlere Größe haben, am besten aus Echtleder, in Einzelfällen auch aus Kunstleder gearbeitet und möglichst dunkel sein. Der Vorteil dunkler Farbe liegt nicht nur in der universellen Kombinierbarkeit, sondern auch darin, dass dunkle Farben die Taschen weniger anfällig erscheinen lassen (Flecken, Falten, abgestoßene Kanten, ...).

Handtaschen und Aktentaschen sind heutzutage auch miteinander kombinierbar. In diesen Fällen sollte dann aber aus Gründen der Praktikabilität auf eine zusätzliche Notebook-Tragetasche verzichtet werden. Generell verzichtet werden sollte auf Rucksäcke und beutelförmige Taschen, die für das Geschäftsleben ungeeignet erscheinen. Schließlich geht die Beraterin zum Kunden und nicht zum Sport! Vielleicht noch eine Ergänzung zum Umgang mit Taschen: Taschen sollten möglichst eine oder zwei Innentaschen aufweisen, um ein unorganisiertes Kramen in der Handtasche soweit wie möglich zu vermeiden.

g) Accessoires und Make-up

Als Obergrenze für Accessoires gelten fünf Schmuckstücke, um als Dame nicht überladen zu wirken. Hierzu zählen etwa Ohrringe einzeln, Armband, Kette und Armbanduhr; Fußkettchen jedoch nicht! Wie bei Herren sollten Uhren weder Statussymbol noch Plastiklook darstellen, wobei im Fall eines Lederarmbands eine Abstimmung mit der Oberbekleidung und dem Gürtel zu gewährleisten ist. Modeschmuck ist dann akzeptabel, wenn er nicht billig oder grell wirkt.

Völlig ungeschminkt beim Kunden zu erscheinen ist ebenso wenig üblich wie zu starkes Make-up. Dezentes Make-up, und zwar passend zu Typ und Garderobe, ist das Optimum. In vielen Fällen gilt der Grundsatz, dass weniger oft mehr ist. „Weniger ist mehr" gilt auch bei der Verwendung von Parfum. Dabei sollte man beachten, dass man den eigenen Duft mit der Zeit oft nicht mehr so intensiv wahrnimmt. Daher besteht die Gefahr, dass man früher oder später zu viel verwendet und dann zu intensiv riecht. Bei der Duftnote sollten schwere oder zu blumige Noten vermieden werden.

Top-Ten-Liste der Tabus für Beraterinnen:

- unhandliche, da zu große Notebooks
- unbestrumpfte Beine im Sommer
- überdimensionierte und unpraktische Handtaschen
- schiefe Schuh-Absätze
- zu flache oder sportliche Schuhe
- vorn offene Schuhe
- bunte Swatch-Uhr
- lange, rot lackierte Fingernägel
- lange Ohranhänger
- blumiges bzw. schweres Parfum

4.2.4   Exkurs „Casual Fridays": Kleidung nach Belieben?

Nicht in sämtlichen, aber doch in vielen Beratungshäusern haben sich so genannte „Office Fridays" etabliert. Darunter versteht man, dass die Consultants versuchen sollten, soweit es die Auftrags- und Projektsituation zulässt, montags bis donnerstags auf Projekt, freitags jedoch im Büro zu verbringen. Dadurch sollen i. d. R. bestimmte Ziele verfolgt werden:

• Stärken des Zusammenhalts der Mitarbeiter über Projektgrenzen hinweg
• Förderung des internen Wissensaustauschs/Wissensmanagement
• Freiraum für interne Personalentwicklungsmaßnahmen wie Schulungen
• Intensivieren der Mitarbeiteridentifikation mit dem Unternehmen

An solchen Tagen unterscheidet sich naturgemäß der Dresscode von demjenigen an Projekttagen beim Kunden vor Ort. Die Kleidungsvorschriften sind an solchen Freitagen eher „casual", so dass teilweise, und zwar nicht nur im Beraterumfeld, sondern auch bei anderen Dienstleistungsbetrieben, auch vom „Casual Friday" gesprochen wird. Heißt das aber, dass jeder Consultant so im Büro erscheinen kann, wie er möchte bzw. wie er oder sie privat gekleidet sein würde? Mitnichten! Auch hier gibt es bestimmte Regelungen, die einzuhalten sind. Sie gelten nicht nur an „Casual Fridays", sondern an allen Arbeitstagen, an denen der Berater vom Firmenbüro aus arbeitet.

> Grundsätzlich lassen sich drei typische Dresscode-Typen ableiten:
>
> *Typ I Business-Dresscode:* Anzug, Hemd, Krawatte bzw. Hosenanzug und Kostüm, dunkle Farben
>
> *Typ II Business Casual oder Smart Casual:* Anzug oder Kombination, Hemd ohne Krawatte, Polo-Shirt oder Rollkragen-Pullover, dezente Farben
>
> *Typ III Casual:* ggf. ohne Sakko, (Designer-)Jeans, farbenfroher, aber nicht bunt

Die bisherigen Ausführungen zum Dresscode des Beraters im Kundeneinsatz beziehen sich ausnahmslos auf den Typ I. Typ II hingegen gilt sowohl im Geschäftsleben mit sehr Mode orientierten und legeren Unternehmen als auch für die Berater-Kleidung im Firmenbüro, also an Office Days. Der dritte Typ greift für Berater eigentlich nie, sondern bezieht sich eher auf halboffizielle Veranstaltungen im Industrieumfeld oder bei privaten Feiern mit Arbeitskollegen.

Konzentriert man sich auf Typ II, so gehört zum Business Outfit am Freitag zur Ausstattung:

- klassisches oder Casual-Hemd
- Hosen aus Baumwolle oder Cord
- Polo-Shirts im Sommer oder feiner Strickpullover oder Cardigan
- saisonale Farben
- Lederschuhe oder auch moderne Sneakers
- keine Krawatte

Die Aufzählung verdeutlicht bereits, dass an solchen Bürotagen der Dresscode weniger streng, aber dennoch nicht alles erlaubt ist. Zu Stilbrüchen, die zu einem entsprechenden Underdressing und verwunderten Blicken führen werden, zählen üblicherweise:

- Turnschuhe, klobige Schuhe oder Flipflops
- bedruckte T-Shirts
- Sportkleidung
- sehr helle Hosen
- Bermudas
- Verzicht auf Socken oder Strümpfe
- grobe Jeans
- unrasiertes Erscheinen (Bart erlaubt, aber nur gepflegt)
- Miniröcke
- bauchfrei, schulterfrei oder Spaghettiträger
- offenes Zurschaustellen von Piercings oder Tätowierungen

Somit wird deutlich, dass an Office Days vieles, aber nicht alles erlaubt ist. Der Berater sollte bei der Kleidungswahl immer berücksichtigen, dass er manche Kollegen und manchen Vorgesetzten nur an solchen Bürotragen antreffen wird. Daraus ergibt sich die Gefahr, dass eine zu legere Kleidung auf die eigene Person abstrahlt. Im Ernstfall könnte der Arbeitskollege denken, dass jene Person auch auf Kundenterminen so leger gekleidet erscheint.

4.3 Statussymbole als Zeichen der Macht: Mein Auto, meine Armbanduhr, mein ...

Nicht nur „Kleider machen Leute", sondern auch weitere Statussymbole spielen, gerade in einer solch öffentlichen Funktion wie derjenigen des Beraters, eine wesentliche Rolle. Statussymbole sollen den eigenen Stellenwert gegenüber anderen (Kunden, Kollegen) verdeutlichen, auch um aufzuzeigen, dass es der Consultant bereits zu etwas gebracht hat. Während in den USA oder Osteuropa, insbesondere Russland, Statussymbole generell sehr positiv gesehen werden, gilt im westlichen Europa häufig die Aussage, dass man Statussymbole eigentlich nicht nötig hat.

Natürlich ist es illusorisch, zu glauben, dass man als Unternehmensberater auf andere keine bewusste oder unbewusste Wirkung ausstrahlt. Dies liegt einerseits an der Kleidung, andererseits aber auch anderen Statussymbolen. Welche Statussymbole spielen für einen Berater überhaupt eine Rolle? Und was sollte dabei beachtet werden, um eine negative Wirkung zu verhindern? Ein Beispiel aus der Praxis, auch wenn es laut Aussage der Betroffenen es hier nur um das Prinzip und nicht um das Status Symbol ging:

> Der angeschlagene Karstadt-Quelle-Konzern muss auch künftig für die Überstunden des Chauffeurs des früheren Konzernchefs *Walter Deuss* aufkommen. Vier weitere ehemalige Vorstände haben Anspruch auf die Bereitstellung eines Dienstwagens auf Lebenszeit. Am Freitag hat das Landgericht Essen in dem spektakulären Rechtsstreit um Dienstwagenprivilegien den insgesamt fünf Klagen stattgegeben.
>
> „Pacta sunt servanda": Diesem Rechtsgrundsatz, wonach geschlossene Verträge einzuhalten sind, ist das Gericht nach eigener Begründung gefolgt. Uns fehlt für das Urteil jegliches Verständnis", kommentierte Karstadt-Quelle-Sprecher *Jörg Howe* am Freitag den Richterspruch. Das Unternehmen werde die Urteilsbegründung zunächst genau prüfen ...

> Der Prozess um die Dienstwagenregelungen und die Bezahlung von *Deuss'* Chauffeur hatte in der Öffentlichkeit für viel Wirbel und Entrüstung gesorgt, obwohl es um relativ überschaubare Streitwerte ging. Denn dass ehemalige Vorstandmitglieder für solche Privilegien kämpfen, während das Unternehmen in einer tief greifenden Sanierung steckt, passte vielen moralisch überhaupt ins Bild: Der Handelskonzern musste schließlich Warenhäuser schließen und Tochtergesellschaften notverkaufen. Das Unternehmen hat sich von mehr als 25.000 Beschäftigten getrennt und wird weitere Kürzungen vornehmen. Mitarbeiter haben Einschnitte bei Gehalt und Sozialleistungen hinnehmen müssen, aktive Vorstände auf zehn Prozent ihrer Bezüge verzichtet. Wie können da *Deuss* um 15.000 Euro für monatlich 9,84 zusätzliche Fahrerstunden und vier weitere Ex-Vorstände um jeweils 54.000 Euro für gehobene Mittelklasselimousinen kämpfen?[47]

In Europa gilt für Manager, aber auch für Consultants vom Business Analyst bis zum Partner, der Firmenwagen als Statussymbol Nummer eins (dies verwundert auch deshalb nicht weiter, weil der Berater nicht selten acht bis zehn Stunden pro Woche darin verbringt). So zeigte die Befragung „Führungskräfte-Engagement 2005" von 196 Top-Führungskräften aus 90 deutschen Unternehmen durch die Managementberatung Hewitt Associates auf, dass der Entzug von Dienstwagen, Handy oder Blackberry den Einsatzwillen von Managern um 35 Prozent senken würde. Somit stellt der richtige Dienstwagen einen der wichtigsten Motivatoren, aber auch nicht selten eines der beliebtesten Hobbys männlicher Geschäftsleute dar. Hinzu kommt, dass das Image des Beraterautos auf den Consultant abfärbt und damit gegenüber dem Kunden positiv oder negativ wirkt.

In vielen größeren Beratungshäusern haben sich bereits gewisse Standards in Form entsprechender Richtlinien bei der Wahl geeigneter Dienstwagen für die einzelnen Berater-Hierarchien etabliert. Grundsätzlich sind vier Modelle in der Praxis üblich:

1. Der Arbeitgeber hat einen festen Vertrag mit einem Hersteller und gibt eine bestimmte Marke vor: In diesem Fall existieren im Prinzip keine Auswahlmöglichkeiten. In Abhängigkeit der Position wird z. B. zwischen Audi A3 über A4 bis hin zu A6 und A8 abgestuft. Dieses Modell ist eher bei klassischen Außendienstmitarbeitern und weniger in der Beratung üblich.

2. Der Arbeitgeber gibt bestimmte Modelle unterschiedlicher Marken vor: Dies ist der häufigste Fall, indem, in Abhängigkeit der hierarchischen Stellung in der Beratung, der Mitarbeiter innerhalb einer bestimmten Modellklasse zwischen verschiedenen Alternativen, z. B. zwischen Audi A4, BMW 3er und Mercedes C-Klasse wählen kann.

---

[47]   o. V. (2006).

3. Der Arbeitgeber gibt lediglich Richtlinien bzgl. Pkw-Aufbauten und monatlicher Leasingraten vor. So kann der Mitarbeiter im Rahmen der Entscheidungsbefugnis frei wählen, welches Modell welcher Marke er fahren möchte.

4. Der Arbeitgeber gibt keine Vorgaben. Dieses Vorgehen ist eher bei kleineren Beratungen existent.

Hier sollen ausschließlich die Fälle drei und vier betrachtet werden, da in den beiden anderen Fällen entsprechende Handlungsempfehlungen auf Arbeitgeberseite bereits existieren, die Fehlentscheidungen per se ausschließen. Bei der Wahl des geeigneten Firmenfahrzeugs gibt es zunächst zwei Grundsätze zu beachten. Zunächst sollte der Wagen nicht exklusiver als derjenige des Vorgesetzten sein, um einem potenziellen Neidfaktor aus dem Weg zu gehen. Der zweite Grundsatz betrifft das Verhältnis zwischen Berater und Kunden. Auch hier sollte die eigene Modellwahl nicht (wesentlich) exklusiver wirken, um ein „Jetzt wissen wir, warum Ihre Reisekosten so hoch ausfallen" zu verhindern. Auch der Kommentar eines Projektleiters (Abteilungsleiter) auf der Fahrt mit einem leitenden Prozessberater weist auf ein gewisses Missverhältnis hin: „Das ist ja interessant: Unsere Vorstände fahren dasselbe Modell wie Sie."

Bzgl. der Firmenwagengröße sollte das Modell weder zu groß („Warum ist der Tagessatz bei Ihnen so hoch? Liegt es daran, dass schon Ihre Consultants Sechszylinder fahren?") noch zu klein („Ist der Berater so wenig erfolgreich?") gewählt werden. Als geeignete Größenklassen erscheinen für Berufseinsteiger Pkw wie der BMW 1er oder ein Audi A3, während für Consultants und Senior Consultants sich Mittelklasse-Modelle der Premium-Hersteller von Audi (A4), BMW (3er) und Mercedes-Benz (C-Klasse) eignen. Audi A6, Mercedes-Benz E-Klasse oder BMW 5er sollten indes für langjährig erfahrene Unternehmensberater reserviert sein. Denn bei ihnen kann davon ausgegangen werden, dass sie sich solche Autos auch als Privatperson leisten könnten.

> Ein Partner einer mittelständischen Beratung fuhr – nachdem er mehrere Monaten kein Projekt bei einem langjährigen Kunden hatte – mit einem neuen Audi A6 vor. Obwohl sich der Kunde außerhalb der Automobilindustrie befand, dauerte es nur ca. 15 Minuten, bis er einen Anruf des Logistikleiters erhielt, der mit mehreren Kollegen um das Auto herum stand, und vom Berater wissen wollte, wofür ein bestimmter Hebel rechts vom Lenkrad bestimmt sei.

Oftmals kommt es nicht nur auf den Kaufpreis des Wagens an, sondern mehr noch auf das Image, welches die Marke ausstrahlt. Vor diesem Hintergrund liegt der Berater immer richtig, wenn er sich für ein Modell der drei o. g. Marken oder für Volkswagen entscheidet, nicht zuletzt durch das Label Made in Germany, welches wie der Berater für Qualität stehen soll. Der Berater wird somit mit den Attributen

Exklusivität, Qualität, Innovationskraft und Glaube an den Wirtschaftsstandort Deutschland in Verbindung gebracht. Bei anderen Marken besteht die Gefahr negativer Assoziationen wie „Leichtlebigkeit" (Sportmarken) oder „Biederkeit" (japanische, französische und koreanische Anbieter).

Bis vor einigen Jahren war es Standard, teilweise ist es heute noch bei einigen Automobilwerken üblich: Wer als Berater mit der falschen Automarke (ob eigenes, Firmen- oder Leihwagen) vorfährt, muss durchaus damit rechnen, dass der Pförtner ihn bittet, dass Fahrzeug doch außerhalb des Werksgeländes zu parken, um dann per Shuttlebus zur entsprechenden Werkshalle gefahren zu werden.

Um Seriosität nicht nur bei der Marken-, sondern auch bei der Farbwahl zu unterstreichen, sollte der Berater – wenn es nicht bereits in den Firmenrichtlinien fixiert wurde – auf gedeckte Farben, weiß oder silbergrau zurückgreifen. „Silbergrau" muss im Übrigen heutzutage nicht mehr das Standardgrau vieler zugelassener Fahrzeuge in Deutschland bedeuten, da es inzwischen durchaus attraktive Farbnuancen innerhalb der Farbfamilie grau gibt. Auch das bis vor wenigen Jahren verpönte Weiß ist für Beraterautos durchaus geeignet, unter praktischen Erwägungen (Verschmutzungsgefahr) aber eher kritisch zu sehen. Bei den Innenfarben sollten ebenfalls gedeckte Farben gewählt werden, um sowohl den Wiederverkauf nicht zu gefährden als auch in diesem Bereich Exklusivität auszustrahlen.

Apropos praktische Erwägungen: Bei der Karosserieform gibt es eigentlich nur die Alternativen „Limousine" oder „Kombi", und unter dem Aspekt des Transports von Gepäck und Mitnahme von Kollegen (inklusive Gepäck) faktisch nur die Option des Kombis trotz des Mehrpreis von ca. 2.000 Euro. Mit Kombi und Limousine liegt der Consultant auf jeden Fall im Trend der Firmenwagen-Wahl, denn bei allen in Deutschland zugelassenen Dienstwagen machen laut des Marktforschungsinstituts Dataforce 2006 Geländewagen nur knapp sechs und Cabriolets/Roadster nur weniger als ein Prozent aus[48]. Allerdings werden in einigen Dienstleistungsbranchen die Richtlinien bei der Dienstwagenregelung gelockert, um High Potentials für den (neuen) Arbeitgeber zu begeistern. Ein Porsche als Firmenwagen eines Bereichsleiters bei einem Finanzdienstleister wird somit in Zukunft voraussichtlich keine Ausnahme mehr darstellen. Dieser Trend gilt aber weder für traditionelle Industriezweige geschweige denn für die Consulting-Zunft. Viel zu groß wäre die Gefahr, dass ein Cabrio-fahrender Berater mit dem Etikett „Freizeitoptimierer" kundenseitig behaftet werden könnte.

Darüber hinaus sollte der Berater darauf achten, dass auf die Modellbezeichnung am Heck verzichtet wird. So kann etwa der eher sportlich ambitionierte Fahrer eine

---

[48]   Vgl. *Hus, C.* (2006); vgl. auch Kienbaum Management Consultants (Hrsg.) (2010).

hohe Motorisierung in einer Mittelklasselimousine wählen, ohne in irgendeiner Form „anzuecken": Ob schwacher Vierzylinder-Diesel mit 110 PS oder eingespritzter Sechszylinder mit 225 PS und mehr ist für den Außenstehenden in vielen Fällen dann nicht ersichtlich. Der Berater profitiert dann an dieser Stelle von entsprechendem Understatement.

Weitere wichtige Hinweise für Berater bzgl. des Umgangs mit Firmenwagen sind:

- Parken ausschließlich auf ausgewiesenen Kundenparkplätzen
- Regelmäßige Autowäsche, nicht nur außen, sondern auch innen (den letzten Besuch beim amerikanischen Drive-In an der Autobahnausfahrt sollte man weder riechen noch sehen): Erstens handelt es sich beim Firmenwagen um fremdes Eigentum, das pfleglich behandelt werden sollte, und zweitens kann immer die Situation eintreten, dass ein Kundenmitarbeiter, vielleicht auch nur auf kurzer Strecke, zum Bahnhof mitgenommen werden soll.
- Keine Aufkleber am Fahrzeug; selbst das Anbringen von Firmenlogos ist bei Beratungsgesellschaften äußerst umstritten.
- Für Autofans gilt: Aus Statussymbol-Gründen lieber in hochwertige Innenausstattung und Extras investieren als in äußerlich sichtbare Komponenten (Breitreifen, Tieferlegung etc.) oder eine höhere Modellklasse.

Ein weiteres Statussymbol im Berateralltag stellen Schreibgeräte dar. Hochwertige „Mont Blanc"-Füllfederhalter, ggf. auch mit eigener Gravur, sind ähnlich zu beurteilen wie Manschettenköpfe und Westen. Sie sind allesamt nur in sehr ausgewählten Dienstleistungsbranchen angebracht bzw. dann, wenn der Berater sich mindestens auf der Stufe eines Project Managers befindet. Im Normalfall empfehlen sich vielmehr Firmenkugelschreiber (als Zeichen der Identifikation mit dem eigenen Arbeitgeber) oder einfache Stifte mit guter Mine. Absolute No Gos sind hierbei das Verwenden von Hotelkugelschreibern (sozusagen als Zeichen, dass man die Nächte im Intercontinental verbringen kann), allgemein Werbestifte oder Firmenschreiber des Kunden („Kann der Berater sich keine eigenen Stifte leisten?). Egal ob Werbekuli oder Stift für 400 Euro: Sie sollten nie an der Hemd- oder Jackentasche von außen sichtbar angeclipst werden. Denn das machen keine Berater, sondern höchstens noch vereinzelte Buchhalter. Genauso gut könnte der Stift auch hinter das Ohr geklemmt werden …

Ein weiteres typisches Statussymbol im Geschäftsleben, speziell bei Unternehmensberatern, stellen Uhren dar, auch wenn vielleicht mehr Plagiate als echte im Umlauf bzw. am Arm unterwegs sind. Im Gegensatz zu früher haftet teuren Marken wie Rolex, Cartier und Breitling kein teilweise halbseidenes Image mehr an, sondern sie sind auch unter Managern sehr beliebt. Auch hier gilt aber die Grundüberlegung, dass sich ein Berater sie erst im Laufe der Berufsjahre erarbeiten muss, um sie alters- und statuskonform zu tragen (natürlich nur die jeweils echte). Teure

Armbanduhren können gerade in Westeuropa nicht nur als positives Signal („Seht her, ich habe etwas erreicht!") interpretiert werden, sondern häufig auch Neid hervorrufen. Das folgende Praxisbeispiel verdeutlicht dies:

> Im Jahr 2005 verschickte die Siemens-Presseabteilung ein offizielles Foto des neuen Vorstandsvorsitzenden *Klaus Kleinfeld* an alle Zeitungen in Deutschland. In den Fotoredaktionen stutzte man: Genau das Foto haben wir doch schon in unserem Archiv? Bei genauerer Betrachtung fiel ein winziger Unterschied auf. Auf dem alten Foto trug *Kleinfeld* eine Rolex, auf dem neuen war sie wegretuschiert. Als Vorstandsvorsitzender gehört *Klaus Kleinfeld* eigentlich zu jenen, die sich solch eine Uhr leisten können. Nicht die Tatsache, dass *Kleinfeld* eine solche Uhr trug, sondern dass er sie plötzlich nicht mehr trug, wurde zum Skandal. Das Medienecho war gewaltig, die öffentliche Selbstdarstellung des Konzernlenkers wurde gebrandmarkt.[49]

Schließlich gelten in einzelnen Branchen, vor allem Informations- und Kommunikationsbranchen, Notebook und Smartphone als Instrument der Differenzierung. Wie in allen anderen Geschäftszweigen gelten sie als Standard-Arbeitsmittelausrüstung eines Consultants und nicht als potenzielles Statussymbol. Für die technische Ausrüstung gilt, dass sie modern, funktional, praktisch und qualitativ hochwertig (Ausfallrisiko) sein sollte. So kann es ebenso verwirrend sein, mit älteren Modellen zu arbeiten („Wie will der Berater mit den alten Geräten auf innovative Ideen kommen?") wie mit dem dernier cri der letzten IFA („Der Berater scheint ja viel Zeit zu haben, wenn er sich mit solchen Dingen intensiv auseinandersetzen kann").

4.4   Verhalten und Auftreten gegenüber Kunden: Welche Regeln gelten heute wie früher?

Der „Umgang mit Menschen", so der Titel von Knigges berühmtem Buch aus 1788, ist im Laufe der Jahrhunderte und Jahrzehnte einem ständigen Wandel unterworfen. Das bedeutet jedoch keinesfalls, dass die Anforderungen an Auftreten, Stil und Etikette in den Jahren und Jahrzehnten bis zu unserer heutigen Zeit an Bedeutung verloren haben. Ganz im Gegenteil: Das steigende Angebot an Etikette-Seminaren für Geschäftsleute ist letztlich ein Indikator dafür, dass in den letzten beiden Jahrzehnten korrektes Auftreten und Verhalten im Berufs- wie Privatleben wichtiger denn je

---

[49]   *Knigge, A.* (2006), S. 141.

werden. Entscheidend ist in diesem Kontext, dass sich die Verhaltensregeln im Laufe der Zeit ändern, aber nicht an Bedeutung verlieren: Galt es vor 30 Jahren durchaus als üblich, eine unverheiratete Dame als „Fräulein" anzusprechen, ruft das heute im günstigsten Fall noch ein mildes Lächeln hervor. Aber auch ein „Betr." einer Betreffzeile im Brief voranzustellen oder per „In den Anlagen finden Sie ..." auf Briefanlagen hinzuweisen, ist heute ebenso antiquiert.

Da jedoch nicht davon ausgegangen werden kann, dass Benimm und Verhalten typische Bestandteile der beruflichen oder privaten Ausbildung von Consultants sind, gehen zahlreiche große und größere Beratungsgesellschaften dazu über, spezielle Einführungswochen für Einsteiger mit folgenden Themen anzubieten: Unternehmenspräsentation und Unternehmensselbstverständnis, Compliance, Werte und Standards, Verhalten gegenüber Kunden ...

Da darüber hinaus heutige Literatur und Seminare nur beschränkt Hilfestellungen speziell für Unternehmensberater bieten, werden im folgenden Abschnitt Handlungsempfehlungen für den richtigen Umgang mit Kunden gegeben. Sie helfen, Kundenerwartungen im Hinblick auf Umgangsformen und Auftreten nicht nur zu erfüllen, sondern sich durch vorbildliches Verhalten positiv zu differenzieren.

4.4.1   Grundlegende Verhaltensweisen

Vor allem für Unternehmensberater spielt es eine große Rolle, einwandfrei gegenüber Kunde oder potenziellem Kunden aufzutreten. Hierfür gibt es vier Gründe:

1. Die Tätigkeit von Unternehmensberatern zeichnet sich durch sehr häufigen Kontakt mit ihren Kunden aus. Daher kommen sie nicht nur gelegentlich in die Situation, sich adäquat gegenüber den Kundenmitarbeitern zu verhalten, sondern stehen tagtäglich – zum Teil minütlich – „im Rampenlicht", nämlich in den Räumlichkeiten eines Klienten.
2. Unternehmensberater haben in der Regel Kontakt mit sehr vielen, unterschiedlichen Personen. Von Strategie- und IT-Beratern abgesehen, lernt der Berater nicht nur viele Personen unterschiedlicher Unternehmen und Branchen kennen, sondern auch Mitarbeiter unterschiedlicher Hierarchiestufen innerhalb eines einzelnen Unternehmens. Häufig muss er in der Lage sein, mit dem Schichtführer ebenso sprechen zu können wie mit dem Geschäftsführer, ohne zu fraternisieren oder sich zu verbiegen. In jedem Fall muss er in der Lage sein, die Sprache des jeweiligen Kunden zu sprechen.
3. Das Verhalten des Unternehmensberaters fällt – positiv wie negativ – auf das Image des gesamten Beratungshauses zurück: Benehmen sich alle Berater des Hauses so? Sehen alle Berater wie dieser aus? ...

4. Unternehmensberatern eilt nicht selten ein bestimmter Ruf voraus. Gewisse Verhaltensweisen könnten dann Vorurteile bestätigen: „Typisch Berater"!

Somit stellt sich die Frage, welches Verhalten denn generell vom Berater kundenseitig erwartet wird. Sehr stark verkürzt könnte man es auf den Nenner aus „gute Kinderstube" und Authenzität reduzieren. Jedoch versteht jeder unter den Stichworten „gute Kinderstube" und „alles, was auch im Privatleben gilt" etwas anderes. Die folgenden Hinweise helfen dabei, den Anspruch, sich so zu verhalten, wie es der Kunde von einem erwartet, als Berater zu erfüllen. Sie sind bewusst praxisnah formuliert, wobei es in Einzelfällen situativ auch sinnvoll sein kann, hiervon abzuweichen.

a) Kundenseitige Erwartungshaltung

Neben generellen Anforderungen an Berater, die sich auf soziale Kompetenzen beziehen, hängt die kundenseitige Erwartung ebenso von der Rolle ab, die der Berater einnehmen soll. Speziell für Strategie-, Prozess- oder Organisationsberater lassen sich sechs Typen erkennen:

1. Berater als Leiharbeiter auf Zeit
2. Berater als Integrator
3. Berater als Treiber
4. Berater als Projektmanager und Methoden-Träger
5. Berater als Know-how-Träger
6. Berater als Sündenbock

Im Einzelnen umfassen diese sechs Typen Folgendes:

1. Berater als Leiharbeiter auf Zeit:

Der Berater dient der Bewältigung eines „Kapazitätsengpasses". Im Rahmen dieser Projekte werden Tätigkeiten wahrgenommen, die der Kunde prinzipiell fachlich, methodisch und „politisch" selbst wahrnehmen könnte. Aufgrund einer extrem hohen Arbeitsbelastung des Kunden und einer hohen Dringlichkeit bzw. Wichtigkeit der Aufgabe wird diese angegangen; allerdings mit externen Kapazitäten (auch „Kapazitätsflexibilisierung"). In einigen Fällen wird der Berater dann fast wie ein „Interner" wahrgenommen.

> Der Autor arbeitete als Berater mit seinem Notebook ausnahmsweise nicht im Projektbüro, sondern an einem Schreibtisch eines Mitarbeiters, der längere Zeit Urlaub hatte. Plötzlich kam eine Mitarbeiterin des Kunden freundlich lächelnd auf ihn zu, um ihn zu begrüßen. Der Consultant war etwas irritiert, da er das Gesicht nicht in das Projekt einordnen konnte, begrüßte aber ebenso freundlich. Im nächsten Moment klärte sich jedoch das Problem, indem die Frau sich folgendermaßen vorstellte: „Guten Morgen, mein Name ist xxx. Ich bin seit März hier

in der Abteilung und wollte mich Ihnen als neue Kollegin vorstellen." Nun war klar, dass der Consultant als Abteilungskollege eingestuft wurde.

2. Berater als Integrator

Der Berater ist erforderlich, da im Unternehmen aus machtpolitischen Gründen keine substanziellen Veränderungen und Verbesserungen erreicht werden können. Der Berater hat dann die Aufgabe, unterschiedliche Interessen, Zielkonflikte, Koalitionen, Finten und Machtspiele, Charaktere, Beziehungen und Schnittstellen zu erkennen und im Sinne einer objektiv richtigen, für das Unternehmen sinnvollen Lösung zusammenzuführen. Oftmals sind hierfür Einzelgespräche, klare Management-Entscheidungen und Fingerspitzengefühl erforderlich. Geduld und die Kunst, auch bewusst einmal einen Umweg gehen zu können, sind wichtig.

3. Berater als Treiber

Der Berater ist notwendig, da das Unternehmen auf Grund einer „fatalistischen Trägheit" nicht mehr in der Lage ist, substanzielle Veränderungen und Verbesserungen zu erreichen. Aus eigener Kraft lassen sich auch keine Ideen mehr verfolgen („Der Prophet gilt sowieso nichts im eigenen Land"). Der Berater hat dann die Aufgabe, „Drive" in das Unternehmen zu bringen. Durch Taktung und schnelle Erfolge erreicht er ein Momentum, das er in die Nachhaltigkeit überführen muss.

4. Berater als Projektmanager und Methoden-Träger

Der Berater ist erforderlich, da der Kunden zwar gewillt und fachlich kompetent, jedoch unstrukturiert und unprofessionell agiert. Die Leistung des Beraters liegt darin, in einem ordentlichen Projektmanagement, mit professioneller Moderation und einem entsprechendem Einsatz von hierfür erforderlicher Methodik die Lösungen herbeizuführen und in die Umsetzung zu bringen. Der Berater demonstriert zu Projektbeginn die erforderlichen Schritte; zeigt, wie er eine ähnliche Thematik in anderen Projekten angegangen ist; er passt die Methodik spezifisch an (Thematik, Unternehmen etc.); er ist kein „Methoden-Fetischist". Es gibt im Projektverlauf Situationen, in denen muss man von der Methodik abweichen: der Berater kündigt das – im Bedarfsfall – an und kehrt wieder zu seinem roten Faden zurück. Entscheidend ist dabei, dass die Methodik einfach und verständlich ist: nicht zu viele Schritte, keine Wissenschaft draus machen. Offensichtliches muss nicht methodisch aufgebläht werden.

5. Berater als Know-how-Träger

Der Berater wird benötigt, weil beim Kunden fachlich die Kompetenz nicht vorhanden ist. Berater braucht ausgeprägte Erfahrung und benötigt fachliche Expertise. Der Berater als Know-how-Träger spielt etwa bei IT- und Outsourcing-Projekten eine wichtige Funktion. Er kennt die Materie und die Spezifika der Branche (inkl. der Spielregeln und der entsprechenden Fachausdrücke). Fachlich kann bedeuten, in einer Thematik sehr tief eingetaucht (funktionale Kompetenz) oder in einer Branche (Spieler in der Branche, Spielregeln, Entwicklungen, Trends etc.) kompetent zu sein (Branchenkompetenz). Vom Berater werden inhaltliche Vorschläge erwartet: Das Einnehmen der Moderatorenfunktion reicht nicht aus. In den vergangenen Jahren hat es eine Schwerpunktverschiebung vom „Berater als Projektmanager und Methoden-Träger" in Richtung „Berater als Know-how-Träger" gegeben, da viele Unternehmen eigene Mitarbeiterkapazitäten haben, die die Grundlagen von Projektmanagement, -controlling und Methodeneinsatz beherrschen. Dieser Trend wird voraussichtlich auch in Zukunft anhalten.

6. Berater als Sündenbock

Der Berater ist erforderlich, weil harte Schnitte – oft im Hinblick auf die Personalausstattung – nötig sind, die nur angegangen werden können, wenn eine externe Instanz diese verkündet und im Zweifelsfall auch von der Unternehmensleitung aus verantwortlich gemacht werden kann.

Je nach Beraterrolle sind die Anforderungen an Fachkompetenz, Methodenkompetenz und Sozialkompetenz im magischen Dreieck unterschiedlich stark ausgeprägt. Im Umkehrschluss bedeutet dies aber nicht, dass einzelne Kompetenzarten gar nicht vorhanden sein müssten. So ist es auch für einen „Berater als Sündenbock" erforderlich, sich durch ausgewählte Sozialkompetenzen auszuweisen und nicht als „Rambo im Anzug" aufzutreten.

b) Tugenden und soziale Kompetenzen

Grundsätzlich werden von einem Berater im Rahmen seines Projektauftrags, aber auch darüber hinaus, also beispielsweise während einer Freizeitveranstaltung mit Kunden, bestimmte Grundtugenden und soziale Kompetenzen, gerade im Umgang mit Fremden, erwartet. Hierzu zählen im Einzelnen (ohne Rangfolge):

- Höflichkeit
- Freundlichkeit und positive Grundeinstellung
- Respekt
- Professionalität und sicheres Auftreten
- Redegewandtheit
- Verlässlichkeit und Pünktlichkeit
- Loyalität und Verschwiegenheit
- Einhalten der political correctness

Höflichkeit: „Über den Umgang mit Leuten von allerlei Ständen im bürgerlichen Leben"

Höflichkeit stellt eine wesentliche Komponente im Umgang mit Kunden dar. Sie bedeutet nicht, sich dem Kunden zu unterwerfen oder ihm in allen Situationen bedingungslos zuzustimmen, darf also nicht mit devotem Verhalten verwechselt werden. Höflichkeit ist in hohem Maße durch gesellschaftliche Normen geprägt und einem gewissen Wandel unterworfen. Im Einzelnen bedeutet Höflichkeit für einen Berater im Alltag:

• Dem Kunden, unabhängig vom Geschlecht, beim Betreten oder Verlassen von Räumen den Vortritt zu lassen und ihm oder ihr die Tür offen zu halten

• Sich zu erheben, wenn man mit Handschlag begrüßt wird

• Den Gegenüber aussprechen zu lassen und nur in besonderen Situationen zu unterbrechen, z. B. einen Vielredner im Rahmen einer Workshopmoderation

• Sich per Handschlag zu begrüßen, wenn man sich das erste Mal oder zumindest das erste Mal am Tag begegnet

• Bei erstmaligem Kontakt am Tag den Tag zu entbieten

• Dem Kunden für seine Zeit, das Interview, Informationen oder die Mitarbeit zu danken

• Bei Anfragen „Bitte" zu verwenden

Höflichkeit erfordert demzufolge auch die Bereitschaft zu Körperkontakt („Hände schütteln"). Davon abzugrenzen sind allerdings – zumindest in mitteleuropäischen Kulturkreisen – alle weiteren Formen der Berührungen: Durch (auch gut gemeintes) Schulterklopfen oder Berühren am Arm besteht die Gefahr, dass die Person sich in ihrer Intimsphäre gestört fühlt. So gelten 60 bis 80 Zentimeter Abstand als Schutzzone eines Individuums.

> Ein Berater einer größeren Consulting-Gesellschaft betreute in einem eher konservativen Konzern ein internationales Controlling-Projekt. Nicht nur er, sondern auch seine Kollegen und die Kundenmitarbeiter aus dem Head Office reagierten verdutzt, als die brasilianische (männliche) Delegation die deutschen Kollegen mit Umarmung begrüßte.

Im Gegensatz zu Freundlichkeit zeichnet sich Höflichkeit im engeren Sinne durch eine gewisse respektvolle Distanz aus, die sich gerade im Geschäftsleben zwischen Berater und Kunde empfiehlt. Fehlt diese Distanz, kann das dazu führen, dass die Objektivität und Neutralität des Beraters hierunter leidet. So wird es z. B. schwierig, existierende Defizite in der Führungsleistung eines Abteilungsleiters unternehmensöffentlich aufzuzeigen, wenn man mit diesem zwei Mal die Woche zu After-Work-Veranstaltungen geht …

Bei Höflichkeit ist es entscheidend, dass sie nicht aufgesetzt, sondern ehrlich gemeint wirkt. So erscheint es sicher deplatziert, wenn der Consultant gegenüber dem Kunden durch höfliches Auftreten besticht, der Kunde aber bemerkt, welch rauer Ton im Projektbüro herrscht und dass das Beraterteam eher gegeneinander als miteinander arbeitet.

Freundlichkeit und positive Grundeinstellung: „Verliere nicht die Zuversicht"
Freundlichkeit ist dadurch von Höflichkeit abzugrenzen, dass freundlich sich auf den Umgang mit vertrauten Personen bezieht. „Vertraute Personen" müssen sich jedoch nicht auf das private Umfeld konzentrieren, sondern können auch Kundenmitarbeiter umfassen, mit denen bereits seit längerem zusammengearbeitet wird.

Im Gegensatz zu höflichem ist es bei freundlichem Verhalten durchaus erlaubt, den Gegenüber auch nach dem vergangenen Wochenende oder dem nächsten Urlaubsziel zu fragen. Dies zeugt von persönlichem Interesse. Vorsicht ist an dieser Stelle aber dennoch geboten: Erstens sollte der Berater darauf achten, nicht aus Versehen indiskrete Fragen zu stellen und zweitens ist es ganz entscheidend, dass er sich die Antwort seines Gegenüber unbedingt merkt. Äußerst unprofessionell erscheint, wer einen Kundenmitarbeiter wiederholt nach dem nächsten Urlaubsziel befragt. Wenn von Seiten des Beraters gefragt wird, so sollte auch in gewissem Umfang ein tatsächliches Interesse bestehen.

Von Beratern wird nicht erwartet, dass sie wie amerikanische Verkäufer dauerlächelnd durch die Büroflure des Kunden laufen. Dennoch wird ihnen eine positive Grundstimmung unterstellt, die sich durch Ausgeglichenheit und ein freundliches Wesen ausdrucken sollte, auch und vielleicht sogar gerade bei problembehafteten Reengineering- oder Cost-Cutting-Projekten. Wichtig erscheint das Signal an den Kunden, dass die gestellten Aufgaben auch bewältigt werden können.

Respekt: „Suche nie, jemanden lächerlich zu machen"
Im Gegensatz zu Höflichkeit und Freundlichkeit handelt es sich bei Respekt um eine innere Haltung, die im Regelfall auch äußerlich wirkt. Der Kunde erwartet Respekt vom Berater, was sich nicht zuletzt darin äußert, wer Kunde und wer Dienstleister bzw. Lieferant ist. Eine befreundete Führungskraft gab dem Autor leicht schmunzelnd einmal folgenden Rat: „Bevor Sie überhaupt auf eine Aussage eines anderen reagieren, überlegen Sie immer zuvor, ob jener „Kunde" oder „Lieferant" von Ihnen ist!".

Respekt bedeutet aber gerade bei Unternehmensberatern noch wesentlich mehr. Gerade um dem beliebten Vorurteil der Arroganz, das dem Berater häufig anhaftet, offensiv zu begegnen, ist es erforderlich, jedem Mitarbeiter auf Kundenseite, unabhängig von Hierarchie und Einstellung zum Projekt, mit Respekt und Offenheit zu begegnen. Eine innere Berater-Einstellung, dass „ich nach dem Projekt wieder hier weg kann, während die auch in Zukunft noch hier arbeiten müssen", wird früher oder später auch dem Kunden direkt oder indirekt bewusst.

Respekt gegenüber dem Kunden sollte sich auch darin zeigen, wenn unterschiedliche Meinungen vorherrschen. So darf gerade der Berater, als Externer noch mehr als ein Interner, nie die sachlich-neutrale Argumentationslinie verlassen. Auch Nebensätze wie „Das verwundert mich jetzt nicht bei Ihnen" oder „Das habe ich mir bei Ihnen bereits gedacht." sind absolute No Gos, die – berechtigt oder nicht – immer einen Bumerang hervorrufen.

Professionalität und sicheres Auftreten: „Lerne, Widerspruch zu ertragen"
Der Berater soll sich nicht nur durch einen professionellen Dresscode, sondern auch durch ein ebensolches Auftreten auszeichnen. Von ihm wird erwartet, dass er freundlich, aber nie jovial oder kumpelhaft auftritt. Professionell bedeutet aber auch, dass ein Consultant mit Kritik, sei sie begründet oder unbegründet, sachlich oder persönlich, entsprechend umgehen kann. So macht es keinen Sinn, auf persönliche Kritik mit persönlicher Gegenkritik zu antworten, denn im Zweifelsfall hat der Kunde immer Recht. Umgekehrt bedeutet professionelles Verhalten aber nicht, auf Kritik von Kundenseite immer zustimmend zu reagieren. Wenn man der Meinung des Kunden nicht zustimmt, sollten folgende Hinweise berücksichtigt werden:

- Im ersten Schritt entscheiden, ob es überhaupt sinnvoll ist, auf die Kritik zu reagieren
- Prüfen, ob es sinnvoll erscheint, dem Gegenüber in großer Runde zu widersprechen oder ein Vier-Augen-Gespräch zu vereinbaren
- Souverän reagieren, ohne emotional oder „überheblich-souverän" zu wirken
- Auf jeden Fall fachlich begründen, warum man anderer Meinung ist
- Wenn die Diskussion ergebnislos verlief: separaten Gesprächstermin anbieten oder im positiven Fall nochmals nachfragen, ob der Gegenüber mit dem Diskussionsergebnis zufrieden ist

Redegewandtheit: „Rede nicht zu viel und langweilig"
Der Berater sollte in der Lage sein, komplexe Sachverhalte und Ursache-Wirkungs-Beziehungen so darzustellen, dass sie die jeweilige Zielgruppe auf Anhieb verstehen. Er sollte der Geschäftsführung genauso technische Details einer Produktionsanlage in der notwendigen Tiefe darstellen können wie einem Gruppenleiter die zukünftige Strategie seines Arbeitgebers. Dabei darf Redegewandtheit nicht dazu führen, dass sich die Kundenmitarbeiter an die Wand geredet fühlen sollten. Dies wird etwa dadurch vermieden, dass der Consultant nicht zu schnell sprechen und darüber hinaus nachfragen sollte, inwieweit der Hörer folgen kann. Schließlich bedeutet Redege-

wandtheit im positiven Sinne, den Kunden nicht zu überreden, sondern zu überzeugen und damit in seinem (und dem Projekt-)Sinne zu steuern.

Umgekehrt wird aber auch vom Berater erwartet, dass er ein Mindestmaß an Rhetorik beherrscht. So ist ein Fall bei einer Schulung im Bereich der kontinuierlichen Verbesserung bekannt, bei der der Industriekunde zwar einerseits feststellte, dass er mit den Inhalten der Schulung sehr zufrieden war, er gegenüber der Berater-Geschäftsführung die Performance eines Consultants folgendermaßen beurteilte: „Ihr Berater war inhaltlich fit, aber eine Rhetorikschulung würde ihm auch ganz gut tun …".

Verlässlichkeit und Pünktlichkeit: „Sei pünktlich"
Vor wenigen Jahren wurden Pünktlichkeit, Fleiß und Ordnungsliebe von *Oskar Lafontaine* noch als Sekundärtugenden verunglimpft. Allerdings ist ohne Verlässlichkeit und Pünktlichkeit kein sinnvolles und effektives Arbeiten im Geschäftsleben möglich. Pünktlich zu sein, ist damit auch Ausdruck des respektvollen Umgangs mit der Zeit anderer: „Fünf Minuten vor der Zeit, sind des Beraters Pünktlichkeit." Dieser Ausspruch gilt zumindest für vereinbarte Interview-Termine mit Klienten, während für Workshop-Termine eine längere Vorlaufzeit von mindestens 15 Minuten angebracht erscheint, um noch auf Eventualitäten (fehlendes Flipchart-Papier, ungelüfteter Raum etc.) reagieren zu können. Wenn der absolute Ausnahmefall einer Verspätung entsteht, ist der Kunde rechtzeitig zu informieren. Termine abzusagen oder zu verschieben sollte grundsätzlich vermieden werden. Ein solches Verhalten ist nur im Krankheitsfall oder bei besonderen familiären Vorkommnissen erlaubt.

Aber Achtung: Pünktlichkeit kann in anderen Kulturen etwas anderes bedeuten als bei Westeuropäern. Dann heißt „pünktlich sein" unter Umständen zwanzig Minuten später zu kommen. Dies ist aber lediglich auf Kundenseite legitim, auf Beraterseite wird dennoch das zeitgenaue Erscheinen erwartet, so bemerkte z. B. ein italienscher Kunde gegenüber einem (einmal) zu spät kommenden Berater: „Wie kann das sein? Ihr Deutschen betont doch immer, pünktlich zu sein?"

Nicht selten beauftragt ein Kunde einen externen Berater, weil er sich von diesem ein verlässlicheres Handeln und schnellere Ergebnisse als von seinen eigenen Mitarbeitern erwartet. Hier darf ein Consultant keinesfalls enttäuschen. Wenn der Kunde um einen Rückruf bittet, auch wenn es am Freitag um 19 Uhr ist, oder um die Zusendung eines Dokuments, so sollte der Berater diesen Wunsch unbedingt erfüllen. Voraussetzungen hierfür sind, dass der Consultant auch am Wochenende das Dienst-Mobilfunkgerät gelegentlich einschaltet und mindestens einmal am Wochenende sein E-Mail-Account prüft.

Loyalität und Verschwiegenheit: „Trage keine Nachrichten aus einem Hause in das andre!"
Vertraulichkeit ist nicht nur Standard-Bestandteil von Beratungsverträgen, sondern sollte darüber hinaus auch Teil der Grundeinstellung des Beraters sein. Es bezieht sich sowohl auf das Berufs- als auch das Privatleben, denn auch im privaten Umfeld, sei es noch so weit vom Berateralltag entfernt, sollten Kundennamen und -interna nicht kommuniziert werden.

Für das tägliche Arbeiten mit Projektunterlagen sind weitere Grundregeln im Umgang zu beachten:

*   Zur Verfügung gestellte Daten sind nur an solche Mitarbeiter schriftlich oder mündlich weiterzugeben, die direkt mit dem betreffenden Projekt befasst sind. Personen, die nur ansatzweise beteiligt sind, sollten nicht mit „E-Mail an alle" belästigt werden.
*   Unterlagen dürfen nicht unbewacht am Kopierer oder in allgemein zugänglichen Räumen liegen bleiben. Dies gilt insbesondere auch für Teamräume.
*   Vertrauliche Mitteilungen sollten nicht per Fax verschickt werden.
*   Vertrauliche Dokumente sind auf dem PC mit einem Passwort zu sichern, damit Unbefugte während der Abwesenheit keinen Zugang haben.
*   Bei Verlassen des Projektraums ist die Oberfläche passwortgeschützt zu sperren.
*   Vertrauliche Akten dürfen niemals als Ganzes in den Papierkorb geworfen werden. Wenn ausnahmsweise keine Datentonne oder ein Shredder verfügbar sind, müssen Akten mehrfach zerrissen werden.
*   Gespräche über Kundenprobleme oder Interna in der Öffentlichkeit (z. B. Restaurant, Flugzeug etc.) – auch mit Ehegatten, Verwandten, Freunden – sind zu unterlassen.
*   Namen von Mitarbeitern der Kunden sind im Außenauftritt vertraulich zu behandeln. Wertende Anmerkungen über diese Personen intern und extern sind zu unterlassen.

Einhalten der political correctness: „Schrecke, zerre, beunruhige und necke niemand!"
Die letzte Verhaltensregel betrifft die „political correctness". Sie stellt begrifflich, aber nicht inhaltlich etwas Neues dar. Folgende Themen sollten – selbst im eher vertraulichen Umfeld – unbedingt vermieden werden:

*   private Einstellung gegenüber Führungskräften und Mitarbeitern auf Kundenseite
*   private Einstellung gegenüber Teamkollegen
*   private Einstellung gegenüber andere Unternehmensberatungen
*   politische Ansichten und Einstellungen

- religiöse Ansichten und Einstellungen
- Diskussionen über Minderheiten (Rasse, Herkunft, sexuelle Orientierung usf.)
- Diskussionen über Geschlechterrollen
- Einstellungen zu Rauchen, Trinken und Drogenkonsum

Sollten dennoch o. g. Gesprächsthemen von Kundenseite aufgegriffen werden, sollte der Berater am besten unauffällig das Thema wechseln. Ist dies nicht möglich, empfehlen sich am ehesten pauschale oder neutrale Aussagen, die sich an üblichen Einstellungen („Mainstream" im positiven Sinne) orientieren. Auf jeden Fall ist hier für den Consultant Vorsicht geboten, da der Kunde ihn entweder testen oder bewusst zu Stellungnahmen zwingen möchte. In beiden Situationen sollte der Berater sich nicht zu „Gefälligkeitsaussagen" hinreißen lassen, da sie erstens seine Authenzität untergraben und zweitens im Zweifelsfall aus dem Zusammenhang gerissen gespeichert werden. So wurde die Aussage eines Beraterkollegens „Ich trinke ab und zu gerne einen guten Weißwein." kundenintern verkürzt in „Herr x trinkt gerne mal einen." fehl interpretiert und beim Kunden intern gestreut.

Schließlich bleibt bei den Sozialkompetenzen und Tugenden die Frage nach dem Humor zu klären: Humor hat generell eine motivierende Funktion und kann die Arbeitsatmosphäre entsprechend auflockern. In vielen Fällen lässt sie den (fremden) Berater menschlich erscheinen. Auf der anderen Seite ist Humor auch immer äußerst individuell: Was die eine Person als lustig empfindet, kommt bei Person Nummer zwei als „langweilig" oder bei Person drei als „unpassend" an, sodass über solche Themen weder gelacht noch selbst solche Geschichten erzählt werden sollten. Zu diesen unpassenden Geschichten zählen ebenso Witze auf Kosten Dritter.

c) Zuhören und Mitdenken

Ein wesentlicher Aspekt der Beratertätigkeit ist ihr Abwechslungsreichtum. Neue Kunden, neue Projektrahmenbedingungen und neue Standorte führen dazu, dass selbst ähnlich gelagerte Problemstellungen sehr unterschiedlich zu bearbeiten sind. Dies führt zwangsläufig dazu, dass Consulting als individuelle und anspruchsvolle Dienstleistung in hohem Maße am Kundenproblem auszurichten ist und demzufolge bzgl. Zuhören und Mitdenken hohe Anforderungen an den Berater stellt.

Zuhören und Mitdenken sind nichts anderes als der Ausdruck, Klienten und ihre Probleme Ernst zu nehmen. Um ihnen helfen zu können, muss der Consultant, auch wenn er noch so erfahren und fachkompetent ist, in der Lage sein, aktiv zuzuhören und die richtigen Fragen zu stellen. „Aktives Zuhören" bedeutet aber auch, die Antworten entsprechend abzuspeichern und nicht ein und dieselbe Frage zu wiederholen. Das ist oft leichter gesagt als getan, da gerade bei neuen Kunden, bei neuen Projektinhalten und generell bei noch recht berufsunerfahrenen Beratern in allen Fällen eine Unmenge an Informationen ver- und bearbeitet werden müssen. Unerlässlich ist, dass der Kunde erstens das Gefühl erhält, auf einen kompetenten Ansprechpartner zu treffen, zweitens ihm der Grund der Fragestellung und der Projektbezug deutlich werden und drittens die Antworten dem Berater bei der Lösungsfindung auch tatsächlich weiterhelfen. Mitdenken setzt auf der einen Seite ein aktives Zuhören voraus und bildet zugleich hierzu einen gewissen Gegenpol. Auch wenn ein gezieltes Fragen und darauf aufbauend Herausarbeiten von Problemen in vielen Fällen bereits 50 Prozent und mehr der eigentlichen Problemlösung ausmachen, werden Consultants nicht für das Stellen von Fragen, sondern für deren Beantwortung beauftragt. Kunden erwarten dabei jedoch Lösungen für ihre individuellen Probleme und keine Standard-Kochrezepte. So kann der gut gemeinte, mit dem Ziel der Vertrauensweckung formulierte Satz „Das Problem haben wir in ähnlichen Projekten schon über zehnmal lösen können." dazu führen, dass der Kunde sich lediglich als Nummer („elf") und nicht als Person wahrgenommen fühlt. Auch wenn es tatsächlich so sein mag, dass das Kundenproblem bereits mehrfach gelöst werden konnte, sehen die Kunden aus Industrie, Handel und Dienstleistung fast alle ihre Situation als besondere an: „Bei uns ist das hier ganz anders." oder „In unserer Branche ist das alles aber viel komplizierter." sind Ausdruck dessen.

Mitdenken stellt hohe Ansprüche an die Inhalte, aber auch an die Geschwindigkeit der Antworten. Es heißt nicht, dass der Berater für alle Projektfragen gleich eine Lösung nennen muss. Gerade bei dienstjüngeren Beratern besteht die Gefahr, vorschnell auf Fragen zu antworten, die ihn einengen und zu schnell auf etwas festlegen. Er sollte aber entweder in der Lage sein, erste Gedankengänge zu formulieren („… könnte mir vorstellen, dass bei den vorliegenden Rahmenbedingungen dieser oder jener Ansatz zu vertiefen wäre …") oder zumindest in der Lage sein, zu sagen, bis wann und in welcher Form er Lösungsansätze vorstellen wird. Im zweiten Fall sollte der Berater versuchen, möglichst vor dem vereinbarten Termin entsprechende Rückmeldung zu geben. Trotz Zeitdrucks muss die Qualität der Ergebnisse den formalen und inhaltlichen Ansprüchen an den Berater genügen. Eine fundierte Antwort nach zwei bis drei Tagen bringt im Endeffekt inhaltlich mehr als eine direkt geäußerte Pauschalaussage, mit der der Kunde nur wenig anfangen kann.

d) Unterwegs beim Kunden

Mit Ausnahme von (vertraulichen) Entwicklungsbereichen und Abteilungen, in denen wertvolle Teile gelagert werden (z. B. Goldimplantate in der Zahntechnik), bewegen sich Unternehmensberater i. d. R. in den Räumlichkeiten des Kunden oft frei. Nicht selten werden sie als eigene oder zumindest quasi-eigene Mitarbeiter betrachtet. So lassen sich die folgenden Verhaltensempfehlungen im eigentlichen Sinne nicht nur auf Externe, sondern auch auf Interne im Unternehmen anwenden:

Kommen und (Be-)Gehen

Wie für Sitzungen und Besprechungen auch, gilt für Berater, dass sie möglichst nicht morgens als Letzte das Gebäude des Kunden betreten sollten. Ob „morgens nicht als Letzter" nun 7:30 Uhr, 8:30 Uhr oder 9:00 Uhr bedeutet, hängt letztendlich von der Branche und den Usancen der beteiligten Abteilungen ab. So gilt als Richtwert, dass in industrienahen Zweigen normalerweise ab 8:00 Uhr begonnen wird, während im Dienstleistungsgewerbe auch spätere Zeiten denkbar sind. Im Vertrieb wird branchenübergreifend meist erst um neun Uhr angefangen.

Für die Orientierung des Arbeitsbeginns an den Gepflogenheiten des Kunden gibt es für Consultants zwei konkrete Gründe: Erstens dient die Synchronisierung der Arbeitszeiten der erleichterten Kommunikation zwischen Kundenmitarbeitern und Beraterteam. Es wird sichergestellt, dass die jeweils andere Seite anwesend ist, wenn Fragen zu klären, Termine und Status abzustimmen sind etc. Dieser Grund ist direkt nachvollziehbar und rein inhaltlich begründbar.

Der zweite Grund ist eher psychologischer Natur: Durch ähnliche Startzeiten signalisiert der Consultant, dass er bereit ist, sich den Gepflogenheit des Kunden anzupassen. Hierzu gehört eben auch, dann morgens zu starten, wenn alle anderen morgens starten. Ein späteres Erscheinen wird demnach damit in Verbindung gebracht, dass sich hier der Externe Sonderrechte herausnimmt, die anderen (den Internen) nicht zustehen. Dabei ist es im Übrigen unerheblich, ob der Berater schon eine vierstündige Anreise im Vorfeld absolviert oder am Vorabend bis Mitternacht an einer Präsentation gearbeitet hat. Gleiches gilt im Übrigen für Argumente wie „Wir als Berater werden rein am Ergebnis gemessen!" oder „Wir rechnen gegenüber unserem Kunden nicht nach Stunden, sondern nach Pauschalen ab."

Dasselbe Prinzip gilt im Übrigen auch für das Verlassen des Hauses am Abend. Auch hier erfährt der Kunde vielleicht nicht, dass der Consultant, im Gegensatz zum 20-minütigen Heimweg des Kunden, noch eine mehrstündige Abreise in sein Home Office vor sich hat und aus diesem Grund am Freitag um 16 Uhr das Kundenbüro verlässt. Mag es an Freitagen noch in Ausnahmefällen in Ordnung sein, das Kundenbüro frühzeitig zu verlassen, gilt diese Ausnahme, auch wenn der Berater vielleicht am Mittwochabend noch zu einem anderen Projektort fahren muss, von Montag bis Donnerstag nicht. Stattdessen wird vom Berater erwartet, dass er als einer der Letzten am Abend das Büro verlässt. Dieses Verhalten ist zwar einerseits vorbildlich, kann andererseits aber auch gefährlich sein:

> Vor einigen Jahren betreute der Autor mit seinem Team die Neuausrichtung eines Logistikzentrums bei einem Automobilhersteller. Das Logistik-Center befand sich in einer Industriezone ca. acht Kilometer vom Montagewerk entfernt. Gerade in der Projektanfangsphase wurde es abends etwas länger, sodass das Team das Gelände teilweise erst um 23 Uhr verlassen konnte. An einem Abend wurde es wieder etwas später: Die Berater verließen das Gebäude, um zum Parkplatz außerhalb des Geländes zu gelangen. Plötzlich hörte man Bellen und schon zwei Minuten später waren die Consultants von wild bellenden Schäferhunden der Security eingekreist! Da eine Flucht ausgeschlossen war, mussten die Berater warten, bis Sicherheitskräfte die Hunde zurückpfiffen.

Mehr um „Begehen" als um „Gehen" dreht es sich bei der Durchführung von Werksbesichtigungen oder neudeutsch „Process Walks". Werksbegehungen, speziell im industriellen Umfeld, dienen dazu, sich einen Eindruck von den Abläufen, den Mitarbeitern und dem Equipment zu verschaffen. Auf viele gewerbliche Mitarbeiter wirken Betriebsrundgänge von Management und Beratern eher wie ein Zoobesuch: Ungeeignet gekleidete Führungskräfte laufen durch die Produktion, kennen die Abläufe kaum, die sie Dritten erklären sollen und halten darüber hinaus noch die „arbeitende Schicht" von ihren Tätigkeiten ab.

Um diesen Eindruck etwas abzumildern bzw. erst gar nicht aufkommen zulassen, sollten Berater bei Werksbesichtigungen folgende Regeln beachten:

1. Begehung entlang des Materialflusses

Um die Abläufe besser zu verstehen, empfiehlt sich eine Begehung, deren Startpunkt der Wareneingang und deren Endpunkt der Versand bildet. Auch bei Produktionsexperten unter den Beratern sind Rückfragen nicht nur erlaubt, sondern auch erwünscht.

2. Geeignete Kleidung

Der Berater sollte, wenn möglich, die Kleidung dem Anlass entsprechend wählen. So empfiehlt sich an diesem Tag statt eines Anzugs das Tragen einer Kombination. Diese Kleidung sollte aber im Vorfeld mit dem Kunden abgestimmt werden.

3. Sicherheitsvorschriften

Sicherheitsvorschriften sind unbedingt einzuhalten. Hierzu zählen etwa das Tragen von Sicherheitsschuhen in Produktion und Logistik ebenso wie Schutzbrillen und Helme und das Einhalten von Wegen. Auch hier hat der Berater eine Vorbildfunktion wahrzunehmen.

4. Auftreten

Der Berater sollte unbedingt vermeiden, die Hände in die Hosentaschen zu stecken. Ist dieses Verhalten generell schon zu vermeiden, gilt dies besonders bei Rundgängen, um folgendes Signal zu verhindern: „Ihr müsst hier arbeiten, während ich euch entspannt dabei zuschauen kann und dafür auch noch reichlich Geld bekomme!".

Betreten und Verlassen von Räumen

„Bitte verlassen Sie den Raum so, wie Sie ihn vorzufinden wünschen!" Dieser Spruch ist den meisten Bahn-Reisenden wohl bekannt. Er gilt jedoch nicht nur für Zuggäste im WC-Bereich, sondern lässt sich auch auf das Verhalten in Projekt- und Besprechungsräumen übertragen. Es bedeutet zwar nicht, dass der Consultant nach einem anstrengenden Workshop auch noch den kompletten Raum aufräumt, aber zumindest, dass die verwendete Moderatorentechnik (Flipchart, Whiteboard, Pinnwand etc.) gereinigt und wieder an den ursprünglichen Ort gestellt wird. Das Entsorgen ist dabei nicht nur Zeichen der guten Erziehung, sondern auch Zeichen für den vertraulichen Umgang mit Informationen, indem beispielsweise verwendetes Flipchart-Papier vernichtet wird.

Für das Betreten und Verlassen von Räumen und Aufzügen gilt im Übrigen das klassische Prinzip von „Ladies first" und dass der Berater dem Kunden immer den Vortritt lässt. Dabei sind Türen möglichst geräuschlos zu öffnen und zu schließen.

Mobilfunk und privates Telefonieren

Das Mobiltelefon sollte bei Kundengesprächen nie auf den Schreibtisch gelegt werden, sondern ist auf „stumm" zu schalten und in die Sakko-Innentasche zu stecken. Auch wenn es vibrieren sollte, hat der Berater das Gespräch ohne Unterbrechung weiterzuführen.

Consultants, gerade in höheren Hierarchieebenen, arbeiten oft an mehreren Projekten gleichzeitig. Dies führt häufig dazu, dass während der Arbeitszeiten beim Kunden A ein Mitarbeiter oder ein Kollege von Projekt B anruft. Befindet sich der Berater im Kundengespräch, so sollte das Gespräch auf eine personalisierte Mailbox weitergeleitet werden. Absolute No Gos sind hier nicht eingeschaltete Mailboxes („Der Teilnehmer ist vorübergehend nicht erreichbar. Bitte versuchen Sie es später noch einmal.") oder nicht personalisierte Mailboxes („Hier ist der Anschluss von 0-1-6-3-...."). Handelt es sich um ein dienstlich genutztes Privat-Mobilfunkgerät, so kann auf die Firmenbezeichnung, aber nicht auf den Namen des Besitzers bei der Mailbox-Ansage verzichtet werden.

Befindet sich der Berater zwar im Einsatz, aber nicht im Interview-Termin, so sollte das Gespräch erstens möglichst für weitere (Interne wie Externe) ungestört durchgeführt werden (um nicht zuletzt Rückschlüsse auf den Kunden oder die Projektinhalte, Stichwort „Vertraulichkeit", zu verhindern), und zweitens – soweit es realistisch ist – möglichst kurz ausfallen, da der Kunde A den Berater schließlich für den gesamten Projekttag gebucht hat. Aus Sicht des Kunden A ist es im Übrigen einerlei, ob es sich um ein Dienstgespräch mit dem Kunden B oder um ein Privat-Telefonat handelt. In beiden Fällen werden ihm aktuell Berater-Ressourcen für das Projekt entzogen.

Büromaterial

Bei Büromaterial gibt es im Prinzip zwei Fälle. Wenn es vom Kunden gestellt wird, sollte es sparsam verwendet werden. Absolut verboten ist es, Blöcke, Kugelschreiber etc. von Kundenseite für den Privatgebrauch einzustecken.

Im zweiten Fall bringt der Berater eine Grundausstattung von Büromaterialien mit. Sie kann er für sich selbst nutzen, aber auch, wenn es sich um hochwertige individualisierte Stifte, Blöcke etc. handelt, zur Verteilung beim Kunden verwenden. Auf jeden Fall obliegt es normalerweise dem Teamkollegen mit der niedrigsten hierarchischen Stellung (Business Analyst, Junior Consultant), für einen ausreichenden Nachschub zu sorgen. Es gibt im Übrigen sogar Beratungsgesellschaften, bei denen die Kosten für das eingesetzte Büromaterial den Projektkosten zugerechnet werden. Ob das betriebswirtschaftlich effizient ist, sei an dieser Stelle jedoch nicht hinterfragt.

Rauchen

Über Rauchen und den Umgang mit Rauchern gibt es sicher keinen Mangel an aktueller Literatur. Auch wird das Thema gerade in letzter Zeit (Rauchverbot in Gaststätten, rauchfreier Bahnhof, rauchfreier Flughafen, …) speziell in der deutschen Gesellschaft intensiv diskutiert. Üblicherweise, wenn der Berater nicht gerade eine Krankenkasse oder einen Tabak-Hersteller berät, hat es für den Kunden keine Bewandtnis, ob sein Consultant raucht oder nicht. Diese Toleranz setzt allerdings voraus, dass sein Dienstleister sich an die allgemein gültigen Spielregeln hält, z. B. Beachten von Raucherecken, Rauchverboten in geschlossenen Räumen etc.

4.4.2 Sprache und Anrede: Den richtigen Ton treffen.

Speziell an der Art und Weise, wie über Dritte gesprochen wird und wie sich Personen gegenseitig ansprechen, lässt sich viel über adäquates Benehmen und Verhalten von Consultants ableiten. Im Folgenden soll auf typische Fehler im allgemeinen Umgang im Geschäftsleben hingewiesen werden, die die Aspekte „Anrede", „Denglisch" „Fremdwörter und Fachbegriffe" betreffen.

Korrekter Umgang mit akademischen Titeln

Auf die korrekte Anrede bei akademischen Titeln wurde bereits im Abschnitt 3.1 eingegangen. Das Ansprechen seines Gegenübers mit „Herr Dr. Müller" oder mit „Frau Professor" wird heutzutage im Geschäftsleben immer häufiger mit der Begründung vernachlässigt, dass der sprachliche wie persönliche Umgang zunehmend „liberaler" würde. Trotz häufiger Anwendung in der Praxis handelt es sich dabei aber um einen Fehler und das bedeutet: Die korrekte Anrede hat daher nichts mit „Katzbuckelei" und verblichenem „k. und k. Schmäh" zu tun, sondern mit dem Respekt gegenüber der Vorbildung des Gesprächspartners.

Daher nochmals zusammengefasst:

1. Bei Personen mit Doktor-Titel lautet die Anrede „Guten Tag, Herr Doktor Müller".
2. Bei Personen mit Professoren-Titel lautet die Anrede „Guten Morgen, Herr Professor" (Nachname und Doktor entfallen hier)
3. Bei Personen mit Diplom oder Magister entfällt, mit Ausnahme von Österreich, die Erwähnung: „Guten Abend, Herr Schmidt" statt „Guten Abend, Herr Ingenieur Schmidt".
4. Die Funktion der Person wird üblicherweise (Ausnahmen nur in der Politik) nicht in der Anrede berücksichtigt, so dass gilt: „Guten Morgen, Herr Schulz" statt „Guten Morgen, Herr Geschäftsführer".

Der Gesprächspartner ist, unabhängig davon, ob man externer Consultant oder Kollege dieser Person ist, durchgängig mit akademischem Titel anzusprechen und nicht nur bei einem ersten Zusammentreffen. Dies gilt solange, bis der Angesprochene von sich aus auf den Titel verzichtet. Der Verzicht der korrekten Ansprache mit Titel oder das Fragen von sich aus, ob man auf das Anreden mit Titel verzichten kann, sind für Berater absolute „No Gos".

Etwas anders verhält es sich, wenn der Berater denselben akademischen Titel trägt. Hier empfiehlt sich für die Praxis, dass der Berater „Dr. Wolf" den Kunden-Abteilungsleiter „Dr. Werner" beim ersten Zusammentreffen mit „Herr Dr. Werner" anspricht, während er bei Folgeterminen auf den Doktor in der Anrede verzichten kann. Spricht der Berater Dr. Wolf mit einem anderen Abteilungsleiter über Dr. Werner, so redet er über den Dritten mit „Herr Dr. Werner hat uns gegenüber darauf hingewiesen, dass ...", also mit akademischem Titel.

In einigen amerikanisch geführten Unternehmen wird, wie im angloamerikanischen Raum üblich, auf das Führen von Titeln verzichtet. In vielen Fällen ist es auch nicht gewünscht, Titel auf der Visitenkarte zu führen. Auch in solchen Fällen gelten die oben genannten Regeln im deutschsprachigen Raum ausnahmslos. Im Übrigen stellen sie weniger Regeln als vielmehr Verpflichtungen für einen professionellen Berater dar.

„Sie" und „du" mit Kunden

Kundenmitarbeiter sind ausnahmslos zu siezen. Nur in seltenen Fällen kommt es in der Praxis vor, dass ein Kundenmitarbeiter dem Berater das „Du" anbietet. Hier bleibt dem Berater im Regelfall keine Alternative, als dieses Angebot anzunehmen. Das Duzen mag zwar einerseits hilfreich beim Aufbau einer Vertrauensbasis sein, schränkt aber andererseits u. U. die gewünschte Neutralität und Objektivität des Beraters ein. Selbst wenn er weiterhin objektiv im Projekt agiert, könnten Dritte der Meinung sein, dass diese Objektivität nur noch eingeschränkt gegeben sei. Nicht zuletzt aus diesem Grund sollte der Berater mit dem betroffenen Kundenmitarbeiter vereinbaren, dass sie sich in Gegenwart von Dritten siezen. Die Initiative zum „Du" darf indes in keinem Fall vom Berater ausgehen.

„In Gegenwart von Dritten zu siezen" betrifft darüber hinaus einen weiteren wichtigen Aspekt für das Verhalten von Beratern untereinander: Im Beratungsgeschäft ist es, mit wenigen Ausnahmen bei inhabergeführten mittelständischen Häusern üblich, sich hierarchieübergreifend zu duzen. Speziell in Projektteams ist dies Usus, da die Berater oft 14 und mehr Stunden pro Tag zusammen sind. In Gegenwart von Dritten gilt auch hier der Grundsatz, über den Kollegen per „Herr Winter wird sich darum kümmern" anstelle von „Ich gebe die Info gern an Thomas weiter." zu sprechen. Dies gilt auch dann, wenn sämtliche Kundenmitarbeiter des Hauses wissen, dass sich die Berater untereinander duzen.

Auch auf eine eher süddeutsche Kuriosität sei an dieser Stelle hingewiesen: Im Süddeutschen, speziell in Bayern, wird im Plural gelegentlich von „Ihr" gesprochen, auch wenn mehrere, zu siezende Personen gemeint sind. Aus einem „Wie gehen Sie als Einkäufer mit steigenden Materialkosten um?" kann ein jovial, nicht böse gemeintes „Wie geht ihr als Einkäufer …?" werden. Gerade norddeutsche Kunden könnten hierauf u. U. leicht irritiert reagieren.

Im Umgang mit Dritten in der Anrede sollte auch immer auf das Verwenden von „Herr" und „Frau" geachtet werden. Wenn Berater Meier sich mit Kundenmitarbeiter Herrmann über den Kundenmitarbeiter Schulze unterhält, sollte immer genügend Zeit sein, um statt „Schulze ist auch der Meinung, dass wir uns verstärkt um die Marketingkosten kümmern sollten." von „Herr Schulze ist auch der Meinung …" zu sprechen. Die korrekte Anrede „Herr" und „Frau" gilt auch dann, wenn die Person promoviert ist: Nicht „Dr. Jorzig verantwortet das Teilprojekt vier", sondern „Frau Dr. Jorzig …". Auch hier gelten die oben genannten Regeln unabhängig von den Umgangsformen beim Kunden.

Vermeiden von „Denglisch"

Englisch gilt als modern, weltoffen und international. Selbst einige deutsche Traditionsunternehmen haben inzwischen auf Englisch als Firmensprache umgestellt.

Einige Personen scheinen aber nur „halb umgestellt" zu haben, sodass das Ergebnis ein Mix aus deutsch und englisch ist: Meeting um 7 Uhr im War Room zum Improvement der Workshop-Resultats mit anschließendem Get Together. Alles klar?

In vielen Fällen besteht das Grundproblem weniger darin, dass keiner versteht, um was es eigentlich geht, sondern eher in der aufgesetzt anmutenden Wirkung. Im Grundsatz gilt auch hier: Je internationaler und progressiver der Klient ist, desto mehr Denglisch trifft man an. In manchen Branchen, z. B. bei Energieversorgern oder anderen eher bodenständigen Bereichen, ist Denglisch hingegen ein absolutes Tabu. Dennoch sollten Berater versuchen, diese sprachlichen Missgriffe soweit wie möglich zu vermeiden.

Allerdings stellt sich immer wieder die Herausforderung, dass es für manche Begriffe nur selten echte und gute deutsche Äquivalente gibt: Feedback, Review, Business Analyst usf.

Vorsicht bei Fremdwörtern und Fachbegriffen
Ähnliche Vorsicht ist bei Fremdwörtern und Fachbegriffen geboten, speziell dann, wenn der Consultant selbst sich nicht ganz sicher ist, was unter dem Begriff exakt zu verstehen ist. Ein Beispiel aus der Praxis soll dies verdeutlichen: Berater zur Abteilungsleitung der Fondsbuchhaltung im Verlauf eines Interviews: „Inwieweit wird die Funktion Middle Office durch Ihre Abteilung wahrgenommen?" Statt zu antworten kommt die Gegenfrage: „Was verstehen Sie denn konkret unter „Middle Office"?" Der Berater kommt ins Stottern …

Demzufolge sollte der Consultant nur solche Fremdwörter und Fachbegriffe verwenden, die er auch wirklich verstanden hat. Schwierig wird es in der Praxis dann, wenn der Kunde Begriffe und Kürzel verwendet, bei denen der Berater nicht sicher ist, ob sie unternehmensspezifisch oder branchenüblich sind. In solchen Fällen kann dann am ehesten das Internet[50] weiterhelfen.

4.4.3 Verhalten bei Gesprächsterminen: Der bleibende erste Eindruck

Der Erfolg von Projekten hängt nicht nur von harten Faktoren wie Know-how und Erfahrung ab, sondern bekanntermaßen auch von weichen Faktoren wie Kommunikationsfähigkeit und Teamwork. Speziell für Consultants gilt, dass die „Macht der Sprache" nicht nur bedeutend dafür ist, wie der Berater beim Kunden akzeptiert wird, sondern auch eine große Rolle spielt, ob der Berater überhaupt die richtige Lösung findet. Denn trotz vieler Jahre Berufserfahrung gilt auch für Projekt-

---

[50]   Z. B. auf www.abkuerzungen.de

leiter die Aussage, dass jedes Projekt anders ist. Als Herausforderung stellt sich dabei dar, dass der Kunde einerseits nicht das Gefühl hat, dass individuell auf seine Probleme eingegangen wird, andererseits aber auch der Eindruck vermieden werden soll, dass der Consultant ebenso wenig Erfahrung mit dem Problem hat wie die Kundenmitarbeiter.

Der Gesprächsführung in der Projektarbeit kommt dabei in doppelter Hinsicht eine hohe Bedeutung zu: Auf der einen Seite bestimmen die ersten Interviews über Sympathie und Antipathie zwischen Klient und Berater während des gesamten Projektlebenszyklus, auf der anderen Seite hängt auch der fachliche Projekterfolg davon ab, ob der Berater die richtigen Fragen stellt und der Kunde sie gezielt beantwortet. Für eine effektive Gesprächsführung sollten dabei von Beraterseite folgende Hinweise beachtet werden:

Vorbereitung

Entscheidend für den Output eines Interviews ist die entsprechende Vorbereitung. Der Consultant sollte vorher wissen, mit welchem Ziel und welchen gewünschten Ergebnissen er aus der Sitzung gehen möchte. Hierzu empfiehlt sich etwa das Erstellen eines Leitfadens, indem der Berater im Vorfeld die für ihn wichtigen Fragen notiert hat. Je nach Bedeutung des Interviews kann es auch sinnvoll erscheinen, dem Interviewpartner im Vorfeld diese Datei zukommen zu lassen. Zur Vorbereitung des Gesprächstermins zählen auch:

• Mitnahme der letzten Projektstatusunterlage bzw. einschlägiger Auswertungen
• Block und eigener Kugelschreiber (College-Schreibblöcke aus Uni-Zeiten sind ebenso ungeeignet wie Stifte und Blöcke des Kunden)
• Mitnahme der ausgedruckten Tischvorlage in der Anzahl der Gesprächsteilnehmer (ggf. ein zusätzliches Exemplar für Eventualität, dass weitere Person hinzugezogen wird)

Hat der Berater freie Wahl bezogen auf seinen Sitzplatz, sollte er einen Stuhl wählen, auf dem er das Fenster im Rücken hat und durch den Lichteinfall nicht gestört wird. Handelt es sich um einen Gesprächstermin zu zweit oder zu dritt, sollte der Consultant einen Platz wählen, bei dem die Gesprächspartner über Eck zueinander sitzen. Diese Sitzposition vermeidet eine räumliche Konfrontation und zu große Distanz („die Berater alle auf der linken Tischseite, die Kundenmitarbeiter alle auf der rechten Seite gegenüber"). Im Endeffekt soll es sich schließlich um ein Interview und keine Anklage handeln.

Anpassen an die Sprache des Kunden
Der Berater sollte sich dem Sprachniveau des Kundenmitarbeiters anpassen, ohne sich jedoch zu verbiegen. Verwendet der Gegenüber zahlreiche Fremdwörter und

Abkürzungen, ist es auch beim Berater in Ordnung, wenn er gelegentlich solche Begriffe verwendet. Diese sprachliche Nivellierung führt im günstigen Fall dazu, dass der Kunde den Eindruck gewinnt, dass der Berater dieselbe Sprache spricht. So hieß es einmal von Kundenseite wohlmeinend über einen ehemaligen Kollegen des Autors: „Herr T. spricht die Sprache der Bahner!".

Aufzeigen eines roten Fadens
Der Berater muss Gesprächstermine nicht nur vorbereiten, sondern auch durch das Gespräch an sich führen. Kundenseitig wird erwartet, dass der Consultant effektiv durch das Interview führt und selbst daran denkt, welche Fragen in welcher Situation entscheidend sind. Der rote Faden kann durch zwei Formen abgebildet werden:

1. Mündlich zu Beginn des Gesprächs: „Im Rahmen des heutigen Termins möchte ich mit Ihnen folgende Punkte besprechen ...". Hilfreich zur Visualisierung kann es auch sein, diese Topics auf ein Flipchart zu schreiben.

2. Bei umfassenderen Themen oder längeren Gesprächen sollte der Berater unbedingt eine Powerpoint-Tischvorlage als Handout erstellen, in der die relevanten Fragestellungen dargestellt und in einen Gesamtkontext eingeordnet sein sollten.

Aufbauen von Vertrauen
Interviews, speziell mit wenigen Teilnehmern, dienen in vorbildlicher Form zum Aufbau einer vertrauensvollen Zusammenarbeit. Der Berater sollte das Meeting nutzen, um Vertrauen und Beziehungen aufzubauen. Das darf aber nicht so weit gehen, dass sich der Berater dazu hinreißen lässt, gegen Dritte vorzugehen. Hier besteht die Kunst darin, „Vertrauen" und „Objektivität" in Einklang zu bringen.

Vertrauen bedeutet aber auch, im Gesprächsverlauf nicht über andere, vertrauliche Inhalte zu sprechen. Schließlich erwartet der Kunde das auch von seinem eigenen Projekt.

Einhalten der Distanzzone
Im Rahmen von Gesprächen sollte der Berater keine zu große räumliche Distanz aufbauen, aber auch nicht zu nahe herantreten. Am besten sollte ein Abstand von mindestens einer Armlänge im Geschäftsleben[51] gehalten werden. Körperkontakt, abgesehen von einer Begrüßung und Verabschiedung mit Handschlag, wie Schulterklopfen oder Berühren am Arm, sind ebenso zu meiden. In beiden Fällen besteht das Risiko, vom Gegenüber als unsympathisch eingestuft zu werden. Ähnliche faux pas im Geschäftsleben:

---

[51]   Dieser Wert gilt für westeuropäische Kulturen. In südländischen Kontaktkulturen kann die Distanzzone auch geringer ausfallen.

- Sich, ohne zu fragen, auf einen Stuhl im Büro des Kunden zu setzen
- Herantreten an den Schreibtisch des Kunden und direktes Starren auf dessen Monitor

Aktives Zuhören

Vorausgesetzt, es werden dem richtigen Ansprechpartner die richtigen Fragen gestellt, gibt es kaum bessere Quellen für Ideen, Anregungen oder grundlegende Informationen rund um das Projekt. Dies beziehen sich neben inhaltlichen Bestandteilen i. d. R. auch auf die Beziehungsebene der Projektbeteiligten: Wie stehen die Kundenmitarbeiter zueinander? Welche Vergangenheit ist für welche Sympathie oder Antipathie verantwortlich? Warum sind welche Projekte bisher erfolgreich gewesen oder gescheitert?

Wer also genau zuhört, wird ebenfalls viel zwischen den Zeilen erfahren. Nicht selten geben Interviews weit mehr über ein Projekt Preis als umfangreiches Zahlenmaterial aus SAP und Excel.

Nutzen von Intuition

Trotz aller guten Vorbereitungen und Vorstellen des roten Fadens sollte der Consultant auf seine Intuition achten. Gerade bei Erst-Interviews muss unbedingt auf die Persönlichkeit des Gegenübers eingegangen werden: Handelt es sich um schüchterne, gelangweilte, überhebliche oder etwa nicht vertrauensvolle Gesprächspartner? Das Verhalten dem Berater gegenüber wird neben diesen grundsätzlichen Einstellungen naturgemäß auch in hohem Maße durch das Fremdbild des Beraters geprägt. Für den Interviewten stellen sich dann Fragen wie:

- Was darf ich dem Berater sagen, was nicht?
- Werden meine Aussagen etwa irgendwann gegen mich verwendet bzw. allgemein: Welche Auswirkungen haben meine Aussagen?
- Welche Hintergrundinformationen zum Projekt liegen dem Berater vor?
- Versteht der Berater, was ich wirklich sagen oder vielleicht auch nur andeuten will?
- Welche Erfahrungen hat der Berater überhaupt? Kennt er unser Unternehmen, unsere Branche?

Pauschale Handlungsempfehlungen für den Berater kann es in diesen Fällen kaum geben. Aus Sicht des Autors sollte der Berater vor allem als ehrlicher Makler auftreten, der erworbene Informationen nutzt, aber nicht missbraucht.

Gezieltes Fragen und Vermeiden von Doppelfragen

„Wer fragt, führt!" Diese alte Moderatorenweisheit gilt besonders für Berater, denn durch gezielte Fragen unterscheiden sich wertvolle Interviews von belanglosen Debattierrunden. Was bedeutet allerdings „Gezieltes Fragen"? Intelligente Fragen zu stellen bedeutet, sich als Berater nicht zu früh festzulegen und die interne Stimmungslage zunächst zu tarieren: Statt der Frage „Ist ein Outsourcing der Personalverwaltung aus Ihrer Sicht sinnvoll" besser „Haben Sie intern über eine Outsourcing-Option bereits diskutiert und zu welchen Ergebnissen sind Sie damals gekommen?". Der Berater lässt im zweiten Fall offen, wie er zu dieser Thematik steht und läuft somit nicht in eine Einbahnstraße.

Gezieltes Fragen bedeutet jedoch auch, die erhaltenen Informationen zu speichern. Nichts ist unglaubwürdiger, als wenn ein Berater auf seine Frage die lapidare Antwort erhält, dass ihm die Informationen bereits beim letzten Gespräch gegeben wurden. Dies wird nicht nur als fehlendes Interesse, sondern auch als ineffizientes Verhalten eingestuft: Der Berater scheint wohl den Überblick verloren zu haben.

Gerade für Berater-Einsteiger stellt sich immer wieder die Frage, welche Fragen erlaubt und welche nicht opportun sind, damit man sich nicht als unerfahrenes „Consultant-Greenhorn" outet.

Vermeiden geschlossener Fragen

Fragen, die sich auf Einstellungen und Sichtweisen beziehen, möglichst offen, nicht geschlossen stellen, da sie sonst den Gesprächspartner erstens einengen und zweitens keinen Spielraum für Hintergrundinformationen lassen: Statt „Stufen Sie die Arbeit Ihrer Einkaufsabteilung als gut ein?" besser: „In welchen Bereichen sehen Sie Stärken, aber auch Schwächen Ihrer Einkaufsabteilung?" Schließlich ist der Berater darauf angewiesen, dass der Kunde den Sachverhalt umfassend darstellt, und nicht nur mit „Ja" oder „Nein" antwortet.

Prägnantes Formulieren und Erheben von Informationen

Lange, mehrfach verschachtelte Sätze sind ermüdend. Gemäß dem KISS-Prinzip[52] sollte der Berater Fragen gezielt stellen und speziell auf seine Wortwahl achten: Geht es um die Verbesserung der Materialpreise oder um die Verbesserung der Einkaufsabteilung? Handelt es sich um ein Projekt der Geschäftsführung oder der betroffenen Fachabteilung? etc.

---

[52]   KISS – keep it short and simple.

In sämtlichen Fällen muss der Berater den Interviewpartner steuern, um die notwendigen Informationen zu erhalten. Bei allen Anmerkungen zum Thema Stil und Etikette in der Beratung: Es geht nicht um den Austausch von Nettigkeiten oder um Small Talk!

Fähigkeit zum gedanklichen Umschalten
Im Laufe des Gesprächs können sich neue, wichtige Fragestellungen ergeben, die vorher noch nicht abzusehen waren, aber dennoch zu berücksichtigen sind. Hier liegt es an der Erfahrung und der Urteilsfähigkeit des Beraters, ggf. den Themenschwerpunkt des Gesprächs zu verlagern. Dabei muss er sicherstellen, dass erstens der rote Interviewfaden nicht verloren geht und zweitens auch das ursprüngliche Thema inhaltlich abgeschlossen werden kann. Wenn es sich um eine komplett neue Fragestellung handelt oder sie entsprechend umfangreich ausfällt, sollte der Consultant überlegen, einen neuen, zusätzlichen Gesprächstermin zu vereinbaren.

Testen von Ideen
Interviews in Projekten, speziell wenn sie mit Key Players geführt werden, sollten dazu genutzt werden, kreative Ideen oder neue Lösungsansätze sozusagen im kleinen Kreis anzudiskutieren. Diese Gespräche geben nicht nur Aufschluss darüber, welche Punkte vom Berater bislang bei der Lösungsformulierung noch nicht beachtet wurden, sondern auch, ob die Berater-Idee tendenziell auf interne Zustimmung oder Ablehnung stößt.

Ganz entscheidend ist in diesem Zusammenhang, dass inhaltliche Anstöße für das Projekt in Interviews und Arbeitssitzungen, jedoch nicht im Rahmen von Präsentationen diskutiert werden sollten.

Vorsicht bei Signalwörtern
Manche Begriffe können beim Gesprächspartner negative wie positive Assoziationen hervorrufen. Dies kann vom Berater beabsichtigt oder unbeabsichtigt erfolgen, auf jeden Fall wirkt es sich auf die Gesprächsführung und ihre -ergebnisse aus. Konkretere Hinweise können an dieser Stelle nicht gegeben werden, da diese Signalwörter fast immer unternehmensindividuell ausfallen. Ein Beispiel: Was verbindet der Gesprächspartner bei Siemens mit der internen top-Initiative (später top+, top++, ...)? Stehen die Kürzel für ihn eher für „time optimized processes" oder für „total ohne Personal"?

Einhalten des Zeitmanagements während des Gesprächs

Zeit ist Geld – dieses Sprichwort gilt sowohl für den Berater als auch für die Interviewpartner aus Industrie, Handel und Dienstleistung. So ist es nicht nur für die Teilnehmer ärgerlich, wenn eine Sitzung mal wieder länger dauert, sondern auch der Berater wirkt am Ende unglaubwürdig, wenn er die Grundlagen des Projektmanagements nicht selbst beherrscht. Demzufolge gilt, dass Sitzungen und Interviews pünktlich beginnen und „in time" schließen. Termine mit „open end" als End-Uhrzeit sollten unbedingt vermieden werden, da sie auf jeden Fall auf Ablehnung stoßen werden.

Dokumentieren von Ergebnissen

Während des Gesprächs sollte sich der Consultant entsprechende Notizen machen. Hier sollte er sich überlegen, was er wie aufschreibt, da davon auszugehen ist, dass oft Notizen ebenfalls vom Gegenüber gelesen werden. In Zweifelsfällen kann es daher sinnvoll sein, manche Notizen ausschließlich in Abkürzungen festzuhalten.

Im Gegensatz zu Workshops in Büroräumen ist es i. d. R. weniger opportun, bei Werksbegehungen Block und Stift mitzunehmen. Gerade bei gewerblichen Mitarbeitern können Fremde, die sich fleißig Notizen machen, äußerstes Misstrauen hervorrufen. Im Zweifelsfall sollte mit dem Projektleiter auf Kundenseite abgestimmt werden, ob Notizen während des Rundgangs erstellt werden dürfen.

In Gesprächen kann es aus unterschiedlichen Gründen zu Missverständnissen kommen. Daher sollte der Berater Sitzungen im Anschluss dokumentieren und zur Abstimmung den Gesprächspartnern (mit dem Hinweis „Entwurf" in der Kopf- oder Fußzeile und der jeweiligen Quellenangabe inkl. Gesprächsdatum) zukommen lassen. Erst wenn die Dokumentation abgestimmt und freigegeben wurde, sollte sie vom Berater für den weiteren Projektverlauf verwendet werden.

Einhalten des Zeitmanagements nach dem Gespräch

Ein verlässliches Zeitmanagement geht über den eigentlichen Gesprächstermin hinaus. So sollte am Ende des Interviews festgelegt werden, ob und bis wann der Kundenmitarbeiter die Ergebnisse zwecks Abstimmung zugemailt bekommt. Empfehlenswert für Berater ist hier i. d. R. eine Rückmeldung innerhalb von zwei Arbeitstagen, da bis dahin die Gesprächsinhalte auf beiden Seiten noch aktuell sind. Trotz Zeitdrucks sollte die Qualität der Dokumentation fehlerfrei sein, sowohl inhaltlich als auch optisch und bezogen auf die Rechtschreibung. Schließlich zieht der Kunde Rückschlüsse von der Qualität der Unterlage auf die Qualität der gesamten Projektarbeit. Im schlimmsten Fall kann ein kleiner Rechenfehler in einer Unterlage die Seriosität einer 100-seitigen Unterlage untergraben.

Auch wenn ein Consultant die oben genannten Richtlinien berücksichtigt, kommt es im Berateralltag immer wieder zu Überraschungen, speziell bei Erst-Gesprächen mit Kunden. Ein Beispiel eines Senior Project Managers bei einem Automobilhersteller verdeutlicht dies:

> Der erfahrene Berater lud in einem produktionsbezogenen Projekt zu einem ersten Prozessaufnahme-Workshop ein. Von Kundenseite, einem Automobilhersteller und erfahren im Umgang mit Consultants, gab es mehrere Teilnehmer, die dem Berater in der Mehrzahl noch unbekannt waren. Auffällig war indes, dass ein Workshop-Teilnehmer in den ersten 30 Minuten nichts sagte, von den anderen etwas ausgegrenzt wurde und sich nicht an den Diskussionen beteiligte. Plötzlich stand er jedoch auf, entschuldigte sich höflich beim Berater mit den Worten, dass er „wohl in der falschen Veranstaltung" sei und verließ den Raum. Der Berater ließ sich zwar nichts anmerken, war aber doch etwas verwundert, dass jemand über eine halbe Stunde brauchte, um solch einen Fehler festzustellen. Erst einige Tage später erfuhr er, dass es sich um einen Leiter einer anderen Abteilung handelte, der sich inkognito ein Bild vom Consultant machen wollte. Schließlich sollten auch bei ihm in einer späteren Projektphase die Prozesse mit externer Unterstützung analysiert und optimiert werden.

4.4.4 Verhalten und Auftreten in Konfliktfällen: Wenn Projektarbeit nicht rosarot ist

Berater werden nicht selten dann mit einem Projektauftrag betraut, wenn dem Klienten entweder die personellen Ressourcen fehlen oder wenn er mit internen Widerständen bei der Problemanalyse und -behebung rechnet. Aber nicht nur in solchen Fällen existiert ein Konfliktpotenzial, denn Projekte setzen Veränderungsbereitschaft voraus und führen im Rahmen der Umsetzung auch zu entsprechenden Veränderungen. Diese können sich über den gesamten Projektverlauf hinweg ergeben: Von der Initiierung des Projektes („Warum brauchen wir für das Projekt überhaupt teure Berater? Können wir das nicht intern viel besser lösen?") über den Projektverlauf („Bei diesem Projekt wird unsere Abteilung viel zu wenig einbezogen!") bis hin zu einer späten Projektphase („Das Projekt geht zulasten meiner Mitarbeiter. Die nehmen mir hier Mitarbeiter weg und verlagern sie in andere Abteilungen!"). Trotz Projektmanagement- und Consulting-Erfahrung werden Projekte von einem typischen Auf und Ab geprägt (siehe Abbildung 13).

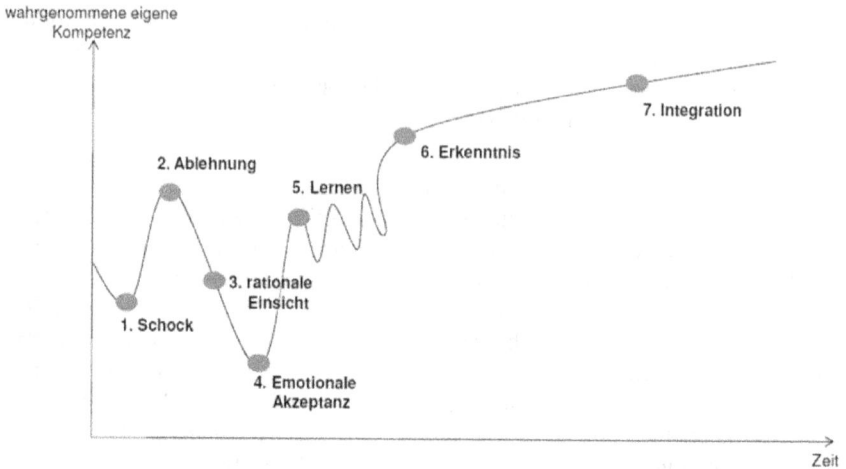

Abbildung 13: Typischer Verlauf von Veränderungsprojekten[53]

Unabhängig von der Projektphase stellt sich zunächst die Frage, wie sich Konflikte im Rahmen von Projekten, und zwar unabhängig davon, ob extern unterstützt oder nicht, systematisieren lassen[54]. Grundsätzlich lassen sie sich in Konflikte auf der fachlichen Ebene und solche auf der persönlichen Ebene unterscheiden.

Bezogen auf die Fachebene, wird wiederum zwischen drei Formen differenziert:

1. Zielkonflikt zwischen Kundenführungskräften und -mitarbeitern einerseits und Beratern andererseits

Konflikte in der Projektarbeit entstehen in diesem Fall dadurch, dass Kundenmitarbeiter und Berater unterschiedliche Ziele oder unterschiedliche Interessen verfolgen. Typische Konfliktfelder zwischen Kunde und Berater sind etwa:

- Priorisierung von Projektzielen
- Aufzeigen und Bewerten von Schwachstellen über den bestehenden Projektauftrag hinaus
- Umgang mit ungeplantem Mehraufwand auf Beraterseite
- Leistungsabhängige Vergütung
- Festlegung des richtigen Zeitpunkts der Projektübergabe

Trotz der gemeinsamen Projektarbeit bestehen Differenzen dahingehend, ob und wenn ja, wie bestimmte Ziele erreicht werden sollen. Darüber hinaus herrschen

---

53   *Kostka, C./Mönch, A.* (2009), S. 13.

54   Vgl. im Folgenden auch *Büsch, M.* (2013), S. 279f.

besonders gegen Projektende oft unterschiedliche Sichtweisen darüber, wann das Projekte in interne Hände übergeben werden kann bzw. soll. Während der Berater naturgemäß ein Interesse daran hat, möglichst lange von der Kundenbeziehung finanziell zu profitieren, versucht das Management auf Kundenseite, nicht zuletzt auch aus Budget-Gründen, das Projekt möglichst abzuschließen bzw. auf interne Ressourcen zu übergeben.

2. Beurteilungskonflikt durch unterschiedliche Informationsstände und unterschiedlichen Methodeneinsatz

Konflikte können auch dadurch auftreten, dass die unterschiedlichen Beteiligten über unterschiedliche Projektinformationen verfügen. So könnten Vertreter des mittleren Managements geneigt sein, lediglich kleineren Lösungsschritten zuzustimmen, um die Organisation und das eigene Machtgefüge nicht zu sehr in Unruhe zu versetzen. Auf der anderen Seite steht u. U. der Berater, dem Informationen über die tatsächliche wirtschaftliche Situation des Unternehmens vorliegen und der deshalb radikale Einschnitte als Lösungsansätze vorschlägt.

Beurteilungskonflikte entstehen außerdem durch den Methodeneinsatz. Ein Beispiel: Es ist möglich, dass der Kundenvertrieb auf Basis einer vergangenheitsorientierten ABC-Kundenanalyse den eigenen Bereich als gut positioniert beurteilt. Der Berater kommt indes zu einer ganz anderen Beurteilung, indem er vergangenheits- und zukunftsorientierte Kundenwert-Berechnungen für den Kundenstamm seines Kunden berechnet: Zeichnet die vergangenheitsbezogene ABC-Analyse ein recht positives Bild vom Kundenstamm, ist der Blick in die zukunftsbezogene Kundenwertanalyse eher düster. Infolge dessen sieht der Vertrieb geringen Änderungsbedarf, während die Berater maßgeblichen Handlungsbedarf sehen.

3. Verteilungskonflikt durch unterschiedliche Auffassung bzgl. der Verwendung von Mitteln

Es herrscht zwischen Berater und Kundenmitarbeiter oder aber zwischen zwei verschiedenen Abteilungen auf Kundenseite Uneinigkeit darüber, welche Rolle welche Abteilung bzw. welcher Bereich spielen soll. Fast schon klassisch ist dieser Konflikt bei der Frage nach der Kompetenzverteilung zwischen zentralen und dezentralen Organisationseinheiten: Welche Befugnisse hat die Unternehmenszentrale, welche Befugnisse obliegen den Niederlassungen und Werken im In- und Ausland?

Nachdem die Befugnisse verteilt wurden, stellt sich im nächsten Schritt die Frage, welche Abteilung bzw. welcher Geschäftsbereich bzw. welcher Standort mit welchen personellen und finanziellen Kapazitäten ausgestattet werden soll. Schnell kann dieser Verteilungskonflikt zum Verteilungskrieg eskalieren, ganz besonders dann, wenn „Anzahl der Mitarbeiter" und „Kostenstellenbudget" als Insignien der Macht betrachtet werden.

Lassen sich Fachkonflikte in vielen Fällen noch rein rational nachvollziehen, ist
dieser Schritt bei Konflikten auf der persönlichen Ebene meist subtiler:

1. Wertekonflikt durch unterschiedliche Wertvorstellungen

Differenzen in der Projektarbeit können u. U. dadurch entstehen, dass Berater und
Kunde über unterschiedliche Wertvorstellungen verfügen, z. B. im Hinblick auf das
eigene Menschenbild: Während die Consultants die Mitarbeiter als wesentlichen
Erfolgsfaktor für Unternehmen sehen und diese aktiv in das Projekt einbinden wollen, herrscht auf der anderen Seite vielleicht die Grundeinstellung vor, dass Mitarbeiter rein „ausführende Arbeit" im Sinne der Gutenbergschen Produktionsfakto-
ren (oder auch „Kosten auf zwei Beinen") sind und dadurch möglichst wenig in die
Konzeptphase einzubinden sind. Wertekonflikte entstehen schließlich auch durch
unterschiedliche Auffassungen im Hinblick auf das jeweils geeignete Führungsmo-
dell: Sollen die Mitarbeiter eher patriarchalisch oder eher per Management-by-
Objectives geführt werden?

2. Beziehungskonflikt durch Antipathie, Misstrauen und Vorurteile

Konflikte entstehen in diesem Fall durch persönliche Abneigungen, die auf vielfältige Ursachen zurückgeführt werden können. Zum Teil sind sie beeinflussbar, z. B. im
Fall eines überheblich auftretenden Beraters, zum Teil jedoch auch nicht, z. B. im
Fall einer äußeren Ähnlichkeit mit einem unsympathischen Dritten: „Der Vertriebs-
leiter erinnert mich an jemanden, den ich aus einem anderen Projekt her kannte und
der damals immer alles torpedierte …".

In Sachen Misstrauen und Vorurteile soll ja gerade das vorliegende Buch helfen, solche Beziehungskonflikte, zumindest beraterseitig, soweit wie möglich zu vermeiden.

Zusammenfassend ergeben sich fünf Konfliktarten, von den drei auf die Fach- und
zwei auf die Personalebene zurückgeführt werden können (siehe Abbildung 14). In
allen Fällen ist nun zu klären, wie ein Consultant mit solchen Problemkreisen umgehen sollte. Im Grundsatz existieren drei Konfliktstrategien, falls der Konfliktfall
bereits eingetreten ist und nur noch reaktiv gehandelt werden kann:

a) Klärung „auf dem kleinen Dienstweg"

Bevor Konflikte nachhaltig die Projektatmosphäre stören, empfehlen sich Gespräche
im kleineren Kreis, entweder nur zwischen Berater und „Kontrahenten" oder, falls
der Konflikt primär zwischen zwei betroffenen Abteilungen aufgetreten ist, zwischen den beiden Abteilungsleiter unter Moderation des neutralen Beraters.

In beiden Fällen muss der Berater gewährleisten, dass die fachliche Diskussionsebe-
ne nicht verlassen wird. Wichtig ist auch, dass zwar die Ursachen des Konflikts im
Rahmen eines solchen Termins geklärt werden sollten, der Blick aber stärker nach
vorne gerichtet sein sollte. Statt „Es funktioniert nicht, weil …" sollte die Einstel-

lung der Konfliktpartner „Wie können wir es in Zukunft besser machen?" an erster Stelle stehen.

Klärungen auf dem kleinen Dienstweg müssen nicht immer während der regulären Arbeitszeiten sein. Oft ist es sogar eher Ziel führend, sich nach Dienstschluss auf neutralem Terrain abends zu treffen, um in gelockerter Umgebung eine tragfähige Lösung zu finden.

b) Neuverteilung der Aufgaben im Projektteam

Konflikte auf personeller Ebene betreffen nur in seltenen Fällen die Zusammenarbeit zwischen Kunde und dem gesamten Beraterteam. Häufiger tritt der Fall ein, dass es zwischen einzelnen Kundenmitarbeitern und einzelnen Beratern, z. B. innerhalb eines gemischten Teilprojektteams, zu Problemen kommt. Insbesondere wenn es sich um größere Projekte handelt und die Strategie „Konfliktlösung auf dem kleinen Dienstweg" zu keinem befriedigenden Ergebnis geführt hat, ist zu überlegen, Aufgaben und Teilprojekte innerhalb des Consulting-Teams neu zu verteilen, um so sicherzustellen, dass sich die beiden Konfliktparteien zukünftig weitgehend aus dem Weg gehen können. Dieser Ansatz ist natürlich nicht beliebig oft anwendbar. Darüber hinaus, gerade wenn sich solche Fälle bei einzelnen Beratern häufen, sollte ein Mitarbeitergespräch mit dem betroffenen Consultant durchgeführt werden. Schließlich sind Consultants, die keine Kundenakzeptanz finden, in Projekten nicht tragfähig und werden konsequenterweise im Consulting-Alltag relativ schnell abgezogen, denn im Zweifelsfall hat der Kunde immer Recht. „Recht" bedeutet an dieser Stelle auch das Recht, sich seine Berater (und nicht nur die Beratungsgesellschaft) selbst auszuwählen.

Konflikte im Projekt

Abbildung 14: Konfliktfelder in der Projektarbeit[55]

c) Eskalationsmanagement über Projektleitung und Steuerkreis

Als ultima ratio bietet sich eine Eskalation des Konflikts über die Projekthierarchie an, also angefangen von Teilprojektleitern über Projektleiter bis hin zum Steuerkreis. Die Eskalation führt entweder dazu, dass sich die Konfliktparteien unter Androhung von Sanktionen auf ein kooperatives Miteinander einigen, oder dass die betroffenen Mitarbeiter im Einzelfall auf Kunden- wie auch Beraterseite ausgetauscht werden.

In der Praxis gibt es diesen Fall indes relativ selten, da Konflikte nach wie vor sehr selten offen ausgetragen werden (um sie dann auch zu lösen) und außerdem solche Eskalationen auch immer ein negatives Bild auf alle Beteiligten werfen, unabhängig davon, ob sie Verantwortung für diesen Konflikt tragen oder nicht.

Als Handlungsempfehlungen für Consultants lassen sich schließlich folgende Punkte festhalten:

- Beibehalten einer sachlich-neutralen Argumentationslinie, auch wenn Konflikte vor allem aus der Personenebene herrühren
- Frühzeitiges Erkennen (und nicht Verschließen gegenüber entstehenden Problemen) und Lösen von Konflikten auf dem kleinen Dienstweg statt „Abtauchen vor Problemen"
- Konflikte am besten im Vorfeld vermeiden, durch gezielte Personenauswahl auf Berater- und Kundenseite, klar definierte Ziele und Aufgabenverteilungen zwi-

---

[55] In Anlehnung an *Büsch, M.* (2013), S. 279.

schen Berater und Klient, festgelegtes Eskalationsmanagement sowie durch fairen und professionellen Umgang in der Projektarbeit

Fazit: In der Projektarbeit kommt es früher oder später immer zu unterschiedlich schwerwiegenden Konflikten. Mit ihnen sollte ein Berater offen und professionell umgehen, ohne sie bewusst oder unterbewusst zu ignorieren. Auf der anderen Seite sollte der Consultant den Ausspruch im Hinterkopf behalten, dass im Zweifelsfall immer der Kunde Recht hat, unabhängig von der Faktenlage.

4.5   Auftreten innerhalb des Projektteams: Teamwork trotz Hierarchien

Vorbildliches Verhalten in der Projektarbeit bezieht sich im Schwerpunkt auf die Zusammenarbeit mit dem externen Kunden. Allerdings nicht nur, denn auch im Zusammenspiel innerhalb des Consulting-Teams sind gewisse Spielregeln zu beachten, die besonders für Berufseinsteiger gelten. Schließlich kann ein Beraterteam nur so gut wie sein schwächstes Glied sein, das im Normalfall der noch relativ unerfahrene Business Analyst oder Junior Consultant bildet. Somit wird er u. U. zum Bottleneck des Projekterfolgs, zumindest auf der Consultant-Seite. In Abgrenzung zur Beraterarbeit mit dem Kunden weist das interne Teamverhalten teilweise andere Merkmale auf. Im Wesentlichen ist die interne Teamarbeit, egal ob zusammen mit dem Projektleiter oder den Kollegen, von folgenden Faktoren geprägt:

• Informelle Kommunikation, bis zum „Du" eines Partners oder Geschäftsführers
• Gegenseitige Abhängigkeiten in der Projektarbeit (gerät ein Teilprojekt in Schieflage, kann das Gesamtprojekt gefährdet sein)
• Auch unstrukturierter oder spontaner Austausch (bis zum Brainstorming bei Lösungen) möglich
• i. d. R. Offenheit bezogen auf Zeit- oder fachliche Probleme

Regeln für einen korrekten internen Umgang betreffen auf der einen Seite Teamwork mit dem Projektleiter als temporären Fach- und disziplinarischen Vorgesetzten und auf der anderen Seite Teamwork mit den Beraterkollegen, wenn es sich um größere Teams handelt.

4.5.1   Teamwork mit Projektleiter

Für den Berater stellt der für ihn zuständige Projektleiter die Hauptansprechperson dar, sowohl fachlich als auch disziplinarisch sowie in vielen Fällen auch persönlich.

„Persönlich" vor allem dann, wenn es a) keinen Mentor gibt oder b) der Mentor in anderen Projekten aktiv und damit nicht verfügbar ist.

Im Teamwork mit dem Projektleiter sollten bestimmte Verhaltensweisen berücksichtigt werden:

Upward-Management gegenüber der Projektleitung oder „Melden macht frei und belastet den Vorgesetzten"

Unter Upward-Management versteht man die gezielte Information von vorgesetzten Instanzen. In der Projektarbeit wird die Gesamtverantwortung zwar in der Person des Projektleiters gebündelt, die Arbeiten und Funktionen jedoch verteilt abgebildet. Auf Grund dessen übernimmt jedes Mitglied bestimmte Aufgaben innerhalb des Projektes, Verantwortung und Kommunikation gegenüber der Projektleitung auf Kundenseite trägt indes der Projektleiter auf Beraterseite. Daher ist es erforderlich, den Projektleiter regelmäßig und gezielt über den eigenen Arbeitsstand, offene Punkte, nächste Schritte und mögliche Konflikte zu informieren.

Hierbei sollte beachtet werden, die richtige Balance zwischen „zu vielen Informationen" und „zu wenig Informationen" zu finden. Für den Projektleiter des Beraterteams ist es genauso problematisch wie lästig, sich ausschweifende Monologe über den Teilprojektstatus anzuhören und im anderen Extrem seinen Beratern hinterherzulaufen, ob diese oder jene Dinge bereits erledigt wurden. Im Normalfall sollte der Consultant dem für ihn zuständigen Teilprojekt- bzw. Projektleiter einmal täglich eine Kurzinfo im Umfang von fünf bis 15 Minuten über das Projekt geben.

Frühzeitiges Melden bei Problemen kann dabei helfen, Eskalationen im Vorfeld zu vermeiden. In diesem Sinne sollte der vorgesetzte Projektleiter baldmöglichst über eventuelle Probleme (fachlicher oder personeller Natur) informiert werden. Entscheidend dabei ist, dass der Consultant nicht nur das Problem schildert, sondern auch mögliche Gründe hierfür sowie mögliche Ansatzpunkte, um das Problem nachhaltig zu lösen.

Einfordern von Feedback

Während der Projektarbeit herrscht, ganz besonders im Vorfeld von Präsentationen, Status- oder Abschlussberichten, ein starker Zeitdruck. I. d. R. bleibt dann nur wenig Zeit für ein qualifiziertes Feedback bzgl. der Leistungsbereitschaft und des -ergebnisses. Dennoch darf ein Berater auf seinem Niveau nicht stehen bleiben, sondern benötigt einen kritischen Spiegel zum Erkennen eigener Schwachstellen. Gerade in den ersten zwei bis drei Berufsjahren durchlaufen Consultants eine schnelle Weiterentwicklung. Dennoch wird sich ein Berater nur dann weiterentwickeln, wenn er Feedback einfordert und erhält. Beliebte Argumente auf Vorgesetztenseite wie „Jetzt eher nicht." und „Melde dich nach dem Projekt nochmals bei mir!" muss der Consultant nicht akzeptieren. Er sollte in solchen Fällen mit dem Projektleiter einen verbindlichen Termin für ein ausführliches Feedback vereinbaren, und zwar nicht nur nach Projektende oder im Rahmen des jährlich stattfindenden Mitarbeitergesprächs.

Quality first
Dasselbe Qualitätsniveau, welches Projektunterlagen für den Kunden auszeichnet, sollte auch intern vorherrschen. Sind Recherchen, Auswertungen oder Dokumentationen für einen Projektleiter zu erstellen, so gelten dieselben Qualitätsmaßstäbe wie für externe Kunden. Dabei bezieht sich Qualität sowohl auf die Inhalte als auch auf die optische Gestaltung. Beides muss entsprechend abgedeckt werden, da der Projektleiter die geforderte Ausarbeitung i. d. R. nicht für sich persönlich benötigt, sondern als Vorarbeit für eine Kundenunterlage nutzen möchte. Qualität reicht dabei von der Einhaltung des Corporate Designs von Folien über eine fehlerfreie Rechtschreibung bis zur korrekten Auswertung von Zahlenmaterial. Optimal für den Projektleiter sind die Vorarbeiten dann, wenn er sie ohne Zeit- und Reibungsverluste eins zu eins übernehmen kann. Voraussetzung dafür ist, dass sich der Berater bei der Erstellung solcher Vorarbeiten im Vorfeld folgende Fragen stellt:

- Wer ist der finale Adressat der Unterlage?
- Welches Ziel soll mit der Unterlage verfolgt werden respektive worauf soll der Schwerpunkt liegen?
- Welchen Gesamtumfang soll die Unterlage haben?
- Inwieweit gibt es bereits Auswertungen, auf die zurückgegriffen werden kann?
- Welcher Powerpoint-Master soll genommen werden (Kunden- oder Berater-Layout-Master)?

Am hilfreichsten ist es im Endeffekt für den Consultant, diese exemplarischen Fragen bereits mit dem Projektleiter abzuklären, sobald er von diesem den Auftrag dazu erhalten hat.

4.5.2   Teamwork im Projektteam

Da der Projekterfolg im Normalfall von dem gesamten Team und nicht nur einem einzelnen Projektleiter abhängt, kann das Projektergebnis nur so gut sein wie das schwächste Glied der Beraterkette bzw. die Fähigkeit des Teams, eigene Interessen zu Gunsten des Teams zurückzustellen.

Für das Zusammenspiel beim Kunden sollte der Berater folgende Verhaltensregeln beachten:

Akzeptanz und Einhalten von Hierarchien im Beraterteam
Der informelle Umgang im Consulting-Sektor über Hierarchien hinweg darf keinesfalls darüber hinwegtäuschen, dass gerade hier relativ klare Hierarchieebenen existieren, die entsprechend einzuhalten sind. So mag es zwar einerseits üblich sein, den eigenen Projektleiter, zumindest wenn kein Kunde am Gespräch beteiligt ist, zu duzen, andererseits sollten die Anweisungen eines vorgesetzten Teilprojekt- oder Projektleiters unbedingt beachtet werden. Schließlich legen klar strukturierte Leitungsebenen fest, welcher Consultant welchem „Kollegen" gegenüber weisungsgebunden ist und an wen Aufgaben im Projekt delegiert werden können. Diese Regeln werden üblicherweise nicht in Frage gestellt, auch wenn sie nicht mit bedingungslosem Gehorsam zu verwechseln sind. Selbst bei auftretenden fachlichen oder persönlichen Konflikten sind diese entlang der Hierarchie zu klären und nicht unter Umgehung des direkten Vorgesetzten.

Gemeinsamer Start, gemeinsames Arbeitsende
Für den Zusammenhalt nach innen, aber auch zur Außendarstellung gegenüber dem Kunden, ist es in vielen, auch größeren Projekten, üblich, dass das Consulting-Team morgens gemeinsam das Büro betritt und auch abends gemeinsam wieder verlässt. Diese Regel fördert nicht nur das „Wir-Gefühl", sondern erleichtert darüber hinaus die tägliche Koordination der An- und Abreise vom Hotel bzw. die Planung gemeinsamer Abendaktivitäten.

Das tägliche gemeinsame Arbeitsende ist auch vor dem Hintergrund sinnvoll, dass die 30 bis 60 Minuten davor zur täglichen internen Projektbesprechung genutzt werden.

Ablage von Dateien auf dem Projekt-Server statt auf der eigenen Festplatte
Bei der Ablage von Dateien im Kunden-Projekt ergeben sich drei Alternativen, nämlich die Ablage dezentral auf dem eigenen Rechner (sie ist eher bei kleineren Projekten und wenigen Consultants üblich), die Installation eines Consultant-Rechnernetzes, in dem die Computer der Berater miteinander verbunden sind, sowie die Einrichtung eines Beraterlaufwerks auf dem Kunden-Netzwerk. Speziell für die Fälle zwei und drei ist Disziplin bei der Ablage von Dateien auf dem gemeinsamen Laufwerk unerlässlich. Werden Dateien zunächst lokal auf der eigenen Notebook-Festplatte gespeichert, sollten diese am Tagesende auf dem gemeinsam zugänglichen Server abgelegt werden. Dateien, die noch nicht abgestimmt sind oder sich noch generell in Arbeit befinden, sind als solche mit aussagefähigen Dateinamen (z. B. handelt es sich um Original-Kundendaten oder eigene Auswertungen?) zu versehen, statt „Peter Schulz_Workshop_30_04_2013" besser „Kick-off-Workshop Teilprojekt Entwicklung_2013_04_30_Schulz". Auf diesem Weg wird gewähr-

leistet, dass kein information hiding betrieben wird, aber auch, dass Festplatten-Crashes an Brisanz verlieren.

Nicht nur für Projektdaten, auch für persönliche Daten wie etwa Reisekostenabrechnungen sollte regelmäßig die eigene Festplatte mit dem Firmenserver der Beratung gespiegelt werden, um möglichen Datenverlusten vorzubeugen. In vielen Fällen sind solche persönlichen Ordner pro Consultant im Office bereits eingerichtet.

Selbsterklärende Analysen und zügig erstellte Dokumentationen
Selbst noch relativ unerfahrene Berater verantworten selbstständig durchgeführte Datenanalysen und -auswertungen. Bestenfalls in Form von Plausibilitätschecks und Stichprobenprüfungen werden solche Auswertungen von Kollegen aus dem Projektteam im Vier-Augen-Prinzip verifiziert, sodass es für jede Auswertung immer nur einen data owner gibt. Dennoch kann es natürlich passieren, dass der Kunde kurzfristig Fragen zu bestimmten Excel-Auswertungen, Powerpoint-Folien oder Datenbank-Analysen hat. Sollte der zuständige Berater in diesem Fall nicht kurzfristig zur Verfügung stehen, müssen Kollegen in der Lage sein, nicht nur die Original-Auswertungen auf dem Projektserver zu finden, sondern auch, Rechenwege und genutzte Quellen logisch herleiten zu können.

Ein Beispiel: Ein Berater innerhalb eines Projektteams verantwortete die Erarbeitung und monatliche Erhebung von Prozesskennzahlen an einem Produktionsstandort, mit deren Hilfe der Projekterfolg gemessen werden sollte. Als dieser Berater dann kurzfristig für ein anderes Projekt eingesetzt wurde, herrschte für zwei Wochen erst einmal Ratlosigkeit, während der Kunde auf die aktuellen Kennzahlen drängte.

Ähnlich Projektabschlussberichten und Programmierdokumentationen handelt es sich bei ergänzenden Erläuterungen um ein unbeliebtes, aber dringend erforderliches Übel der Projektarbeit.

Vorsicht bei der Ablage personenbezogener Daten
Gerade bei größeren und längeren Projekten wird von Kundenseite gewünscht, dass Projektdaten auf dem Kunden-Server abgelegt werden. Wenn ein solches Berater-Laufwerk eingerichtet wurde, sollte geklärt werden, wer hierauf Zugriff erhält. Sind es nur die Consultants oder zusätzlich die Projektteammitglieder von Kundenseite oder gar generell Dritte? Speziell im zweiten und dritten Fall sollten keine personenbezogenen Auswertungen wie Krankheitstage, Fehlzeiten oder Leistungskennzahlen abgelegt werden, da diese nur mit ausdrücklicher Zustimmung der Mitarbeiter erlaubt sind. „Personenbezogen" gilt in diesem Kontext bereits dann, wenn es sich um Kleingruppen von zwei bis drei Mitarbeitern handelt, da hier ggf. Rückschlüsse auf Einzelpersonen gezogen werden könnten. Werden diese Grundregeln

verletzt, besteht die Gefahr, dass das Vertrauensverhältnis zwischen Berater und Klient nachhaltig gestört wird.

Sicherstellen der Erreichbarkeit
Während der Projektarbeit vor Ort finden häufig Parallelaktivitäten außerhalb des Projektbüros statt: Analysen vor Ort im Wareneingang, Meetings im Besprechungs-zimmer-Trakt oder im Abteilungsleiter-Büro führen etwa besonders bei größeren Projekten dazu, dass nicht zu jedem Zeitpunkt transparent ist, wo sich welcher Bera-ter gerade befindet. Ist der Berater voraussichtlich länger als eine halbe Stunde außer-halb des Projektbüros, sollte er den jeweiligen Termin in den gemeinsamen Outlook-Kalender eintragen oder zumindest den direkten Vorgesetzten in Kenntnis setzen.

Das teaminterne Zusammenspiel endet abends nicht am Ausgangsbereich des Kun-den, sondern reicht bis über den Schluss des Projekttages hinaus. Hier sollten fol-gende Aspekte berücksichtigt werden:

Diskretion über Projektinterna
Diskretion gegenüber Dritten über Projektinhalte ist vertraglich zugesichert zwi-schen Beratern und Kunden. Sie gilt im Regelfall nicht für die interne Kommunika-tion zwischen verschiedenen Beraterteams, da hierdurch ein gegenseitiges Lernen erschwert werden würde. Infolge dessen werden in regelmäßigen Abständen Pro-jektvorgehensweisen und -ergebnisse in den so genannten Office Days vorgestellt und diskutiert. Hierzu zählen für einen professionellen Berater aber nicht persönli-che Informationen über Teamkollegen, die an anderer Stelle ausgeplaudert werden: „... kam morgens immer erst um halb neun ins Büro", „... hat keine Erfahrungen in Einkaufsprojekten" oder „xxx und yyy kamen mit dem Projektleiter beim Kunden überhaupt nicht klar" sind Aussagen, die, ob wahr oder falsch, auch über das Pro-jektende hinaus unbedingt innerhalb der Beratungsgesellschaft vermieden werden sollten.

Teilnahme an gemeinsamen Abendaktivitäten
Beratertage sind keine Acht-Stunden-Jobs. Dennoch kommt es auch nach einem Zehn-Stunden-Tag oft vor, dass das Beraterteam abends noch etwas gemeinsam unternimmt. Gerade für jüngere Consultants empfiehlt sich die Teilnahme daran, da sie dabei oft zahlreiche nützliche Hintergrundinformationen über den Kunden, das Projekt usf. erfahren können. Auch erfahren sie im Regelfall mehr über die persönli-chen Seiten ihrer Kollegen, sodass an solchen Abenden nicht selten Freundschaften entstehen, die über Projektlaufzeiten und verschiedene Arbeitgeber noch über Jahre hinweg andauern.

Erreichbarkeit am Wochenende

Zeit ist gerade für Consultants kostbar. Der Engpass „Geld" aus Studentenzeit wird relativ bald vom Engpass „Zeit" abgelöst: Freizeit, die sich im Wesentlichen auf Wochenende und Urlaub beschränkt, wird zum knappen Gut, dargestellt an einem Beispiel mit leichtem Augenzwinkern:

> Ein Unternehmensberater kommt völlig abgehetzt am Flughafen an. Er springt sofort ins nächste Taxi ein, packt seinen Laptop aus und ruft gleichzeitig über das Handy die Wirtschaftsnachrichten ab. Der Taxifahrer fragt: „Wo soll's denn hingehen?" Darauf der Berater: „Egal, ich werde überall gebraucht ..."

Auch wenn von keinem Berater erwartet wird, Tag und Nacht an Sams- und Sonntagen erreichbar zu sein, sollte man sich angewöhnen, das Dienst-Mobilfunktelefon täglich und E-Mails zumindest einmal pro Wochenende abzuhören bzw. abzurufen. Im Regelfall werden Kollegen sich nur dann am Wochenende melden, wenn ein Problem aufgetreten ist, und nicht, um andere zu kontrollieren. Gleiches gilt im Übrigen auch für Kunden-Mitarbeiter, wobei diese Fälle noch seltener auftreten.

4.6 Schriftliche Kommunikation: Mehr als nur „Neue Rechtschreibung"

Projektarbeit lebt von Projektkommunikation. Die Kommunikation betrifft nicht nur Auftreten und mündliche Ausdrucksweise im Rahmen der Projektarbeit und im Zusammenspiel mit Kunden und Kollegen, sondern auch die schriftliche Kommunikation, gerade in schnelllebigen Zeiten. Im folgenden Abschnitt werden dabei die Aspekte „Präsentationen", „Status-Berichte", „E-Mail-Kommunikation" und „Briefverkehr" näher beleuchtet.

4.6.1 Präsentationen und Präsentationsunterlagen

Präsentationstermine finden nur zu ausgewählten Projektanlässen statt. Hierzu zählen Akquisition, Projekt-Kick-off, Meilenstein-Berichte gegenüber dem Steuerkreis, Mitarbeiterinformationsveranstaltungen sowie Abschluss-Präsentationen. Es sind Termine, die das Fremdbild des Beraters aus Sicht des Kunden prägen und damit einen hohen Stellenwert besitzen. Außerdem sollte speziell in diesem Fall ein stimmiger Gesamteindruck aus Auftreten, Präsentationsunterlagen sowie Projektinhalten und -ergebnissen geliefert werden, um sich nicht zuletzt für Folgeaufträge zu positionieren.

Kleidung

Für das äußere Erscheinungsbild ergeben sich keine signifikanten Abweichungen gegenüber den Empfehlungen im Abschnitt 4.2. Die Kleidung sollte dem Anlass gemäß etwas wertiger als bei „normalen" Projektterminen ausfallen, ohne jedoch „herausgeputzt" zu wirken. Farb-Experimente sollten unbedingt vermieden werden: Für die Dame und den Herrn gelten anthrazit und dunkelblau als bevorzugte Farben. Da auf Seiten des Kunden meist ebenfalls hochwertigere Kleidung getragen wird als sonst üblich, sind Manschettenknöpfe und Westen (nicht gerade im Hochsommer) in jedem Fall vorstellbar.

Durchgängigkeit der Folien-Optik durch Einhalten des eigenen Corporate Design

Unabhängig von den Inhalten sollten die Präsentationsfolien optisch einheitlich gestaltet sein. In den meisten Unternehmen existieren Layout-Richtlinien, die die Gestaltung ebenso erleichtern wie Standard-Vorlagen (so genannte „Chart-Bibliothek"). Im Allgemeinen gelten dabei folgende, unternehmensübergreifenden Regeln für die optische Gestaltung:

- Vermeiden bunter Farben (besser: Konzentration auf Abstufungen einer Grundfarbe, z. B. blau), denn erstens lenken bunte Farben ab und zweitens wirken sie häufig etwas unseriös
- Weitgehendes Vermeiden von Animationen und Cliparts bei Powerpoint („Mäuse-Kino") sowie unterschiedlicher Schriftarten, denn hier gilt dieselbe Argumentation wie bei bunten Farben
- Hervorheben wichtiger Punkte oder Stichworte durch größeren Schriftgrad oder fette Schrift (statt kursiv und unterstrichen)
- „Ein Bild sagt mehr als tausend Worte" – statt Bleiwüsten besser erläuternde Bilder verwenden (Achtung: Bild und gewünschte Aussage müssen aber auch unmissverständlich zusammenpassen)
- Keine Flüchtigkeitsfehler bei Namen, Kürzel oder Abteilungsbezeichnungen
- Kein Überfrachten der Folien
- Überschrift oder „Knacksatz" unterhalb der Folie als Zusammenfassung, Appell oder Ausblick

Die Sorgfältigkeit der Folienerstellung wirkt, zumindest unterbewusst, auf den Kunden. Wenn Folien schlechte Darstellungen wie unpassende Linien etc. enthalten, kann auch die Sorgfältigkeit und Richtigkeit einer Analyse oder eines Konzepts in Frage gestellt werden.

Umfang einer Präsentationsunterlage

Die Zeit des Auditoriums ist knapp – die zu transportierenden Projektinhalte jedoch umfangreich. Dieser klassische Zielkonflikt lässt sich durch Powerpoint-Folien-Schlachten nicht lösen. Das geflügelte Wort von „Beherrschen Sie Powerpoint oder haben Sie etwas zu sagen?" in Richtung des einen oder anderen Referenten weist darauf hin, dass Qualität vor Quantität stehen muss. Üblicherweise sollte der Berater pro Folie ca. drei Minuten einplanen, um ein Folien-Flipping zu vermeiden: „Werden Sie eigentlich nach der Anzahl erstellter Folien vergütet?"

Wie aber ist der Spagat zwischen „Konzentration auf das Wesentliche" und einer detaillierten Dokumentation (auch um zu zeigen, welche Aktivitäten im Projekt gelaufen sind) zu lösen? In vielen Fällen hilft die Trennung in eine auf das Wesentliche reduzierte „Management Summary", die präsentiert wird, sowie eine umfangreichere Projektdokumentation, die im Anschluss an die Sitzung verteilt wird und über die Management Summary hinaus detailliertere Analysen und Hintergrundinformationen enthält.

Alternativ bietet sich an, einige Folien vorab in Powerpoint auszublenden. Vor dem Ausblenden einzelner Charts sollte der Berater aber darauf achten, dass die Story Line der Präsentation nicht verloren geht.

Sprache

Der Consultant sollte sicherstellen, dass Sprache und Folientext eine Einheit bilden: Werden die firmeninternen Abkürzungen verwendet? Und auch richtig? Redet der Kunde von „WIP" (Work-in-Process) oder „Ware in Arbeit"? Geht es bei dem Finanzdienstleister um „Consultants" oder „Advisors" im Portfoliomanagement oder im Vertrieb um „Front Office" oder „Kundenbereiche"? etc. Die richtige Wortwahl des Beraters vermeidet auf der einen Seite, dass Missverständnisse auftreten, weil jeder dasselbe Begriffsverständnis hat. Auf der anderen Seite führt es dazu, dass der Externe die Sprache des Kunden verstanden hat und dadurch etwas weniger „extern" erscheint.

Das richtige Wort zu treffen, bedeutet aber auch, sich von einem allzu beliebigen „Berater-Bla-Bla" abzusetzen. Gerade bei schriftlichen Ausarbeitungen kommt es darauf an, den passenden Ausdruck zu finden, z. B. hieße es korrekterweise im konkreten Fall „keine Vertriebsstrategie", „Vertriebsstrategie kaum vorhanden" oder „Vertriebsstrategie nur in Grundzügen vorhanden"? Der Berater sollte auf jeden Fall begründen können, warum er gerade diese Formulierung gewählt hat. So bedeutet „keine Vertriebsstrategie", dass es wirklich keine Grundlagen zu diesem Thema im Unternehmen gibt. Andernfalls würde die Formulierung die Vertriebsleitung in Misskredit bringen und den Berater als Übertreiber und wenig seriösen Analytiker outen. Demzufolge sollte es dem Consultant gelingen, den scheinbaren Widerspruch

zwischen Pauschalaussagen wie „keine Vertriebsstrategie vorhanden" und weichge-
spülten Formulierungen wie „Optimierungspotenzial im Rahmen der Vertriebsstrategie" zu lösen.

Zu beachten ist in diesem Kontext, dass eine unglückliche Wortwahl bei einer Rede
u. U. schnell wieder vergessen ist, während eine falsche oder wenig treffende Formulierung in einer Präsentationsunterlage oder einer Kopie davon vielleicht noch
Wochen oder Monate unkommentiert beim Kunden kursiert und einen schwachen
Eindruck hinterlässt. Frei nach *Mark Twain*, der den Unterschied zwischen einem
richtigen Wort und einen beinahe richtigen ähnlich wie zwischen Blitz und Glüh-
würmchen sieht.

Rechtschreibung: Das „A" und „O" ... bzw. das „ss" oder „ß"
Fehlerfreie Rechtschreibung ist die Basis jeder Unterlage. Wenn jemand schon keine
Rechtschreibung beherrscht, wie will er dann komplexe Zusammenhänge verstehen
und daraus resultierende Schwachstellen lösen? Auch Ausreden wie „die Neue
Rechtschreibung kenne ich noch nicht" sind einige Jahre nach ihrer Einführung in
Deutschland wenig glaubhaft. Genauso gut könnte man als Berater in der Finanzdienstleistung argumentieren, dass die vorgestellten Lösungsansätze die Novellierung des Investmentgesetzes aus dem vorhergehenden Jahr noch nicht berücksichtigen ...

Zum Komplex „Rechtschreibung" gehören selbstredend auch eine korrekte Komma-
setzung sowie richtige Worttrennungen.

Ablauf einer Präsentation
Zunächst sollte das Beraterteam ca. 30 Minuten vor dem Starttermin im Bespre-
chungszimmer erscheinen, um genügend Zeit für das Testen von Beamer, Notebook,
Lichtverhältnissen etc. einzuplanen. Um gegen technische Probleme gewappnet zu
sein, ist es hilfreich, neben einem Ersatz-Notebook die Datei auch auf USB-Stick oder
auf CD-ROM gebrannt mitzubringen. Die Zeit sollte neben der technischen Installation auch für eine letzte Abstimmung innerhalb des Beraterteams genutzt werden.

Die Präsentation sollte pünktlich starten. Abweichungen vom Start sind im Prinzip
nur dann unvermeidlich, wenn einzelne Entscheidungsträger oder der Projektleiter
auf Kundenseite fehlen. In allen anderen Fällen sollte der Berater pünktlich beginnen.

Zu Beginn sollte der Berater die Anwesenden begrüßen, bei einem Erst-Termin das
Beratungshaus, sich und die Kollegen kurz vorstellen. Anschließend sollte der Berater klären, ob Fragen sofort oder erst am Ende der Präsentation gestellt werden sollten. Für beide Optionen gibt es Vor-, aber auch Nachteile. Ist mit wenigen Fragen zu

rechnen bzw. ist das Auditorium eher klein, sollten Fragen direkt zugelassen werden, in den anderen Fällen eher am Ende des Vortrags.

Im Rahmen der Präsentation sollte ein roter Faden vorgegeben und gelebt werden: So beginnen Präsentationen i. d. R. mit dem Vorstellen von Zielsetzung, Projektorganisation und Vorgehensweise, um anschließend die eigentlichen Inhalte vorzustellen. Im Regelfall empfiehlt es sich, die Folieninhalte und Lösungsansätze zum Vermeiden von Überraschungen vorher mit ausgewählten Mitarbeitern und Führungskräften des Klienten abzustimmen. Bezogen auf Analysen sollten immer die zugehörigen Quellen, z. B. „Datenquelle: Hr. Wolf, Vertrieb; Stand: 21. Juni 2013", angegeben werden. Dass diese Daten vorab auf Plausibilität zu checken bzw. Auswertungsfehler zu vermeiden sind, versteht sich von selbst. Sorgfalt ist damit oberstes Gebot beim Umgang mit Zahlen, Daten und Fakten. Im worst case führt eine einzige falsche Zahl dazu, dass die gesamten Analyseergebnisse eines Projektes in Frage gestellt werden könnten.

Beliebt ist dabei das Beispiel einer großen Beratung, die im Rahmen eines Projektes ein größeres Einsparpotenzial ausgewiesen haben soll, als der gesamte Untersuchungsbereich kostentechnisch überhaupt umfasste: Einsparungen von 70 Mio. € bei Gesamtkosten von 25 Mio. € waren in der Tat „unglaubliche" Potenziale!

Am Ende einer Präsentation sollten nicht nur Zwischen- und Endergebnisse resümiert werden, sondern auch ein Bezug zur Ausgangssituation und Zielsetzung hergestellt werden: Inwieweit dienen die Ergebnisse dem Erreichen der Projektziele? Gibt es noch strategische Lücken bzw. wo liegen weitere Handlungsbedarfe? An dieser Stelle sollten Entscheidungsbedarfe auch als solche markiert werden, um vom Steuerkreis die Stoßrichtung für das weitere Vorgehen zu erhalten. Entweder sollten die Alternativen (hier sollte auch stets dargestellt werden, welche Option das Projektteam präferiert) direkt diskutiert und verabschiedet oder zumindest der weitere Fahrplan bis zur Verabschiedung geklärt werden.

Im vorletzten Schritt sollte der Consultant einen Ausblick auf das weitere Vorgehen und die nächsten Schritte geben. Diese sind als Empfehlungen gegenüber dem Steuerkreis zu formulieren und nicht anmaßend à la „Das müssen Sie jetzt unbedingt machen!". Abschließend sollten der Berater und sein Team sich für die Aufmerksamkeit bedanken und zu Fragen und Diskussion einladen. Sollte es keine Fragen geben, so kann eventuell ein bestimmter Aspekt des Projektes näher erläutert werden. Im Normalfall ist es anstelle einer krampfhaften Themensuche hilfreicher, die Präsentation zu beschließen. Gerade wenn Sitzungen früher enden, freuen sich die Teilnehmer oft darüber, unerwartet Zeit „gewonnen" zu haben.

Trotz aller noch so ausgefeilten Vorbereitungen auf Eventualitäten ist auch bei Präsentationen keiner vor Überraschungen gefeit:

> Im Rahmen eines Strategie-Projektes wurden den chinesischen Führungskräften
> die Ergebnisse durch einen Senior Consultant präsentiert. Nach 20 Minuten
> sprangen plötzlich zwei Chinesen auf, gingen nach vorne zum Flipchart und
> schauten sich die Ergebnisse aus nächster Nähe an. Der Grund für das Verhalten
> lag weniger darin, dass etwas angezweifelt wurde, sondern vielmehr darin, dass
> Chinesen generell oft nicht allzu lange sitzen können und wollen.

4.6.2   Status-Berichte

Bei Langläufer-Projekten werden in regelmäßigen Abständen, z. B. monatlich,
schriftliche Status-Berichte erwartet. Sie dienen der Steuerung und Kontrolle des
Projektverlaufs, um frühzeitig Negativabweichungen zu erkennen. Gerade in der
Finanzdienstleistung sind dies in vielen Fällen eher mit Grafiken abgerundete Word-
Dokumente und weniger Powerpoint-Präsentationsunterlagen. Im Grundsatz gelten
indes dieselben Regeln wie im vorhergehenden Abschnitt. Der Umfang ist jedoch
wesentlich komprimierter und umfasst nur ein bis vier Seiten. So sollte es auch bei
komplexeren Projekten möglich sein, den Projektstatus überschaubar zu visualisie-
ren (siehe Abbildung 15).

Unabhängig von der Form der Darstellung, sollte ein Status-Bericht folgende Bestandteile umfassen:

- Aufgabenstellung und Ziel
- Projektorganisation und Zeitplan
- Zielerreichungsgrad (im Hinblick auf Termine, gewünschte Ergebnisse, Kosten/
  Budget)
- Eingeleitete Maßnahmen und deren Wirkung (nur bei Abweichungen)
- Aufzeigen möglicher Risiken
- Kurze, ergänzende verbale Status-Beschreibung
- Ausblick

Projektstatus

Projekt:

Berichtszeitraum			Status per:	
von	/	bis:		
1. Sep. 04		30. Sep. 04	06.10.2004	

Kurzbezeichnung		Projektleitung	Projektnummer
		PL:	
		Stv.:	

Gesamtbeurteilung	Termine	Ergebnisse (Inhalte/Qualität)	Kosten
Abweichungen	kritisch ▼	keine ▼	kritisch ▼
	Verzögerungen gefährden den Projekterfolg	Alle bisher erzielten Projektergebnisse entsprechen inhaltlich und qualitätsmäßig voll den Erwartungen	Budgetüberschreitung größer 30%
Risikoanalyse	niedrig ▼	niedrig ▼	hoch ▼
	Geringe Wahrscheinlichkeit, dass Verzögerungen eintreten	Die Projektergebnisse werden insgesamt dem Projekterfolg gerecht	Budgetüberschreitungen größer 25% zu erwarten

Projekterfolgsindex   **57%**

Einflußgrößen Bewertungsziffer	Termine	Ergebnisse (Inhalte/Qualität)	Kosten
Abweichungen	20	100	20
Risikoanalyse	90	90	20
Idealprofil	100	100	100

Projekttermine		Plan	Ist	Verschiebung
	Start	Di 01. Jun 04	Do 01. Jul 04	→
	Ende	Fr 31. Dez 04	So 31. Okt 04	←

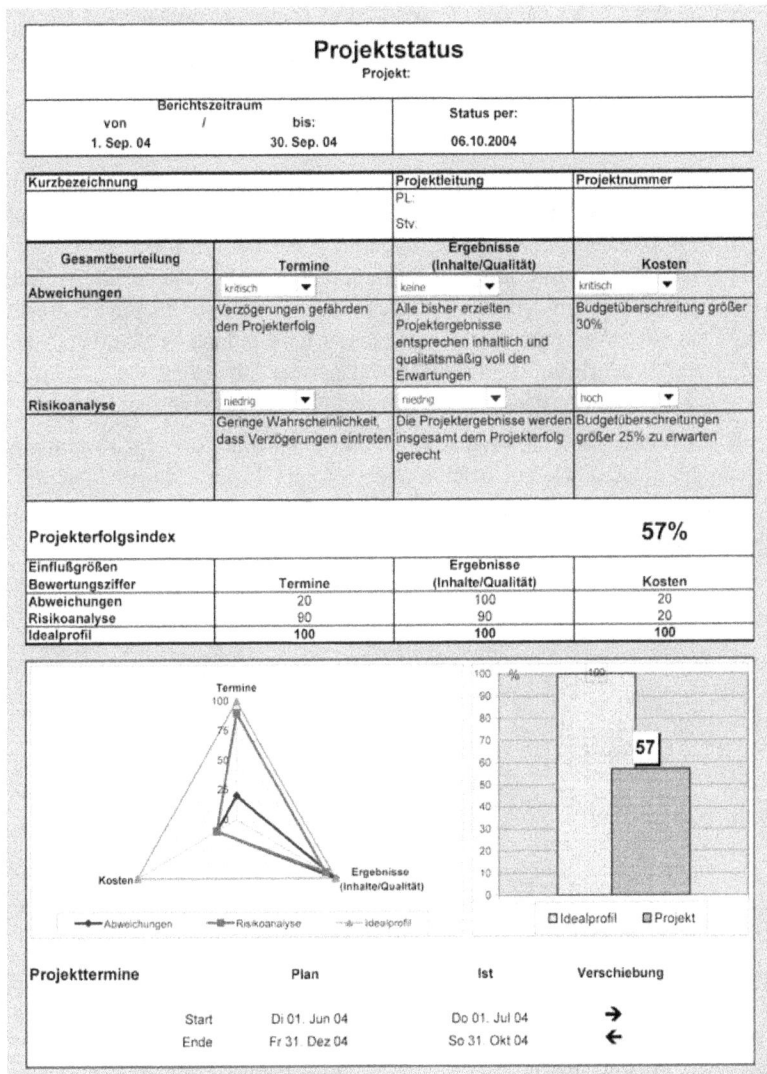

Abbildung 15: Projektstatus-Bericht auf einen Blick (Beispiel)

Entscheidend ist, dass der Bericht jeden Monat identisch aufgebaut ist und der Empfänger, z. B. ein Steuerkreis-Mitglied, ihn auf Anhieb versteht. In größeren (Kunden-)

Unternehmen ist man dazu übergegangen, eigene Standards für Projekt-Berichte zu definieren. Hieran sollten sich dann auch extern unterstützte Projekte orientieren.

4.6.3   E-Mail-Kommunikation

Die allgemein hohe Dynamik in der Projektarbeit sowie die Erwartungshaltung von Kundenseite nach kurzen Reaktionszeiten auf Anfragen, auch wenn der Berater nicht im Hause weilt, wirken sich schlussendlich auch auf die Form der Kommunikation und die Auswahl des präferierten Informationsträgers aus. Noch bis Anfang der 1990er Jahre führte dies unweigerlich zu dem Erfordernis, per Telefon Kontakt mit dem Gesprächspartner aufzunehmen. Inzwischen wird jedoch verstärkt auf das Medium E-Mail zurückgegriffen, da der Gesprächspartner antwortet, wenn er dazu Zeit hat und die schriftliche Form auch hilft, Missverständnisse zu vermeiden.

Somit stellen E-Mails eine zugleich adäquate wie auch bequeme Form der Kommunikation dar. Dennoch müssen wie bei Briefen auch formale Aspekte eingehalten werden. Als Negativbeispiel sei hier eine Rückfrage eines Beraters an seinen potenziellen neuen Arbeitgeber genannt (aus einer realen Antwort-Mail an das Sekretariat):

```
Betreff:  Re:  Terminvorschläge  für  ein  Vorstellungsge-
spräch
Guten Abend,
bitte  um  Information  ob  Sie  die  Anreisekosten  für  Flu
übernehmen  würden,  weiters,  ob  die  Gehaltsvorstellung
von  6000,-/M  auch  von  Ihnen  berücksichtigt  wurde.
Ihr
Dr. xxxx
```

Dass der Bewerber erst gar nicht zum Vorstellungsgespräch eingeladen wurde, braucht an dieser Stelle wohl kaum noch erwähnt zu werden.

Zunächst ist die Frage zu klären, wann eine E-Mail eine adäquate Alternative zu Brief und Telefonat darstellt. Gegenüber dem Brief zeichnet sie sich dadurch aus, dass sie im Allgemeinen schneller erstellt und weniger formell ist. Im Vergleich zum Telefonat bestehen Vorteile darin, dass sie zeitunabhängig ist (und etwa durchaus auch am Wochenende versendet werden kann) und außerdem zu Dokumentations- und Nachweiszwecken genutzt werden kann. Demzufolge bildet die E-Mail die typische dritte Kommunikationssäule neben dem persönlichem und dem fernmündlichen Gespräch. Trotz ihrer Einfachheit und Beliebtheit darf nicht darüber hinweg gesehen werden, dass an E-Mails hohe Anforderungen an Gestaltung und Aufbau gestellt werden. Im Folgenden soll auf die wesentlichsten Aspekte näher eingegangen werden:

Pro Thema eine E-Mail
Pro Thema sollte immer nur eine E-Mail-Nachricht geschrieben werden. Dass führt zwar im Einzelfall zu einer Vielzahl an Nachrichten, die von Sender A an Empfänger B gehen, vermeidet aber, dass etwa von drei Fragen nur zwei beantwortet werden und der ursprüngliche Empfänger der drei Fragen annimmt, „alles erledigt zu haben" und anschließend die E-Mail in die erledigten Mails verschiebt, während der Sender A noch auf die Beantwortung der dritten Frage wartet. Ein weiterer Vorteil, pro Thema eine eigene E-Mail zu formulieren, liegt darin, dass so E-Mails sowohl von Sender als auch Empfänger gezielt nach Themengebieten archiviert werden können.

Sinnvolles Verwenden von Verteilern
Im Gegensatz zu Briefen und Telefonaten lassen sich E-Mails nicht nur einfach weiterleiten, sondern ebenso problemlos an einen größeren Adressatenkreis verteilen. Gerade in der Geschäftskorrespondenz wird hier, nicht nur bei Beratern, reichlich Gebrauch gemacht, um erstens zu vermeiden, dass jemand behaupten könnte, nicht informiert gewesen (Stichwort „Melden macht frei!") zu sein und zweitens um die eigene Wichtigkeit zu unterstreichen. In Wahrheit werden diese Mails üblicherweise von diesem erweiterten Teilnehmerkreis sofort verärgert gelöscht. Vor diesem Hintergrund empfiehlt sich eher ein selektiver Einsatz von „CC" anstelle E-Mails, die an staff@siemens.com gerichtet sind. Große Verteiler sollten von Beratern nur bei wesentlichen Projektmeilensteinen verwendet werden, z. B. bei Abschlusspräsentationen, oder bei Rund-Mails, die das gesamte Projektteam einschließlich Teilprojektteams betreffen.

Outlook bietet neben CC- auch die BCC-Funktion an. BCC bedeutet, dass Nachrichten als Blind Copy versendet werden, sodass die offiziellen Empfänger nicht erkennen, an wen die E-Mail noch versendet wurde. Die BCC-Funktion sollte allerdings nur in Ausnahmefällen genutzt werden, nämlich dann, wenn das vertrauliche Behandeln der Nachricht vom BCC-Empfänger wirklich sichergestellt werden kann.

Bedeutung und Kundenfähigkeit der Worte
Da im Gegensatz zum persönlichen Gespräch Mimik und Gestik nicht zur Unterstützung der Wortbedeutung genutzt werden können, ist die Wortwahl bei E-Mails noch wichtiger als in der face-to-face-Kommunikation; ein Beispiel: „Sehr geehrte Frau x, ich habe über Herrn y erfahren, dass Sie angeblich Unterlagen zu dem Kostenblock xx vorliegen haben ...". Das Wort „angeblich" kann nun drei Interpretationen zulas-

sen, nämlich erstens als schlichtes Füllwort, zweitens zur Betonung einer unsicheren Quelle („Herr y") oder drittens als gewisser Vorwurf des Absenders in Richtung Frau x, dass diese Informationen u. U. zurück hält. Es ist davon auszugehen, dass bei einem persönlichen Austausch des Absenders mit Frau x beiden direkt klar gewesen sein dürfte, welche Bedeutung „angeblich" in diesem Fall gehabt hätte.

Was bedeutet indes „kundenfähig"? E-Mails weisen gegenüber Briefen und Telefonaten das Pro-Argument auf, dass sie sehr einfach weitergeleitet werden können. Das bequeme Weiterleiten von Nachrichten sollte der Sender im Hinterkopf behalten und bei der entsprechenden Formulierung von E-Mails berücksichtigen. Handelt es sich also um vertrauliche Inhalte, sollte auf eine E-Mail als Informationsträger generell verzichtet werden, da immer das Risiko besteht, dass die Nachricht in falsche Hände gerät. Auch sollten E-Mails immer und ausnahmslos so formuliert werden, dass sie selbsterklärend und auch kundenintern in dritte Hände gelangen können. Schriftliche, unbedachte Äußerungen holen einen Berater spätestens dann ein, wenn es zu Konflikten in der Projektarbeit kommt!

Keine E-Mail ohne Betreff, ohne Anrede und ohne Anschreiben
Ohne Betreff sollte keine E-Mail versendet werden. Dies gilt auch für E-Mails, die ausschließlich dazu diesen, einen Anhang zu versenden. Dem Autor sind sogar Personen aus der Projektarbeit beim Kunden bekannt, die generell alle E-Mails ohne Betreff-Zeile als ungelesen löschen. Die Betreff-Zeile sollte – wie bei Briefen auch – möglich selbsterklärend sein und auf den anschließenden Text verweisen. Statt „Terminanfrage" sollte der Sender den Betreff als „Terminanfrage für 26.06.2013 nachmittags" formulieren.

Wie bei offiziellen Briefen auch, sollte jede E-Mail eine Anrede enthalten. Im Regelfall empfiehlt sich hier die Anrede mit „Sehr geehrter Herr x" oder „sehr geehrte Frau y". Hier von kann in Richtung eines weniger formellen „Lieber Herr x" oder „Hallo" nur dann abgewichen werden, wenn der Kundenmitarbeiter von sich aus bereits diese Anredeform dem Berater gegenüber verwendet hat oder wenn bereits eine längere enge Zusammenarbeit im Projektteam besteht. Unabhängig von der Formulierung sind die akademischen Titel entsprechend zu berücksichtigen, auch bei einem „Hallo" gehört also anschließend „Herr Dr. x" dazu, zumindest solange bis der Berater explizit vom Empfänger aufgefordert wird, auf die Titel-Anrede zu verzichten.

Das Wichtigste zuerst
Nach der Anrede empfiehlt sich, speziell bei Antwort-E-Mails, für die eingehende E-Mail zu danken, auch wenn es sich vielleicht um eine eher unangenehme Nachricht gehandelt haben mag. Bei Antwort-E-Mails sollte, falls dies nicht direkt aus

der angefügten Erst-E-Mail direkt hervorgeht, kurz Bezug auf die Ursprungsmail genommen werden. Nach dieser Formalie sollte der E-Mail-Ersteller das Wichtigste bereits im ersten Satz zusammenfassen. Spätestens dann kann der Empfänger eine persönliche Priorisierung der Nachricht für sich vornehmen.

Verständliches Formulieren
Der Consultant sollte darauf achten, Sätze möglichst kurz und wenig verschachtelt zu formulieren. Es geht darum, dass der Empfänger erstens auf Anhieb versteht, was Inhalt der E-Mail ist und zweitens sofort weiß, ob die Nachricht nur zur Information, zur Kenntnis oder zur Entscheidung dient.

Verständliches Formulieren bedeutet außerdem, zu berücksichtigen, dass der Empfänger, sprich der Mitarbeiter auf Kundenseite, sich außer mit dem Projekt i. d. R. auch noch mit einer Vielzahl anderer Dinge aus seinem Tagesgeschäft befasst, während sich der Berater fulltime auf die Projektinhalte konzentriert. Darüber hinaus unterstützen auch Absätze die bessere Lesbarkeit von E-Mails, während auf Smileys eher verzichtet werden sollte. Sie sind einerseits zu verspielt für die Geschäftskorrespondenz und werden andererseits oft auch fehlinterpretiert.

„Fasse dich kurz: Nimm Rücksicht auf Wartende"
(Telekommunikationsweisheit der 1930er bis 1970er Jahre)
An nahezu allen öffentlichen Fernsprechern war von den 30er bis zu den 70er Jahren diese Aufforderung zu lesen. Die unübersehbaren roten Emaille-Schilder wurden an Münzfernsprechern angebracht, da Ortsgespräche damals zeitlich nicht limitiert waren. Infolge dessen konnte der Anrufer nach Einwurf einer Münze beliebig lang telefonieren und den Apparat entsprechend blockieren.

Die Aufforderung „Fasse dich kurz" gilt aber auch bei der Formulierung von E-Mails. Hierfür sprechen zwei Argumente: Erstens besteht bei zu langen E-Mails die Gefahr, dass der restliche Teil vom Empfänger nicht mehr oder nur kursorisch gelesen wird. Zweitens gewinnt der Kunden-Empfänger u. U. den Eindruck, dass dem Consultant offensichtlich viel Zeit zur Verfügung stehen müsse, um solch lange E-Mails zu formulieren.

Verwenden von Anhängen
In vielen Fällen geht es bei E-Mails in erster Linie um das Weiterleiten von Dateien, z. B. Powerpoint-Folien oder Excel-Auswertungen. Wichtig ist, dass diese MS-Office-Dateien aussagefähige Dateinamen aufweisen, also nicht „Doku_Workshop.ppt" sondern „Ergebnisdokumentation_Vertriebsworkshop_2013_05_05.ppt" heißen. Dies gilt besonders dann, wenn mehrere Workshops im Rahmen des Projektes durchgeführt wurden.

Ganz wesentlich ist auch zu berücksichtigen, in welchem Format die Datei erstellt wurde. So hat nicht jede Führungskraft oder jeder Mitarbeiter auf Kundenseite Programme wie MS-Access, MS-Project, Visio oder gar CAD-Programme auf seinem Rechner und kann demzufolge die Dateien dann nicht öffnen.

Bei Anhängen, gerade wenn es sich um komplexe Excel- oder Access-Auswertungen oder Powerpoint-Präsentationen handelt, geht es i. d. R. um große Dateien. Um den Versand zu beschleunigen, werden sie häufig komprimiert („gezippt"). Hierbei sollte vom Berater zunächst geklärt werden, ob der Empfänger auf Kundenseite überhaupt über die entsprechende Software verfügt, um die Datei zu dekomprimieren. Außerdem sollte sichergestellt sein, dass Dateien mit den Endungen „zip" oder „rar" überhaupt von der Firewall aus erlaubt sind oder etwa vorab beim Versand oder beim Empfang aus Sicherheitsgründen geblockt werden.

Das Thema „Firewall" betrifft indes nicht nur den Versand komprimierter Dateien, sondern auch das Versenden von Fotos (z. B. Digitalkamera-Aufnahmen aus einer Fabrikhalle), von pdf-Dateien oder zu großer Dateien. So gibt es zahlreichen Unternehmen in Industrie, Handel und Dienstleistung, die die Mail-Größe inkl. Anhängen limitieren.

Verwenden von Grußformeln

Genau so wie es in einer E-Mail immer einer korrekten Anrede bedarf, ist in jedem Fall auch eine adäquate Grußformel am Ende einer E-Mail zu verwenden. Absolutes Tabu sind Kürzel wie MfG als Ersatz für „Mit freundlichen Grüßen" oder das komplette Weglassen. Vorsicht geboten ist auch bei weniger offiziellen Formulierungen wie „Viele Grüße" oder „Freundliche Grüße". Sie sollten nur dann verwendet werden, wenn der Geschäftspartner persönlich und bereits seit längerem bekannt ist.

Standardmäßig empfiehlt sich auch eine Formulierung à la „Für Rückfragen stehen wir Ihnen gerne zur Verfügung!". Sie ist Ausdruck der Kundenorientierung des Beraters und lädt ein, bedingt durch das Medium „E-Mail" potenzielle Missverständnisse zu vermeiden.

Nutzung von (Standard-)Signaturen

Um einen professionellen Eindruck zu hinterlassen und um die eigenen Kontaktdaten auf einen Blick zur Verfügung zu stellen, sollten Berater-E-Mails mit einer standardisierten Signatur versehen werden, die neben Anschrift und Kommunikationsdaten auch einen Disclaimer enthält. Bei den meisten Beratungshäusern gibt es hierfür bereits entsprechen Vorlagen, die zu nutzen sind.

Korrekturlesen: Rechtschreibfehler sind für Consultants kein Kavaliersdelikt
E-Mails sollten auch in Stress-Situationen immer Korrektur gelesen werden, bevor man sie versendet. Dies betrifft auf der einen Seite die Inhalte der Nachricht (Sind alle erforderlichen Informationen präzise formuliert? Ist die E-Mail aus Empfänger-Sicht verständlich formuliert? …), auf der anderen Seite aber auch die formale Gestaltung inklusive einer Rechtschreibprüfung. So sind Tipp- und Flüchtigkeitsfehler ebenso tabu wie der Verzicht auf Groß- und Kleinschreibung. Unabhängig vom eigentlichen Fehler besteht schließlich die Gefahr, dass der Kunde von Qualitätsmängeln in der Kommunikation auf Qualitätsdefizite in der Projektarbeit schließt: Geht der Berater mit den Projektinhalten ebenso lax um wie mit Auswertungen? Setzt der Berater die richtigen Prioritäten? Nimmt der Consultant mich als Kunden wirklich ernst, wenn er mir solche Nachrichten zusendet? …

Umgang mit Übermittlungs- und Lesebestätigungen
E-Mail-Nachrichten können sowohl mit Übermittlungs- als auch Lesebestätigungen hinterlegt werden. Durch sie kann überprüft werden, ob Nachrichten nicht nur übertragen, sondern auch tatsächlich gelesen wurden (wobei „gelesen" nicht mit „verstanden" gleichgesetzt werden darf!). Umstritten ist indes, ob die Nutzung dieser technischen Funktionalität in der E-Mail-Korrespondenz, gerade zwischen einem Berater und seinem Kunden, zu empfehlen ist. Abgesehen davon, dass die Rechtswirksamkeit teilweise unklar ist, stellt sich die Frage, wie die Aufforderung zur Eingangsbestätigung beim Empfänger ankommt. Nicht selten besteht das Risiko, dass der Nachrichten-Empfänger sich überwacht fühlt, sodass – wenn überhaupt – ein Consultant – die Lesebestätigung ausschließlich sehr selektiv einsetzen sollte. Darüber hinaus ist der Empfänger natürlich nicht daran gebunden, die gewünschte Lesebestätigung zuzulassen.

Zusammenfassend lässt sich feststellen, dass die Anwendung von Übermittlungs- und Lesebestätigungen allgemein zwar bei manchen Unternehmen regelmäßig zum Einsatz kommt, in der Berater-Klienten-Korrespondenz zumindest von Beraterseite aus eher zur Ausnahme gehört.

4.6.4   Briefe

Im Gegensatz zu E-Mails kommen Briefe als Instrument der schriftlichen Kommunikation zwischen Kunde und Berater heutzutage nur noch sehr selten zum Einsatz. Bedingt durch den höheren Erstellungsaufwand und die längeren Durchlaufzeiten von der Erstellung bis zum Empfang beim Kunden sind sie heute eher unüblich. Briefe werden, bedingt durch den formelleren Charakter, normalerweise nur zu besonderen Anlässen versendet. Hierzu zählen zum Beispiel:

- Begleitschreiben zu Mailings und Informationsmaterialien
- Berater-Angebote
- Auftragsbestätigungen durch den Kunden
- Rechnungen
- Mahnungen
- Dankesbriefe

Für die formale Gestaltung von Briefen gelten die Regelungen zu E-Mails analog. Zusammenfassend ergeben sich somit folgende Hinweise:

- Verwenden des offiziellen Firmenpapiers
- Korrekte Darstellung der Kundenadresse
- Nutzen einer Betreff-Zeile, ohne den Begriff „Betreff" voranzustellen, also statt „Betreff: Ihr Schreiben vom 12.06.2013" besser „Ihr Schreiben vom 12.06.2013"
- Einhalten der neuen Rechtschreibung
- Weitgehendes Vermeiden von Kürzeln im Textteil
- Dem Anlass angepasste Formulierung von Anrede und Grußformel
- Beachten akademischer Titel (in Anrede und Textteil)
- Ggf. Verweis auf beigefügte Unterlagen
- Berücksichtigung der internen Unterschriftenregelungen

Wie bei E-Mails auch, müssen Briefe so formuliert sein, dass sie selbsterklärend und faktenorientiert sind, damit interne Weiterleitungen beim Kunden nicht zu Verstimmungen führen können.

5 Verhalten außerhalb der offiziellen Arbeitszeit: Im 24-Stunden-Einsatz

Im Gegensatz zu vielen anderen Berufen endet der Arbeitstag eines Beraters häufig am Abend nicht bei Verlassen des Kundengeländes. Trotz hohen Wochenarbeitspensums kommt es speziell bei längerfristigen Geschäftsbeziehungen vor, dass gemeinsame Aktivitäten zwischen Berater und Kunde stattfinden, die über die rein inhaltlich orientierte Projektarbeit hinausgehen. Solche Aktivitäten auf „neutralem Boden" betreffen meist nicht nur die Projektleiter auf Klientenseite, sondern in vielen Fällen das gesamte Projektteam vom Business Analyst bis zum Partner vor Ort.

Aus diesem Grund wird in den folgenden Abschnitten dargestellt, auf welche Aspekte im Rahmen von Geschäftsessen und während sonstiger gemeinsamer Freizeit-Aktivitäten von Consultant-Seite aus besonderer Wert gelegt werden sollte. Wichtig ist dabei, sich stets vor Augen zu halten, dass es sich um ein Treffen mit Kunden außerhalb der Büro-Räumlichkeiten handelt, aber keineswegs um einen privaten Termin und damit de facto eben nicht um „freie Zeit"! Auch wenn sich im Laufe des Abends die Atmosphäre lockert, sollte sich der Berater zu jeder Zeit bewusst sein, dass er mit seinem Verhalten eine Wirkung beim Kunden hervorruft und somit letztlich den Projekterfolg beeinflusst.

Bei allen kritischen Anmerkungen bzgl. Terminen außerhalb der offiziellen Arbeitszeiten sei aber auch angemerkt, dass solche gemeinsamen Veranstaltungen ein immenses Potenzial zur Kundenbindung bilden. Schließlich signalisiert der Kunde dadurch indirekt, seine kostbare Zeit auch über Pflichttermine hinaus mit dem Berater verbringen zu wollen.

5.1 Gemeinsame Freizeit: Frei- oder Arbeitszeit?

Zunächst wird diskutiert, welche möglichen Anlässe für gemeinsame „Frei"-Zeit-Aktivitäten in Frage kommen, wobei das Thema „Geschäftsessen" im anschließenden Abschnitt gesondert betrachtet wird:

- Kunden-Events
- Sportveranstaltungen, z. B. Tennis oder Golf
- „Absacker"
- Gemeinsames Reisen

Kunden-Events

Bei Kunden-Events handelt es sich um Veranstaltungen, zu denen mehrere Kunden oder Interessenten eingeladen werden. Während es in anderen Branchen durchaus üblich ist, regelmäßig solche Events durchzuführen, ist dies im Beratungssektor nicht so sehr verbreitet. Hierfür sprechen zwei Argumente: Erstens tun sich Beratungen als Dienstleister naturgemäß schwerer als Industrieunternehmen, ihre Güter zu präsentieren, da diese ja immaterieller Natur sind und auch die Büroräumlichkeiten meist weniger spektakulär ausfallen; zweitens führt die Verschwiegenheitsverpflichtung bei Consultancies zu einer präferierten Anonymität ihres Kunden. Vor diesem Hintergrund konzentrieren sich solche Events i. d. R. zielgruppenbezogen auf potenzielle Kundenkreise und inhaltlich auf Fachvorträge zu aktuellen Themen aus der jeweiligen Branche.

Auch wenn sich der Berater nicht direkt in einem Projekt befindet, unterliegen Kunden-Events denselben hohen Ansprüchen an seine Verhaltensweisen wie konkrete Projektaufträge. Dies gilt auch dann, wenn ein solches Kunden-Event durch ein weniger formales Rahmenprogramm, z. B. eine Produktionsbesichtigung oder eine gemeinsame Testfahrt bei einem Premium-Automobilhersteller, begleitet wird. Folgende Regeln sollte der Berater, der hier zugleich auch als Gastgeber fungiert, beherzigen:

- Pünktliches Erscheinen vor Veranstaltungsbeginn, um ggf. bei organisatorischen Problemen unterstützen zu können
- Business Dresscode und kein Business Casual (Wenn im Anschluss noch ein weniger formaler Veranstaltungsteil stattfindet, sollte der Consultant die Kleidung so wählen, dass er relativ unproblematisch von Business auf Casual wechseln kann.)
- Verlassen des Kunden-Events erst nachdem sämtliche (potenziellen) Kunden die Veranstaltung verlassen haben
- Vermeiden eigeninitiierter Fachgespräche während des weniger formalen Rahmenprogramms
- Kein übermäßiger Alkoholkonsum (denn auch nach dem vierten gemeinsamen Bier ist der Kunde noch der Kunde und der Berater noch der Dienstleister)
- Keine Gespräche über vergangene Projekte unter Benennen von Firmennamen oder Ansprechpartnern
- Vermeiden persönlicher Kommentare

- Austausch von Visitenkarten, soweit es in den Rahmen und in die Inhalte passt (gezielter Austausch statt beliebiges Streuen in die Masse)

Sportveranstaltungen

Die präferierte Sportart eines Menschen sagt bereits viel über den Menschen dahinter aus: Handelt es sich um eine Einzel- oder Mannschaftssport? Geht es um Breitensport oder um eine Risikosportart?

Bezogen auf die Kleidung sollte diese natürlich der Sportart und den Sportgeräten angemessen ausfallen. Ähnlich wie bei beruflichen Terminen gilt, dass die Kleidung weder zu verbraucht (alte Turnschuhe, verschlissene Shirts) noch zu teuer ausfallen sollte. Vor und nach dem Sport braucht der Berater kein Business-Outfit zu tragen: Hier sind, je nach Jahreszeit, Rollkragen-Pullover, Polo-Shirts oder kurzärmelige Oberhemden die richtige Wahl. Weniger geeignet erscheinen, unabhängig vom Geschlecht, auch bei solchen Freizeit-Terminen Jeans, T-Shirts oder kurze Hosen. Speziell Beraterinnen ist von zu Körper betonter Kleidung abzuraten.

Unabhängig von der ausgeübten Sportart sollte die Initiative zum gemeinsamen Sport immer vom Klienten ausgehen, da ein Golf-, Squash- oder Tennismatch wesentlich persönlicher als Projektarbeit und Kunden-Events sind und prinzipiell keinen Bezug zur Tätigkeit des Beraters aufweisen. Gerade führen aber oft solche gemeinsamen Interessen zu einer Beziehung auf einer persönlicheren Ebene, die weit über das Projektende hinausreicht.

> Die Krise des Arbeitsmarktes war auch Thema auf dem diesjährigen Treffen der „Similauner" Anfang August. Die von *Henzler* vor zehn Jahren ins Leben gerufene Herrenrunde, die ihren Namen von einem Dreitausender in den Ötztaler Alpen ableitet, trifft sich einmal im Jahr in den Dolomiten, um zuerst unter Anleitung von Bergsteiger-Legende *Reinhold Messner* einen Gipfel zu erklimmen und dann über gesellschaftliche und wirtschaftliche Probleme zu diskutieren. Zum Jubiläumstreffen kamen unter anderem *Klaus Zumwinkel* (Deutsche Post), *Ulrich Cartellieri* (Deutsche Bank), *Wolfgang Reitzle* (Linde), *Ulrich Lehner* (Henkel), *Jürgen Weber* (Lufthansa) und Verleger *Hubert Burda*. *Henzlers* Duzfreund *Jürgen Schrempp* (DaimlerChrysler), der *Henzler* zu seinem sechzigsten Geburtstag mit einem Gedicht ... überraschte, fehlte aus terminlichen Gründen.[56]

Obgleich inzwischen die „Similauner" größtenteils Management-Geschichte sind, wird an diesem Beispiel die Bedeutung ähnlicher Sportinteressen für ein gelungenes Networking deutlich.

---

[56] *Stuhr, A. (2003).*

„Absacker"

Unter einem „Absacker" versteht man den gemeinsamen Besuch in einem Lokal, um etwas zu trinken. Im Gegensatz zu Geschäftsessen handelt es sich um Kundentermine, die direkt nach Arbeitsende stattfinden, i. d. R. weniger formell ausfallen und üblicherweise nur ca. eine bis eineinhalb Stunden dauern. Wie beim Geschäftsessen sollte die Wahl der Gaststätte oder Bar durch den Klienten getroffen werden, es sei denn, es handelt sich für den Berater um ein so genanntes Heimschläfer[57]-Projekt, bei dem beide Heimvorteil genießen. Dennoch sollte der Consultant darauf einge-stellt sein, ebenfalls Vorschläge zu unterbreiten, um bei Bedarf auch in diesem Feld Führungsverhalten unter Beweis zu stellen. Statt eines „Schulterzuckens" oder einem lapidaren „Da richte ich mich ganz nach Ihnen" gilt es, ggf. zwei bis drei eigene Alternativen zu nennen.

Da „Absacker" direkt im Anschluss an das Büro starten, stellt sich die Frage nach der korrekten Kleidung an dieser Stelle nicht. Legt der Kunde im Verlauf des Treffens Krawatte und/oder Sakko ab, sollte es der Berater ihm gleichtun, um nicht „über-korrekt" zu wirken. Weitere Hinweise für ein geeignetes Auftreten sind:

- Aus- oder Stummschalten des Mobilfunks
- alkoholische Getränke gelten in Maßen als okay, jedoch am besten beschränkt auf Wein und Bier
- Alkohol-Konsum maximal auf dem Niveau des Kunden (bezogen auf die Anzahl der „Runden")
- Smalltalk beschränkt auf allgemeine, aber nicht auf beliebige („seichte") Themen wie Boulevard oder Wetter oder zu persönliche Gespräche wie Krankheiten und private Probleme
- speziell bei männlichen Beratern: kein Besuch zwielichtiger Etablissements zusammen mit dem Kunden (soweit muss und sollte die Kunden-Loyalität nicht reichen, nicht zuletzt, um den eigenen Ruf beim Kunden später nicht zu beschä-digen)
- Übernahme der Rechnung am Ende des Treffens

Gerade „Absacker"-Termine sind eine gute Gelegenheit, Team-Kollegen und Auf-traggeber auf Kundenseite näher kennen zu lernen. Im Gegensatz zu Geschäftsessen sind sie erstens weniger lang und zweitens weniger formell, so dass sie sich als Vor-stufe eines späteren gemeinsamen Abendessens eignen.

---

[57] Heimschläfer-Projekte sind solche Projekte, die am Heimatstandort des Consultants liegen, und bei denen der Consultant dadurch zu Hause statt im Hotel nächtigt.

Gemeinsames Reisen

Insbesondere bei Beratungsaufträgen, die mehrere Standorte als Untersuchungsbereich einschließen, kommt es gelegentlich zu gemeinsamen An- und Abreisen, etwa zu internationalen Fertigungsstätten oder Tochtergesellschaften. An dieser Stelle sollte das Consulting-Team besonderen Wert auf die Reiseplanung legen, um folgende faux pas zu vermeiden:

- Kundenteam fliegt Economy, Beraterteam Business zum Auslandsstandort (im worst case sogar noch in derselben Maschine)
- Kundenteam ist im Drei-Sterne-Hotel untergebracht, während das Beraterteam im Vier-Sterne-Hotel vor Ort nächtigt
- Trotz gemeinsamer Zielorte reisen beide Teams in getrennten Leihwagen an, das Beraterteam im 5er BMW Touring, während das Kundenteam einen geräumigen Mini-Van nutzen „darf".

Die oben exemplarisch genannten peinlichen Situationen sind normalerweise auf unterschiedlich restriktive Reise-Richtlinien zurückzuführen. Speziell bei Projekten, die nicht vom Head Office des Kunden finanziert werden, wird stark auf die Einhaltung solcher Bedingungen geachtet. Dass diese Regelungen stillschweigend auch für die Berater als verbindlich betrachtet werden können, obwohl diesen gemäß Beratervertrag vielleicht bessere Reise- und Nebenkosten-Konditionen zustehen, erscheint einleuchtend.

Wie lassen sich aber solche unglücklichen Situationen vermeiden? Da die betreffenden Reisetermine im Allgemeinen im Vorfeld etwas längerfristig geplant werden und nicht „vom Himmel fallen", sollten die Consultants oder speziell ein Junior Consultant sich vorher beim Sekretariat oder dem beauftragten Reisebüro des Kunden erkundigen, wie die Kunden-Mitarbeiter ihre Reise organisiert haben. Hieran sollten sich die Berater dann orientieren. Dadurch ergeben sich gleich zwei positive Effekte: Erstens vermeiden die Consultants, dass sie auf anderem Niveau (nämlich weder signifikant besser oder schlechter) als ihre Klienten reisen. Zweitens können die Berater oft, gerade wenn es sich um größere Kunden handelt, von deren Sonderkonditionen bei Hotels und ggf. Leihwagen profitieren und auf diesem Weg ihre eigenen Reisekosten reduzieren.

Abschließend gilt für das gemeinsame Reisen mit dem Kunden wie bei vielen Verhaltensweisen für Berater, dass diese sich weitgehend in die Usancen des Klienten integrieren sollten. Mögliche Vorurteile können auf diese Weise elegant umgangen werden.

5.2   Geschäftsessen mit Kunden: Guten Appetit?

Eine Vielzahl an Knigge-Ratgebern befasst sich mit dem Themenfeld „Geschäfts-essen". Sie setzen sich nicht selten mit Fragen wie „Wie esse ich am besten einen Hummer?" oder „Welcher Weißwein passt am ehesten zu Lachs?" auseinander. Diese Fragen stehen für Unternehmensberater indes meist nur selten im Vorder-grund, wenn ein gemeinsames Abendessen mit Mitarbeitern von Kundenseite statt-findet.

Restaurantwahl
Zunächst ist die Frage zu klären, wo das Treffen stattfinden soll. An dieser Stelle sind naturgemäß Pauschalempfehlungen fehl am Platze. Vielmehr hängt die Restau-rantwahl u. a. von der Uhrzeit, den Teilnehmern und dem Anlass ab. So kann ein gemeinsamer Espresso nach Feierabend in einer Bar ebenso stil- und etikettesicher sein wie ein Besuch in einem Sterne-Lokal. Nur von gemeinsamen Aktionen à la „After-Work-Party" sollte generell abgesehen werden. Um Fehler zu vermeiden, aber auch um dem Kunden den Vortritt zu lassen, sollte die Restaurant-Empfehlung vom Kunden ausgehen. So vermeidet der Berater, zu hoch- oder zu niedrigpreisige Lokale auszuwählen. Ein weiteres Argument, den Kunden auswählen zu lassen, liegt im Standortvorteil des Klienten. Während der Berater i. d. R. nur einen begrenzten Zeitraum am Standort des Kunden verbringt, kennt sich der Kunde wahrscheinlich wesentlich besser vor Ort aus.

Sobald nun das Restaurant oder die Bar ausgewählt und die Uhrzeit fixiert wurden, sollte der Berater wie bei Geschäftsterminen üblich, einige Minuten vorher am Treffpunkt ankommen. Wurde vereinbart, sich vor dem Gebäude zu treffen, sollte der Consultant dem Kundenmitarbeiter die Tür öffnen und ihm den Vortritt lassen. „Vortritt lassen" gilt darüber hinaus auch bei der Wahl eines geeigneten Tisches (der Platz am Tresen sollte selbstverständlich eher gemieden werden[58]) sowie beim Platznehmen am Tisch: Es empfiehlt sich für den Consultant, sich immer erst dann zu setzen, wenn sich der Geschäftspartner bereits gesetzt hat.

Über Speisen und Getränke
Nachdem die Gäste Platz genommen haben, stellt sich die Frage nach Getränken und Speisen. Hier ist der Berater i. d. R. vollkommen frei. Folgende Punkte empfehlen sich dennoch:

---

[58]   Empfehlenswert ist ein Tisch, der etwas abgelegen liegt, um bei Bedarf vertrauliche Gespräche zu führen.

- bei Geschäftsessen am Mittag sollten ausschließlich nicht-alkoholische Getränke bestellt werden, am besten Mineralwasser oder Saftschorlen
- bei Geschäftsessen am Abend sind Wein und Bier erste Wahl
- bei den Speisen – unabhängig von der Tageszeit – sollten solche in mittlerer Preislage gewählt werden, um den Gast nicht in Verlegenheit zu bringen, denn sowohl sehr günstige Speisen („Berater ist geizig") wie auch zu teure Speisen („Berater lebt ja gut auf unsere Kosten") strahlen negativ auf den Consultant ab
- exotische Speisen oder problematische Speisen[59] sollten generell vermieden werden, um „Unfälle" zu vermeiden, speziell wenn man anschließend noch im Büro weiterarbeiten muss.

Tischmanieren: Wohin mit der Krawatte?
Auch wenn Tischsitten gegenüber früher weniger streng „beäugt" werden, gibt es dennoch einige grundlegende Empfehlungen. So sollte bei Tisch die Krawatte an ihrem bisherigen Ort belassen werden: Das Nachhintenwerfen der Krawatte (über die Schulter) ist ebenso zu vermeiden wie das Einstecken in das Oberhemd. Wenn der Geschäftspartner von sich aus ohne Krawatte erscheint, sollte der Berater sich kurz auf die Toilette zurückziehen, um ebenfalls den Schlips abzulegen. Für Krawatten gibt es hier nur zwei Optionen: Entweder trägt er die Krawatte weiterhin fest gebunden lassen oder abnehmen. Ein „lässiges" Öffnen des obersten Kragenknopfes ist indes keine Alternative, weder im Projekttermin noch beim halboffiziellen Geschäftsessen.

Small Talk: Die Kunst des Redens
Im Anschluss an das Bestellen tritt häufig zunächst ein gewisses Schweigen an. Hier liegt es am Consultant, mit so genannten Eisbrechern den richtigen Einstieg in die Gesprächsführung zu finden. Wichtig ist dabei das Ansprechen geeigneter Themen. Als völlig ungeeignet stellen sich allgemein folgende Themenfelder dar:

- Politik
- Religion und religiöse Ansichten
- Wetter (wegen Einfalls- und Belanglosigkeit)
- Andere (laufende oder ehemalige) Projekte des Beraters (wegen der Verschwiegenheit)
- Zu Persönliches (z. B. Familienprobleme oder Krankheiten)

Zudem sollte der Consultant von sich aus nicht Themenstellungen aus dem Projekt ansprechen. Entweder wird es der Kunde von sich aus tun, wenn er Bedarf danach

---

[59]   Man denke hier nur an die berühmten Spaghetti mit Tomatensoße auf dem weißen Oberhemd.

hat oder er möchte vielleicht gerade diese Pause nutzen, um einmal nicht an die Arbeit oder das Projekt zu denken. Darüber hinaus sollten die Gesprächspartner auch immer im Hinterkopf behalten, dass die Personen am Nachbartisch mithören könnten.

Damit ergibt sich die Frage, welche Themenkomplexe denn nun im Rahmen des Geschäftsessens geeignet sind. Privates ist nicht grundsätzlich tabu. Vielmehr zeigen private Themen den Menschen hinter dem (rationalen) Consultant und machen ihn schließlich auch sympathisch. Gespräche über Freizeitaktivitäten oder den letzten Urlaub sind durchaus geeignet, die Atmosphäre zwischen den Gesprächspartnern aufzulockern. Allerdings dürfen die Inhalte nicht zu intim oder problembehaftet sein, weil der Berater sich nicht nur angreifbar macht, sondern Kunden solche (Negativ-) Themen im Allgemeinen auch eher betroffen machen. „Betroffenheit" indes gehört nicht zu den Faktoren einer gelungenen Kunden-Dienstleister-Geschäftsbeziehung.

Loyality first!

Das kundenseitige Interesse an Geschäftsessen mit Beratern kann im Wesentlichen auf zwei Aspekte zurückgeführt werden: Einen Grund bildet die Neugier am Menschen hinter dem Berater. Wie verhält sich der Berater im Privatleben? Was waren für ihn Gründe, in das Beratungsgeschäft einzusteigen? etc. Der andere Grund tritt jedoch viel häufiger auf: Der Kunde möchte Themen rund um das Projekt mit dem Consultant besprechen, und zwar außerhalb des üblichen Projektrahmens. Folgende Fragen hat der Klient dabei häufig im Hinterkopf:

• Wie schätzt der Berater den Projektfortschritt ein?

• Wie beurteilt der Berater Kollegen, Mitarbeiter und Vorgesetzte auf Kundenseite, und zwar fachlich wie persönlich?

• Wie bewertet der Consultant die Schnittstelle zwischen Abteilung A und Abteilung B oder zwischen Geschäftsführer A und Geschäftsführer B?

• Wo liegen aus Sicht des Beraters die größten Gefahrenpotenziale im Projekt?

• Worin sieht der Berater die wichtigsten Ansatzpunkte für ein mögliches weiteres Vorgehen?

Üblicherweise geht es weder um ein „Aushorchen des Beraters" noch um ein „Aufs Glatteis führen" desselben. Hier sollte der Berater äußerst vorsichtig und diplomatisch agieren und nur solche Aussagen treffen, zu denen er auch während der offiziellen Arbeitszeiten im Projektbüro stehen würde. Schließlich werden der Consultant und sein Team nicht für Meinungen, sondern für Fakten bezahlt. Der Berater kann sein Versprechen in Bezug auf Vertraulichkeit nur einhalten und auch seine Außendarstellung schützen, indem er sich nicht zum „Plauderer" herabqualifiziert.

Anders verhält es sich mit Fragen nach dem Projektfortschritt oder den Projektinhalten (Ansatzpunkte, Projektfortschritt etc.). Hier hat der Kunde, zumindest wenn er Teil der Projektorganisation ist, natürlich einen Anspruch auf einen offenen Meinungsaustausch. Trotzdem darf er sich durch das ungewohnte Umfeld nicht zu eventuellen Vertraulichkeiten hinreißen lassen, die er zu einem späteren Zeitpunkt u. U. bereut.

„Die Rechnung, bitte!"
Das Ende des Geschäftsessens läutet im Regelfall der Mitarbeiter des Kunden ein. Dies bedeutet im Umkehrschluss, dass der Consultant um die Rechnung bittet und diese dann auch begleicht. Selbst wenn die Initiative zum gemeinsamen Mittag- oder Abendessen vom Kunden ausging, liegt es dennoch am Berater, die anfallende Rechnung zu begleichen. Je nach Güte des Service und der Höhe des Gesamtrechnungsbetrags ist ein Trinkgeld in Deutschland zwischen fünf und zehn, im Ausland i. d. R. auch mehr Prozent angebracht. Dabei sollte die Bezahlung möglichst diskret ausfallen, indem auf den Rechnungsbetrag gegenüber dem Service-Personal nicht nochmals hingewiesen und auch nicht die goldene Kreditkarte demonstrativ auf den Tisch gelegt wird.

„No Gos"
Über die oben dargestellten Hinweise hinaus sollte der Consultant schließlich folgende Verhaltensweisen im Rahmen des Geschäftsessens unbedingt vermeiden:

• Ablegen des Sakkos, bevor dies der Geschäftspartner tut
• Lockern des Hosengürtels
• Lautstarkes Reklamieren der Speisen- oder Service-Qualität
• Verlassen des Tisches während eines Speisenganges
• Anlassen des Mobilfunkgeräts
• Übermäßiger Alkoholkonsum

6 Verhalten am Projektende: Nach dem Projekt ist vor dem Projekt

6.1 Übergang vom Berater auf den Kunden: Vom Projekt Abschied nehmen

Projekte, unabhängig davon, ob Sie von externen Beratern unterstützt werden oder nicht, zeichnen sich neben einer spezifischen Projektorganisation und einem fixem Budget vor allen durch ihre zeitliche Befristung aus. Projektarbeit ist damit kein Tagesgeschäft, sondern hat einen festen Projektstart und ein fixes -ende.

Bei der Einführung einer Qualitätsmanagement-Zertifizierung oder der Begleitung eines neuen Internet-Auftritts erscheint es im Normalfall offensichtlich, wann das Projekt abgeschlossen und damit der Projektauftrag für den Berater erfüllt ist. In anderen Fällen ist das trotz detaillierter Dienstleistungsverträge zwischen Berater und Kunde gelegentlich nicht so einfach zu definieren. Dies betrifft speziell Projekte, die in einen kontinuierlichen internen Prozess innerhalb der Kundenorganisation münden sollen. Als Beispiele seien hier die Einführung eines Change-Management-Prozesses sowie die Umsetzung eines kontinuierlichen Verbesserungsprozesses (siehe Abbildung 16) in einem Industrie-, Handels- oder Dienstleistungsunternehmens genannt. Solche Projekte sollen naturgemäß nicht enden, sobald das Consulting-Team den Klienten wieder verlassen hat, sondern unbefristet zu einer permanenten unternehmensinternen Weiterentwicklung führen, die dem Unternehmen durch flexible Strukturen und Prozesse nachhaltig Wettbewerbsvorteile verschafft.

Solche Projekte zeichnen sich besonders dadurch aus, dass es einen fließenden Übergang von der Projektverantwortung auf Beraterseite (im Sinne eines „Lernens von außen") auf den Kunden („Lernen von innen") geben muss. Aufgabe des Beraters darf es schließlich nicht sein, dass Projekt langfristig zu unterstützen, sondern die Rahmenbedingungen für den Erfolg zu schaffen, damit die Ideen hinter dem Projekt auch weiter verfolgt werden können, wenn der Berater das Hause wieder verlassen hat. Gerade für Langläufer-Projekte gilt, dass sie nur dann objektiv als erfolgreich

Was ist die Idee der kontinuierlichen Verbesserung?

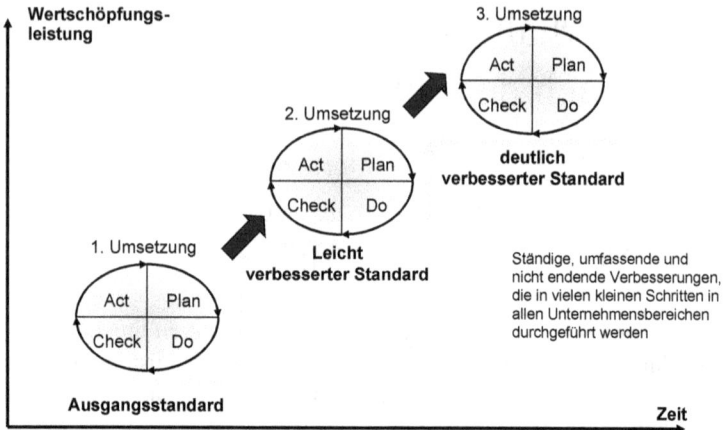

Abbildung 16: Kontinuierliche Verbesserung im Unternehmen[60]

bezeichnet werden dürfen, wenn es gelingt, den Übergang auf die internen Kunden-strukturen zu schaffen. „Zu schaffen" bedeutet, dass der Geist des Projektes weiter lebt und weiter entwickelt wird. Dies ist gerade bei solchen Unternehmen nicht einfach, die über längere Zeiträume mit externem Support arbeiten und es gewohnt sind, dass der Berater Konzepte entwickelt und auch intern bis zur Umsetzung und darüber hinaus vorantreibt.

In einem solchen Fall befindet sich der Berater in einem Dilemma: Auf der einen Seite sollte er sich stets bewusst sein, dass seine Unterstützung nur temporär sein darf, denn früher oder später muss das Projekt in die Hände des Kunden übergeben werden. Auch Budgetgründe sprechen vielfach eher für einen frühzeitigen Übergang vom Beraterteam auf das Kundenteam oder dezentral auf die beteiligten Fachabtei-lungen.

Auf der anderen Seite befürchtet der Consultant, in der Praxis leider allzu oft be-gründet, dass das Projekt nach Ausscheiden der Berater nicht mehr mit derselben Dynamik und Management Attention vorangetrieben wird wie vorher. Es wird ihm schwer fallen, das Projekt „loszulassen", vor allem dann, wenn der interne Projekt-verantwortliche das Thema neben dem Tagesgeschäft betreuen soll. Als Lösungsan-

---

[60]   In Anlehnung an *Wildemann, H.* (2013), S. 297.

satz bei größeren Unternehmen empfiehlt sich in einem solchen Fall die Projekt-übergabe an die Abteilung „Organisation" oder „Inhouse Consulting", die in vielen Fällen mehr zeitliche Ressourcen und auch mehr Methodenwissen als die betroffe-nen Fachabteilungen aufweisen, um komplexe Projekte effektiv und effizient zu führen.

Ein weiterer Problemkreis bei sich dem Ende zuneigenden Projekten betrifft hin-gegen ausschließlich die Beraterseite: Nur selten tritt der Fall ein, dass ein Projekt zu einem bestimmten Monatsende abgeschlossen wird und das Folgeprojekt am ersten des Folgemonats startet. Um Leerzeiten bei der Ressource „Berater" intern zu ver-hindern, findet bei vielen Beratungsunternehmen ein eher fließender Übergang von einem Projekt auf das nächste statt. Während das eine Projekt langsam von den Ressourcen heruntergefahren wird, beginnen im nächsten Projekt bereits die Vor-arbeiten zum Kick-off-Workshop. In der Praxis steht der Berater aber vielfach vor folgenden Problemen:

- Der Projektabschluss verzögert sich, da etwa noch erforderliches Datenmaterial für die Erstellung der Abschlussunterlage fehlt, welches von Dritten oder Kun-denseite noch zur Verfügung zu stellen ist.
- Die letzten Projektwochen gestalten sich als sehr arbeitsintensiv. Statt eines langsamen Ausphasens sind Abschlussberichte und -präsentationen zu erarbei-ten, quantitative Projektergebnisse (z. B. Kostensenkungen, Prozessdurchlauf-zeit-Reduzierungen) herzuleiten und Fragen des internen Projektleiters zu be-antworten.
- Die Projektverantwortung wird auf den internen Projektleiter übertragen. Dieser muss allerdings noch „aufgegleist" werden, um zu wissen, wo er welche Unter-lagen findet bzw. wie sich welche Zahlen, Daten, Fakten aus dem Projekt herlei-ten.
- Der Einstieg in das nächste Projekt gestaltet sich aufwändiger als geplant, da beispielsweise der Kunde und sein Umfeld noch unbekannt sind oder noch orga-nisatorische Vorbereitungen zu treffen sind.

Kurz: Der Berater sieht sich im Normalfall gegen Projektende einem starken Zeit-druck gegenüber. Dennoch erwartet der Kunde, besonders in dieser Projektphase, den ungeteilten Projekteinsatz des Beraters, schließlich „habe ich für das Projekt xx Tausend Euro bezahlt".

Was sind aber typische Aufgaben und Tätigkeiten am Ende eines Beratungsauftra-ges? Grundsätzlich lassen sie sich in zwei Kategorien aufsplitten:

1. Tätigkeiten des Beraters im Zusammenspiel mit dem Klienten
2. Tätigkeiten, die ausschließlich beratungsinternen Funktionen dienen

Diese beiden Aufgabenblöcke sollen in den beiden folgenden Abschnitten spezifiziert werden.

6.2   Projektabschluss mit dem Kunden: Ziele erreicht?

Getreu dem Prinzip „Nach dem Projekt ist vor dem Projekt" ist es ganz entscheidend, Projekte nicht nur erfolgreich zu gestalten und zu begleiten, sondern auch erfolgreich abzuschließen. Der Consultant und seine Kollegen sollten dabei immer im Hinterkopf behalten, dass zwar der erste Eindruck über die Erst-Beauftragung eines Kunden entscheidet, ein möglicher Folgeauftrag aber im Wesentlichen vom „letzten Eindruck" des Vorprojektes abhängt. Hierfür gelten folgende Regeln:

Abschlussbericht und Abschlusspräsentation
In fast allen Fällen finden bei größeren Projekten offizielle Kick-off-Sitzungen unter Beteilung des (Top) Managements statt. Damit wird die Bedeutung des Projektes für den Abteilungs-, Bereichs- oder Unternehmenserfolg unterstrichen. Betrachtet man jedoch die Anzahl der offiziellen Abschlusspräsentationen, kommen diese in der Praxis deutlich seltener vor. Viele Projekte weisen riesige Kick-offs aus und laufen sich nach mehreren Jahren eher sang- und klanglos tot. Mögliche Argumente gegen Abschlusspräsentationen, die in diesem Kontext fallen, sind etwa:

- Schwierige Terminkoordination
- Aufgebrauchtes Projektbudget
- Vordringlichere Aufgaben
- Neue, anlaufende Projekte

Zieht man in Betracht, dass solche Abschlussveranstaltungen zum einen für ein offenes Feedback auf beiden Seiten und zum anderen für ein gezieltes „lessons learned" für Folgeprojekte genutzt werden können, so verwundert es, dass Abschlusspräsentationen teilweise ganz entfallen oder eher auf „kleiner Flamme" gekocht werden.

Auch wenn das Projektbudget bereits erschöpft sein mag, empfiehlt es sich für den Consultant immer, auf eine offizielle Abschlusspräsentation und Übergabe des Projektes zu drängen, selbst wenn dieser Termin nicht mehr vergütet wird. Projekte ohne offizielles Projektende hinterlassen oft den Eindruck, als wäre das Projekt abgebrochen worden. Aber auch aus einem anderen Grund sind solche Abschlusstermine sehr bedeutsam: Sie geben dem Beraterteam die Möglichkeit, ihre Sicht auf das Projekt zu kommunizieren, und zwar nicht nur gegenüber dem Projektteam, sondern auch gegenüber dem Steuerkreis als Entscheidergremium im Unternehmen.

Darüber hinaus bietet sich für das externe Team eine offizielle Plattform, um a) aufzuzeigen, was erreicht wurde, b), was nicht im Projekt erreicht wurde und auf welche Ursachen das zurückzuführen ist und c), wo noch zukünftiger Handlungsbedarf herrscht, der über den bisherigen Untersuchungsbereich hinausgeht.

Als besonders authentisch wirkt eine Abschlusspräsentation vor dem Steuerkreis, welche in ihren wesentlichen Zügen von den Mitarbeitern des Kunden selbst gehalten wird. Hierdurch werden zwei Effekte erzielt: Erstens wird verdeutlicht, dass das Ziel „Hilfe zur Selbsthilfe" für das externe Beraterteam keine leere Worthülse bildet und das Projekt, falls erforderlich, auch nach Weggang der Berater, erfolgreich weitergeführt werden kann. Zweitens ergibt sich durch dieses Vorgehen, dass sich die Kundenmitarbeiter nochmals zum Projektende aktiv mit den Themen auseinandersetzen und sich außerdem mit dem Projekt und seinen -inhalten nachhaltig und unternehmensoffiziell identifizieren müssen.

Übergabe einer Projekt-CD-ROM
Bei der Ablage von Projektinhalten gibt es grundsätzlich zwei Alternativen. Entweder erfolgt sie direkt und zentral auf dem Server des Kunden oder die Projektdateien befinden sich auf den Rechnern des Beraterteams und werden im Projektverlauf nur selektiv (z. B. im Anschluss an Projektmeilensteine) an das Kundenteam weitergeleitet, entweder in Papier- oder Dateiform.

In beiden Fällen empfiehlt sich im Rahmen der Projektabschlussveranstaltung eine Übergabe der wichtigsten Ergebnisdateien in Form einer gebrannten CD-ROM. Der Datenträger sollte lediglich die wichtigsten (fünf bis zehn) Ergebnisdateien enthalten, und zwar mit selbst erklärenden Dateibezeichnungen. Die Verteilung erfolgt entweder nur an den Projektleiter oder zusätzlich auch an die Steuerkreis- und Projektteammitglieder. Die Weitergabe in Form einer CD-ROM erscheint jedoch nur in solchen Fällen als zweckmäßig, in denen die Rechner auf Kundenseite über CD- oder DVD-Laufwerke verfügen. Aus Daten- und Virenschutzgründen gibt es schließlich eine Vielzahl an Unternehmen, deren Computer gemäß der internen IT-Strategie die entsprechenden Zugänge nicht vorhalten.

Kundenzufriedenheitsbefragung
In zahlreichen, besonders größeren Unternehmensberatungen, ist es inzwischen üblich, den Kunden am Projektende im Hinblick auf seine Zufriedenheit mit der Projektarbeit und den -ergebnissen zu befragen. Hierzu bietet sich ein standardisierter Fragebogen an, der folgende Anforderungen erfüllen sollte:

• Befragung von Steuerkreismitgliedern und Projektteammitgliedern
• Standardisierte, geschlossene Fragen, ergänzt um ein Bemerkungsfeld pro Frage
• Maximaler Umfang von einer Seite

• Typische Inhalte: Bewertung von Projektvorgehensweise, Projektteam und Projektergebnissen

Üblicherweise wird in solchen Fragebögen auch abgefragt, ob der Kunde zukünftig als eine mögliche Referenz genutzt und genannt werden darf.

Die Ergebnisse der Kundenbefragung werden zwischen Projektleiter und Beraterteam sowie anschließend zwischen Projektleiter und Vorgesetztem (z. B. zuständigen Partner) besprochen. Am Ende werden die Ergebnisse in der beratungseigenen Projektdatenbank abgelegt.

Abschluss-Event mit dem Kunden-Projektteam
Projekte zeichnen sich durch ihre zeitliche Begrenzung aus, können dennoch über einen längeren Zeitraum, bei ERP-Einführungen im Einzelfall bis zu mehreren Jahren, dauern. Dabei durchlaufen Projekte Höhen und Tiefen, sowohl bezogen auf die Inhalte wie auch auf die Zusammenarbeit. Starken Einfluss auf die finale Projektgesamtbeurteilung hat neben dem Projektbeginn auch der Projektabschluss. Beim Projektabschluss ist zwischen einem inhaltlich-formellen und einem eher persönlich-informellen Projektende zu unterscheiden. Den inhaltlich-formellen Abschluss stellt die Abschlusspräsentation dar, während das persönlich-informelle Ende sich im persönlichen Abschied des Projektleiters vom Kunden ausdrücken sollte.

An dieser Stelle bietet sich ein gemeinsames Essen auf Projektleiter-Ebene an, bei dem die Beratungsgesellschaft die entstehenden Kosten trägt. Als aufwändigere Alternative hierzu ist auch ein gemeinsames Abschluss-Event mit allen Mitgliedern des Kernteams denkbar, etwa der gemeinsame Besuch im Biergarten. In diesem Fall ist es indes nicht erforderlich, dass der Consultant die Kosten trägt, vielmehr kann hier erwartet werden, dass jeder Teilnehmer Essen und Getränke privat bezahlt. Ggf. trägt auch der Kunde als Arbeitgeber die Kosten.

6.3   Beratungsinterne Aufgaben: „Lästige" Pflichten und lessons learned

Beratungsinterne Aufgaben erfolgen ohne direkten Bezug zum Kunden. Sie werden in der Praxis eher als Belastung, im besten Fall als notwendiges Übel betrachtet. Dennoch sind sie erforderlich, um aus den Projekterfahrungen für sich selbst und nachfolgende Beratergenerationen zu lernen. Sie sind die Grundlage der internen Wissensvermittlung ebenso wie für das kritische Reflektieren der eigenen Leistungen als Berater. Im Einzelnen zählen hierzu:

- Projekterfolgsrechnung
- Projektabschlussgespräch mit den Mitgliedern des Projekts auf Consultant-Seite
- Projekt-Review mit internem Reviewer
- Projektprofil und -referenz

Nicht in sämtlichen Unternehmensberatungen sind die o. g. Aktivitäten verpflichtend, geschweige denn standardisiert. Dennoch bilden sie die Basis einer kontinuierlichen Verbesserung und Weiterentwicklung, denen sich auch eine Unternehmensberatung unterziehen muss. Dieses Erfordernis wird nicht zuletzt dadurch unterstrichen, dass es sich um eine äußerst dynamische Branche handelt, die außerdem durch eine relativ ausgeprägte Mitarbeiterfluktuation geprägt ist. Beide Faktoren führen dazu, dass inhaltlicher Stillstand in einer Beratung mit einem Rückschritt gleichzusetzen ist.

Projekterfolgsrechnung

Dem Projektleiter obliegt üblicherweise auch das Projektcontrolling im Hinblick auf die Erfolgsfaktoren Zeit, Kosten und Qualität. Daher liegt es an ihm, am Projektende eine Nachkalkulation durchzuführen. Dabei werden folgende Werte miteinander ins Verhältnis gesetzt:

- Angebotene Manntage und daraus resultierender Angebotspreis
- Tatsächlich angefallene Manntage
- Fakturierte und vergütete Manntage

Aus der Gegenüberstellung dieser Werte lässt sich zunächst erkennen, inwieweit der ursprünglich kalkulierte Aufwand tatsächlich angefallen und auch vergütet wurde. Liegen dem Projektleiter darüber hinaus auch die (i. d. R. auf Grundlage einer Prozesskostenrechnung ermittelten) internen Tagessätze (nach Hierarchieebenen) vor, so lässt sich daraus der absolute Projekterfolg ermitteln. Dabei darf indes nicht versäumt werden, den angefallenen Akquisitionsaufwand ebenfalls zu beachten. Gleiches gilt für Projektaufträge, bei denen Nebenkosten nicht nach Aufwand, sondern pauschal gegenüber dem Klienten abgerechnet wurden. Auch hier kann im Nachgang überprüft werden, ob über die Nebenkostenvereinbarung (z. B. pauschal zehn Prozent auf die angefallenen Manntage) die Ist-Kosten (Reisen, Spesen, …) mindestens kompensiert wurden.

Eine Projekterfolgsrechnung beantwortet somit folgende Fragen:

- War das Projekt generell wirtschaftlich?
- Wie hoch war der Projektgewinn absolut und relativ?
- Inwieweit traf das Angebotsvolumen den realen Projektaufwand?
- In welchen Arbeitspaketen oder Projektphasen kam es zu Abweichungen zwischen geplanten und Ist-Manntagen?
- Welcher Manntageaufwand fiel auf welchen Hierarchieebenen der Beratung an?

Projektabschlussgespräch mit den Mitarbeitern und Aktualisierung des CV
Eine weitere Aufgabe am Projektende betrifft sowohl den Projektleiter als auch das Projektteam. Sie dient dem Prinzip von „lessons learned" und auch als Grundlage der jährlichen Mitarbeiterbeurteilung, die im Wesentlichen auf den dokumentierten Projektabschlussgesprächen des abgelaufenen Jahres fußt.

Das Feedbackgespräch geht dabei in zwei Richtungen. Einerseits dient es der Beurteilung der Teammitglieder (vom Business Analyst bis zum Senior Consultant), andererseits aber auch dem Projektleiter, um seine eigenen Führungs- und Fachkenntnisse reflektieren zu lassen. Schriftlich festgehalten wird allerdings nur der erste Teil, nämlich die fachlichen, methodischen und sozialen Kompetenzen des Consultants als Teammitglied. Im Vordergrund stehen dabei beispielsweise:

- Fachkenntnisse
- Analytische und methodische Fähigkeiten
- Problemlösungskompetenz und Kreativität
- Organisation und Selbstmanagement
- Führung von Projektteammitgliedern (soweit relevant)
- Kundenorientierung und Kundenbeziehungsmanagement
- Kommunikation

Die dokumentierte Projektbeurteilung des einzelnen Mitarbeiters wird von beiden Gesprächspartnern unterschrieben und anschließend der Personalakte des Consultants beigelegt.

Am Ende des Projektes sollte schließlich jeder Consultant sein CV in Bezug auf Projekterfahrungen (Branche, Land, Projektinhalte, angewendete Methoden, quantitative und qualitative Projektergebnisse etc.) aktualisieren. Diese Anpassung dient dem Eigeninteresse und dem firmeninternen Selbstmarketing, um bei zukünftigen, inhaltlich ähnlich gelagerten Projekten in den engeren Kreis des Staffing zu gelangen.

Analog dem Abschluss-Event mit Kunden erscheint es im Sinne des Firm Buildings ebenso zweckmäßig wie sinnvoll, als Projektleiter die Projektmitarbeiter nach erfolgreichem Projektabschluss einzuladen. Es sollte aber im Vorfeld geklärt werden, wie die anschließende Kostenverteilung aussieht (Bezahlung über das Projektbudget oder aus privaten Mitteln des Projektleiters).

Projekt-Review mit internem Reviewer
Der Projektleiter führt nicht nur mit seiner Projekt-Mannschaft ein individuelles Abschlussgespräch, sondern auch mit einem erfahrenen Senior-Reviewer. Im Gespräch mit einem Senior Reviewer, i. d. R. ein erfahrener Director oder Partner der Beratung, soll überprüft werden, ob die internen Qualitätsstandards eingehalten wurden. Gerade bei Unternehmen, bei denen die Mitarbeiter und Führungskräfte vier bis fünf Tage pro Woche nicht in den Büroräumen sind, ist es ganz entscheidend, über die Klammer des

Reviewers eine systematische Qualitätssicherung zu betreiben. Folgende Fragen werden im Rahmen eines solchen ein- bis zweistündigen Interviews behandelt:

- Gab es Auftragsänderungen während der Projektlaufzeit und welche Auswirkungen hatten diese auf das Projektbudget?
- Wie sieht der Abgleich zwischen Angebotsvolumen und tatsächlichem Beratungsumfang aus?
- Wo liegt Qualifizierungsbedarf bei ausgewählten Mitarbeitern des Projektteams?
- Wurden sämtliche wesentlichen Projektunterlagen katalogisiert und in der internen Wissensdatenbank abgelegt?
- Gibt es Außenstände? Wurden sämtliche Rechnungen fakturiert?
- Wurden Projektunterlagen, die von Kundenseite zur Verfügung gestellt wurden, nach Projektende gemäß interner Richtlinien ordnungsgemäß entsorgt?

Darüber hinaus dient das Projekt-Review der persönlichen Standortbestimmung des Projektleiters und dem Erkennen eigener Verbesserungspotenziale.

Projektprofil und -referenz
In personen- und Know-how-intensiven Dienstleistungsberufen entscheidet vielfach die Reputation des Unternehmens über die Erteilung eines Auftrages. Bezogen auf die Consulting-Branche bedeutet dies, dass Referenzen unerlässlich sind, um Neukunden vor Auftragsvergabe von der eigenen Leistungsfähigkeit zu überzeugen. Als Referenz bieten sich zwei Optionen an: Im ersten Fall erstellt der Projektleiter zu Projektende ein Projektprofil in Form eines Steckbriefes. Dort sind im Allgemeinen dieselben Informationen enthalten wie bei den Kurzprofilen von Beratern, also: Branche, Unternehmensgröße, Projektziel und -ergebnisse, Projektzeitraum, -vorgehensweise, -team sowie interne Kontaktdaten.

Während das Projektprofil schwerpunktmäßig für den internen Gebrauch gedacht ist und nur in seltenen Fällen in anonymisierter Form für einen Akquisitionstermin genutzt wird, zielt die Projektreferenz unter Benennung des Projektpartners auf eine aktive Vermarktung des Projektes ab. Voraussetzung hierfür ist zunächst, dass der Kunde mit einer solchen Referenz-Veröffentlichung grundsätzlich einverstanden ist.

Die Zustimmung vorausgesetzt, wird nun vom Projektleiter ein Text-Entwurf in Abstimmung mit der Marketing-Kommunikation (oder in kleineren Beratungseinheiten mit der Geschäftsführung) erarbeitet, der abschließend von Kundenseite offiziell freizugeben ist. Hier muss ein Weg gefunden werden, um einerseits nicht das Verschwiegenheitsgebot zu unterlaufen und andererseits nur Allgemeinplätze zu liefern, die dem Leser keinen inhaltlichen Mehrwert liefern und dadurch für die Beratungsgesellschaft auch kein akquisitorisches Potenzial bergen.

7   Fazit: Zehn goldene Regeln für einen erfolgreichen Berater-Einstieg

Das Berufsbild des Consultants unterscheidet sich in vielerlei Hinsicht von anderen Berufen. Trotz des breiten Spektrums an potenziellen Arbeitgebern – kaum eine Beratungsgesellschaft ist wie die andere – gibt es bestimmte Spielregeln, vielfach ungeschrieben, die es zu beachten gilt. Speziell für Hochschulabsolventen erscheint das neue berufliche Umfeld umgewohnt. Das liegt auf der einen Seite an ihrem allgemeinen Mangel an Berufserfahrungen, auf der anderen Seite an der fehlenden Vorbereitung auf den Berufseinstieg im Rahmen der akademischen Erst-Ausbildung, soweit es sich nicht um duale Studiengänge wie an Fachhochschulen oder Berufsakademien handelt.

Um den zukünftigen Junior Consultant auf das Leben als Berater vorzubereiten, aber auch, um Studenten einen Vorgeschmack auf das zu geben, was sie als Consultant erwarten könnte, wenn sie sich nach dem Studium dafür entscheiden, sollen die wichtigsten zehn Verhaltenshinweise im Folgenden als Handlungsempfehlungen zusammengefasst werden. Natürlich stellen sie keine Erfolgsgarantie für einen guten und reibungslosen Einstieg dar; dazu sind die einzelnen Beratungen – wie bereits erwähnt – viel zu unterschiedlich. Dennoch sollen sie dem Einsteiger Tipps über die wesentlichen „Dos" und „Don'ts" geben. Diese sind nicht nur empfehlenswert für Einsteiger, sondern auch für Seiteneinsteiger mit Berufserfahrung aus Handel und Industrie, die in die Consulting-Branche wechseln. Schließlich lassen sich deren Erfahrungen nicht 1 : 1 auf das Beraterleben übertragen.

1. Regel: Customer first (der Dienst am Kunden)

Spätestens seit dem Buch „In Search of Excellence"[61] von *Peters/Waterman* gilt Kundenorientierung als wichtigster kritischer Erfolgsfaktor für Unternehmen. Dies trifft auf Industrieunternehmen, die sich heute über industrielle Dienstleistungen[62]

---

[61]   Vgl. *Peter, T. J./Waterman, R. H.* (1982). Das Buch war die erste Management-Literatur, die eine Millionenauflage überschritt.

[62]   Vgl. *Hartel, D.* (2002).

stark differenzieren, ebenso zu wie auf reine Dienstleistungsunternehmen wie Consultancies.

Selbstverständlich wird kein Berater von sich behaupten, nicht kundenorientiert zu agieren. Daher stellt sich die Frage, welche Merkmale einen „kundenorientierten Berater" auszeichnen. Für Berater zählt neben der inhaltlichen speziell die zeitliche Kundenorientierung. „Zeitlich" bezieht sich dabei auf die Reaktionsgeschwindigkeit auf Anfragen und Klärungsbedarfe von Kundenseite. Schließlich beauftragen nicht wenige Manager externe Berater, weil sie sich gegenüber der Beauftragung eigener Mitarbeiter eine wesentliche Beschleunigung der Problembearbeitung und -lösung erwarten. Also ist es erforderlich, dass der Externe sehr zügig[63] reagiert. Die schnelle und nachhaltige Klärung der Anfrage wird somit ein Gütesiegel für den Berater. Sie zeichnet sich etwa durch folgende Verhaltensweisen aus, die verdeutlichen, dass ein typischer Beratertag nur selten um 18 Uhr endet:

* telefonische Erreichbarkeit am Abend, an den Wochenenden und an solchen Tagen, an denen der Berater nicht beim Kunden vor Ort ist
* kurzfristiges Antworten auf Nachrichten auf der eigenen Mailbox, i. d. R. am selben Tag
* schnelle Reaktion auf eingehende E-Mails, spätestens jedoch am Ende des nächsten Werktages
* wenn Problem oder Anfrage nicht kurzfristig sind, dann erfolgt zumindest eine kurze Meldung über den Zwischenstand der Anfragebearbeitung

2. Regel: Gepflegtes Erscheinungsbild (Wie du kommst gegangen ...)

Die zweite Grundregel betrifft das äußere Bild des Beraters. Dies ist wohl einer der wenigen Bereiche, in denen Vorurteile und Realitäten bezüglich Consultants i. d. R. übereinstimmen. Unabhängig von Klientenbranche, Aufgabenstellung und eigenem Arbeitgeber sollte der Berater in nahezu sämtlichen Fällen im Anzug (männlicher Berater) oder im Kostüm (weiblicher Berater) erscheinen. Als Farben bieten sich – auch in kreativen Bereichen – ausschließlich dezente Farben an, wobei schwarz jedoch nur für besondere Anlässe geeignet erscheint. Zu der Frage, was denn „gepflegt" bedeutet, lässt sich sagen, dass der Berater immer etwas besser als die Führungskräfte und Mitarbeiter seiner Klienten gekleidet sein sollte. Ein „gepflegtes Erscheinungsbild" zeichnet sich somit für den Herrn durch folgende Merkmale aus:

---

[63] In der Geschäftssprache, nicht nur unter Consultants, hat sich hierfür in den letzten Jahren das Modewort „zeitnah" eingebürgert. Es ist jedoch ebenso beliebt wie beliebig, da es wenig Konkretes enthält. Was bedeutet also „zeitnah"? Innerhalb von zwei Stunden, zwei Tagen oder zwei Wochen? Die exakte Antwort bleibt man schuldig ...

- Anzug: Keine Kombination von Hose und Sakko. Bei Beratern meist dunkel und unauffällig, gute Stoffe. Nie großkariert oder ungewöhnlich farbig, keine Seide o. ä.
- Schuhe: Geputzt und nicht mit dicken Gummisohlen. Stark abgelaufene Sohlen überarbeiten lassen.
- Bei dunklen Anzügen sollten auch die Socken oder Kniestrümpfe sowie die Schuhe dunkel sein, ideal ist die farbliche Brücke von Hose zu Schuh. Weiße Socken gehören ausschließlich in den Sportbereich.
- Krawatte: Dezent und passend zum Hemd und zum Anzug. Die Krawatte ist so zu binden, dass die Spitze mit dem Hosenbund abschließt oder maximal bis zur Mitte der Gürtelschnalle geht. Alles andere ist zu kurz oder zu lang.
- Gürtel: Wenn Gürtelschlaufen an der Hose vorhanden sind, ist ein Gürtel ein Muss; am besten aus Glattleder und farblich zu Schuhen und Tasche passend
- Ärmel: Kurzarmhemden sind nur im Ausnahmefall akzeptabel.
- Schmuck: Bei Herren idealerweise nur Uhren, Eheringe und ggf. Wappenringe. Besser keine sichtbaren Ketten, Armbänder, Anstecknadeln oder Ohrringe.
- Tasche: Beste Wahl ist immer eine Ledertasche, vorzugsweise dunkel.
- Accessoires: Als Schreibgeräte beim Kunden eigene höherwertige (nicht protzige) Produkte verwenden, keine Wegwerf-Schreibgeräte. Ausnahme: Firmen-Kugelschreiber

Bezogen auf das Oberhemd gilt:

- Farbe: Weiß und blau sind Standards. Grau und schlichte Pastelltöne sind akzeptabel. Alle anderen Farben sind unüblich.
- Muster: Uni-farbene Hemden oder dezent gestreift; Letztere sind insbesondere im angelsächsischen Bereich verbreitet. Vorsicht bei der Kombination von gestreiften Hemden mit gestreiften Anzügen und gestreiften Krawatten hierzu. Dies gelingt selten! Alle anderen Muster sind für einen Berater unüblich.
- Kragen: Hemden mit weißen Krägen/Manschetten und andersfarbigem Stoff kommen gerade wieder in (Haute-Couture-)Mode, sind sonst aber nicht üblich.
- Manschetten: Hemden mit Manschettenknöpfen nur dann tragen, wenn es auch der Kunde trägt (Beispiele Geschäftsführer, Vorstände etc.). Bei den meisten Angestellten sind normale Hemden angemessen und angeraten.

Für die Dame gelten folgende Empfehlungen:

- Anzug oder Kostüm: Bei Beraterinnen meist dunkel und dezent, gute Stoffe. Nie großkariert oder ungewöhnlich farbig, kein Leder o. ä.
- Schuhe: Geputzt, nicht abgelaufen und nicht mit dicken Gummisohlen. Auch zu hohe Stilettos oder sehr bunte Schuhe sind tendenziell unpassend.

- Strümpfe: Auch im Sommer sollten zum Kostüm immer Strumpfhosen getragen werden.
- Gürtel: Wenn Gürtelschlaufen an Rock oder Hose vorhanden sind, ist ein Gürtel ein Muss; am besten aus Glattleder und farblich zu Schuhen und Tasche passend.
- Oberteile/Blusen: Weiß und hellblau sind immer eine gute Wahl, wenn auch hier eine breitere Farbpalette als bei den Herren zur Verfügung steht. Pastellfarben, wenn sie zum Typ passen, sind ebenfalls gut. Bei intensiven Farben die Wirkung auf andere Personen beachten (beispielsweise rot!).
- Auch hinsichtlich der Musterung von Blusen sind mehr Möglichkeiten als bei Herren möglich. Allzu große Muster wirken jedoch unter Jacketts nicht besonders schön.
- Tücher: Sparsam nutzen. Wenn Damen ein Tuch als Halsschmuck tragen, benötigen sie keine Kette.
- Schmuck: Bei Damen hat sich die Fünfer-Regel bewährt: Maximal fünf Schmuckstücke wirken nicht überladen. Hierbei zählen Ohrringe einzeln und die Armbanduhr mit.
- Tasche: Beste Wahl ist immer eine Ledertasche, vorzugsweise dunkel.
- Accessoires: Als Schreibgeräte beim Kunden eigene höherwertige (nicht protzige) Produkte verwenden, keine Wegwerf-Schreibgeräte. Ausnahme: Firmen-Kugelschreiber.
- Make-Up: Völlig ungeschminkt ist eher unüblich. Leichtes Make-Up, passend zum eigenen Typ und zur Garderobe ist hier das Optimum. Nicht überschminken – keep it simple (or real).
- Parfum: Mit der Zeit nimmt man das eigene Parfum nicht mehr wahr. Es ist zu beachten, dass man nicht zuviel davon nutzt und besonders intensive Düfte vermeidet.

3. Regel: Freundliches, aber bestimmtes Auftreten

Kundenorientierung und schnelles Reaktionsvermögen – siehe goldene Regel Nummer eins – dürfen nicht damit verwechselt werden, dem Kunden in allem zuzustimmen. Vielmehr erwarten Klienten von ihren Consultants, dass diese sie objektiv und kompetent beraten. Objektiv und kompetent bedeutet indes nicht, dass der Consultant – auch wenn er u. U. bereits seit Jahren für diesen Kunden tätig ist – „frei von der Leber weg" seine Meinung äußern sollte. Denn Schmeicheln führt ebenso in eine Sackgasse wie ein plumpes Hinweisen auf Schwachstellen im Unternehmen. Im Gegenteil, erfolgreiche Consultants sollten ihre Aussagen diplomatisch formulieren, denn erstens sollte der Kunde nicht vor den Kopf gestoßen werden und zweitens handelt es sich schließlich um den Auftraggeber und keinen beliebigen Gesprächspartner. „Diplomatisch" bedeutet allerdings nicht, sich in beliebigen, sinnfreien Worthülsen zu verlieren, ohne sich auf eine bestimmte Einstellung festzulegen:

> The classified ad said, „Wanted: CEO needs a one armed consultant, with a social sciences degree and five years of experience." The man who won the job asked, „I understand most of the qualifications you required, but why, one armed'?" The CEO answered, „I have had many consultants, and I am tired of hearing with each advice the phrase 'on the other hand'".[64]

Ein bestimmtes Auftreten mit klaren Einstellungen und konsequenter Zielverfolgung ist auch deshalb erforderlich, weil der Berater im Regelfall nicht für Gefälligkeiten beauftragt wird, sondern zur Lösung eines Problems, welches der Klient mit internen Ressourcen allein nicht oder nur sehr zeitverzögert realisieren kann. Wer also als Consultant im Rahmen von Interviews und Workshops nicht bestimmt auftritt, um das Projektziel konsequent zu verfolgen, wird relativ schnell merken, dass auf Mitarbeiterseite des Kunden dem Projekt nicht die gewünschte Priorität eingeräumt wird: Interview-Termine werden kurzfristig abgesagt oder verschoben, vom Kunden zugesagte Unterlagen und Auswertungen kommen zu spät oder unvollständig beim Consultant an. Infolge dessen kommt es zu zeitlichen Verzögerungen und Mehraufwand auf Beraterseite (z. B. durch erneutes Nachhaken und Überwachen von Maßnahmen) und nicht zuletzt zu dem Risiko, dass das Projektziel gefährdet ist. Daher hat ein bestimmtes, aber freundliches Verhalten nicht nur etwas mit „guter Kinderstube" zu tun, sondern auch direkt mit dem Projekterfolg.

4. Regel: Pünktlichkeit (mehr als eine Tugend)

Zitate wie „Pünktlichkeit ist die Seele des Geschäfts"[65] und „Pünktlichkeit ist die Höflichkeit der Könige"[66] verdeutlichen den Stellenwert dieser Tugend. Für Unternehmensberater gilt dies ganz besonders, ist „Pünktlichkeit" doch ein einfacher Indikator, um Rückschlüsse auf Disziplin, Einsatz und Qualität des Externen zu schließen. Pünktlichkeit wird schließlich auch dann vom Consultant erwartet, wenn die Mitarbeiter auf Kundenseite durch zu spätes Erscheinen bei Interviews und Meetings „glänzen". Ein Geschäftsführer eines mittelständischen Unternehmens setzte ein einfaches, aber sehr effektives „Gegenmittel" dagegen ein: Er schloss zu Beginn einer Sitzung pünktlich den Raum von innen ab. Wer zu spät kam, blamierte sich nicht nur vor dem Kollegenkreis, sondern war auch vom Informationsfluss abgeschnitten. Innerhalb weniger Tage hatte sich die Situation in diesem Unternehmen verbessert.

---

[64] o. V. (2008).

[65] *Thomas Chandler Haliburtun*, kanadischer Schriftsteller.

[66] *König Ludwig XVIII von Frankreich.*

Da es dem Berater nur selten zusteht, solche Maßnahmen einzuleiten, kann er nur als Vorbild fungieren. Hierzu zählt etwa:

- zehn Minuten vor Workshop- oder Interview-Beginn im Besprechungsraum zu erscheinen
- Workshop-Moderationen pünktlich zu starten, auch wenn noch Teilnehmer fehlen
- bei Präsentationen mit Medien-Einsatz (Beamer, Notebook, Pinnwand, Flipchart etc.) mit Störungen bei der Installation rechnen und 20 bis 30 Minuten den Raum vorbereiten
- frühzeitige Information des Sekretariats, falls sich im worst case Verspätungen nicht verhindern lassen
- Vermeiden fadenscheiniger Entschuldigungen – wenn kein schwerwiegender Grund für die eigene Verspätung vorliegt, dann nur entschuldigen und keine Gründe nennen

Zeitmanagement und Pünktlichkeit beziehen sich indes nicht nur auf den pünktlichen Beginn von Veranstaltungen, sondern auch auf ein pünktliches Beenden. So mag zwar eine Veranstaltung mit „open end" auf den ersten Blick Ausdruck eines ausgeprägten Arbeitseifers des Beraters sein, faktisch besteht jedoch die große Gefahr, sich bei den Teilnehmern innerhalb kürzester Zeit unbeliebt zu machen. Ehrlicher wäre hier, einen späten, aber dennoch konkreten Endtermin zu setzen. Dieser Endtermin sollte dann schließlich auch eingehalten werden, da ansonsten wiederum die allgemeine Projektmotivation darunter leiden könnte.

Dass Pünktlichkeit und Zeitmanagement immer gelten, also auch in Zeiten hoher Arbeitsbelastung in der Projektarbeit, sollte hier der Vollständigkeit halber noch erwähnt werden. Schließlich erwartet der Kunde neben einem stressresistenten Berater auch immer die pünktliche Ablieferung gewünschter Leistungen.

5. Regel: Engagement und Leistung (denn Eigeninitiative lohnt sich)

Für Consultants gilt die Regel, dass Informationen Hol-Schulden sind. Trotz transparenter hierarchischer Strukturen und Mentorenmodell für Einsteiger obliegt es dem Berater, aktiv Informationen in seinem Unternehmen, aber auch beim Kunden, einzufordern. Schließlich lebt der Beruf des Beraters stark von der Eigeninitiative des Einzelnen.

Engagement zu zeigen, gerade als Berufseinsteiger, ist im Normalfall für junge Consultants kein wirkliches Problem. Wichtig ist jedoch, dass das Engagement auch zu tatsächlicher Leistung führt. Denn nur hiervon profitiert der Vorgesetzte oder der Kunde. Es reicht also nicht aus, sich durch viele Fragen ein Bild zu machen, sondern die Antworten früher oder später in verwertbare Ergebnisse umzuwandeln. Zentrale

Bedeutung besitzt zudem, dass diese Leistung als Teil eines gemeinsamen Ergebnisses betrachtet wird und nicht als Teil eines „Greenhorns", welches sich nur profilieren möchte.

Empfehlenswerte Zeichen für Engagement und Leistung für Consultants nach dem Berufseinstieg „nach innen", also in Richtung Projektleiter und Kollegen, können dabei sein:

- Einlesen in Publikationen des Arbeitgebers, z. B. Studien, Bücher, White Papers etc.
- Spezialisierung auf ein bestimmtes Thema oder eine bestimmte Branche (über das aktuelle Projekt hinausgehend)
- Erstellen eines Konzeptpapiers für ein neues Beratungsprodukt (z. B. auf Grundlage eigener Erfahrungen aus früheren Tätigkeiten) oder einer empirischen Studie
- Unterbreiten von Vorschlägen für eine Fachpublikation
- frühzeitiges Aufzeigen eigener Freikapazitäten

Aktive Zeichen „nach außen", also in Richtung des Kunden, sind beispielsweise:

- Unterstützung des Kunden bei der Vorbereitung einer Präsentation oder eines externen Vortrags
- Support bei der Erstellung einer internen Projektkommunikation, z. B. eines Newsletters an die betroffenen Mitarbeiter des Projekts oder eines Beitrags für die Mitarbeiterzeitschrift
- Unterstützung des Kunden bei der Auswertung oder optischen Aufbereitung von Zahlenmaterial
- Support des Projektleiters auf Kundenseite bei der Zusammenstellung seines Projektteams
- Tipps und Tricks rund um den effizienten Einsatz von Software, z. B. Microsoft Office

Bei den oben genannten Beispielen sollten zwei Aspekte besondere Berücksichtigung finden: Für die Zeichen nach innen gilt, dass sie unbedingt einen direkten Bezug zur Projektarbeit (und damit einen direkten Nutzen für den eigenen Arbeitgeber) haben sollten. Außerdem sollte nicht der Eindruck erweckt werden, dass man sich langweilt und daher anderen Beschäftigungen nachgeht. Im Gegensatz dazu ist bei den Zeichen nach außen zu beachten, dass das Engagement einen Bezug zum Projektauftrag haben sollte, um bei größeren Aktivitäten nicht unnötigen internen Aufwand zu generieren, der durch den Projektauftrag nicht abgedeckt wird. Darüber hinaus sollte der Berater unbedingt die fixierten Kommunikationslinien einhalten und nicht seinen eigenen Vorgesetzten umgehen, indem er – und nicht sein Projektleiter – sich direkt mit dem Kunden-Projektleiter abstimmt.

6. Regel: Kritisches Hinterfragen (zum perfekten Berater wird niemand geboren)

Von einem Berater werden Entscheidungsfreude und ein gesundes Maß an Selbstbewusstsein erwartet. Nur in seltenen Fällen leiden in der Tat Berater an mangelnden Selbstvertrauen. Diese im Grundsatz positive Eigenschaft sollte den Berater, und zwar nicht nur zu Beginn seines Beraterdaseins, nicht daran hindern, sich immer wieder kritisch selbst zu reflektieren. „Selbstreflexion" ist dabei nicht mit „Selbstzweifel" zu verwechseln, sondern der Ansporn an sich selbst, sich nicht auf dem persönlich Erreichten auszuruhen, sondern permanent an sich zu arbeiten. Zitate wie „Stillstand ist Rückschritt." und „Wer aufhört, gegen den Strom zu schwimmen, treibt unweigerlich zurück."[67] sind Ausdruck des lebenslangen Lernens, gerade in einem dynamischen Umfeld wie dem des Beraters. So gilt die Idee der „Kontinuierlichen Verbesserung" nicht nur für Organisationen, sondern auch für das Know-how von Personen.

Ein Consultant sollte sich durchaus in regelmäßigen Abständen folgende Fragen stellen:

- Wie hätte die heutige Präsentation/der heutige Workshop besser ablaufen können?
- Habe ich die Ziele der Veranstaltung erreicht?
- Gab es Fehler (inhaltlich oder optisch) in den Unterlagen? Wie hätten diese vermieden werden können?
- Wo liegen meine persönlichen Verbesserungspotenziale? In den Inhalten? In der Präsentation? In methodischen oder sozialen Kompetenzen?
- Habe ich mein Tagesziel erreicht bzw. alle Themen abgearbeitet?
- Bringe ich das Projekt voran?
- War ich heute meinen Tagesatz wert?
- Bin ich generell meinen Tagessatz wert?

Durch diese Fragen, die man durchaus auch mit Personen seines Vertrauens aus dem Beraterumfeld diskutieren sollte, stellt ein Berater sicher, dass er nicht die Bodenhaftung verliert, sondern regelmäßig an sich arbeitet, um auch zukünftig immer einen Schritt voraus zu sein.

---

[67] Nach *Konfuzius*.

7. Regel: Einfordern von Feedback (kein Meister ist vom Himmel gefallen)

Gerade in den ersten Wochen und Monaten wird der Berater-Einsteiger von neuen Eindrücken und Erfahrungen geprägt. In dieser Zeit lernt ein Consultant fachlich, methodisch und sozial sehr viel, für nicht wenige kommt es sogar zum „Praxisschock". Fast zwangsläufig wird der Berater vor bestimmten Problemen stehen:

- Habe ich die an mich gestellte Aufgabe richtig verstanden?
- Wie und in welcher Form soll die Aufgabe gelöst werden?
- Wo gibt es vielleicht Vorarbeiten, auf die ich aufsetzen kann, um nicht bei null zu beginnen?
- Habe ich die gestellte Aufgabe in der richtigen Güte und in der richtigen Zeit gelöst?

Diese und weitere Fragen lassen sich nicht durch ein reines Nachahmen des Kollegen- und Vorgesetztenverhaltens beantworten: „Wer immer nur in die Fußstapfen anderer tritt, hinterlässt keine eigenen Spuren!" Vielmehr benötigt der Berater jemanden, der ihm einen Spiegel vorhält und ihm ein konstruktives Feedback gibt. Dabei bieten sich als Anlaufstellen der Projektleiter, der Mentor oder ein Kollege, der ebenfalls noch relativ „frisch" dabei ist, an. Dabei ist das Einfordern eines Feedbacks nicht als Eingestehen von Schwäche oder Unsicherheit fehl zu interpretieren, sondern als Wille, sich permanent weiterzuentwickeln. In der Praxis ergibt sich jedoch oft das Problem, dass Mentor, Projektleiter oder Kollegen keine Zeit haben für ein ausführliche Gespräch und dass u. U. auf das Projektabschluss- oder Halbjahresgespräch verwiesen wird.

Hierauf sollte der Consultant sich nicht vertrösten lassen, sondern aktiv einen konkreten Termin, ggf. am Abend oder am Rande eines Office Days am Freitag, vorschlagen. Schließlich ist es Teil der Führungsaufgabe eines Projektleiters und/oder Mentors, relativ unerfahrenen Consultants bei der Einarbeitung zu helfen. Dennoch sollte der Consultant im Hinterkopf behalten, dass es sich bei dem Einholen eines Feedbacks wiederum um eine Hol- und keine Bringschuld handelt: Im Regelfall wird vom Mitarbeiter erwartet, dass er die Initiative ergreift und Kritik einfordert und nicht umgekehrt.

8. Regel: Akzeptieren von Hierarchien

In Beratungen, gerade in amerikanisch geprägten und größeren Häusern, ist das „Du", auch über mehrere Hierarchiestufen hinweg, üblich. Berater verbringen meist nicht nur acht Stunden pro Tag zusammen, sondern oft auch einen Teil ihrer Freizeit unter der Woche, soweit es der Terminkalender und die Projektarbeit zulassen. Diese Fakten sollten aber nicht darüber hinwegtäuschen, dass bei allem „Lean"-Gedankengut und Schlanke-Hierarchien-Projekten Unternehmensberatungen, kleine wie große, relativ streng hierarchisch aufgebaut sind. Nicht zuletzt die verschiedenen Karrierestufen vom Business Analyst bis zum Partner weisen darauf hin, dass klare Organisationsstrukturen vorherrschen.

Das Einhalten dieser Hierarchien ist nicht nur für die internen Entscheidungs- und Kommunikationswege von Bedeutung, sondern auch für die Kommunikation mit dem Kunden und seinen Mitarbeitern. Dieses System mag auf den ersten Blick als überholt und unnötig starr erscheinen, es stellt jedoch einen transparenten Informationsfluss sicher. So werden zu Beginn eines Projektes die Kommunikationslinien zwischen den Mitgliedern des Steuerkreises, den Projektleitern und ggf. den Teilprojektleitern (jeweils auf beiden Seiten) fixiert und in Form der Projektorganisation kommuniziert. Natürlich ist es Aufgabe des Vorgesetzten, die mit dem jeweiligen Counterpart abgestimmten Inhalte und Ergebnisse an die eigenen Mitarbeiter zu kommunizieren.

Um unnötige Hierarchie- und Kompetenzdiskussionen innerhalb des eigenen Beraterteams zu vermeiden, sollte der neu einsteigende Berater sich an folgende Spielregeln halten:

- Weiterleiten von Informationen, die vom Kunden kommen, an die jeweilige interne Adresse (statt sie selbst spontan „irgendwie" zu bearbeiten)
- Akzeptieren der temporären Vorgesetztenfunktion des Projektleiters oder Teilprojektleiters, sowohl fachlich als auch disziplinarisch
- keine Kommunikation und keine Abstimmungen mit dem Kunden-Projektleiter an dem eigenen Projektleiter vorbei
- Klären von (persönlichen) Problemen direkt mit der jeweils höheren Ebene; Einbinden des Mentors oder eines Partners/Directors nur dann, wenn keine direkte bilaterale Lösung mit dem Projektleiter gefunden werden kann
- kein Plaudern aus dem Nähkästchen gegenüber Dritten, auch wenn sie Kollegen sind – Vertraulichkeit in der Projektarbeit auch intern sicherstellen
- regelmäßige Upward Management in Richtung Projektleiter – mit Konzentration auf die wichtigsten Informationen („Highlights")

Auf den ersten Blick mögen die Handlungsempfehlungen antiquiert wirken, sie sind aber gerade dann unerlässlich für eine effiziente Projektarbeit, wenn man bedenkt, dass sich fast jedes Projekt personell anders zusammensetzt, aber dennoch immer mit einer Stimme in Richtung Kunde gesprochen und gehandelt werden soll. Kaum etwas ist schlimmer für den Kunden, als wenn er den Eindruck gewinnt, dass er es bei dem Beraterteam mit einer Ansammlung unabgestimmter Solisten zu tun hat, die anscheinend noch nie zusammengearbeitet haben.

9. Regel: Orientieren an Vorgesetzten und Kollegen (Lernen durch Nachahmen)

Gerade dem Neueinsteiger in der Consulting-Branche fallen bestimmte Verhaltensmuster von Vorgesetzten und Kollegen auf, da der Berufsalltag noch aus einer gewissen Distanz heraus beobachtet wird. Verwenden die Kollegen immer wieder typische Berater-Ausdrücke wie „Outsourcen" und „Ausphasen"? Verhält sich der Projektleiter in Gegenwart des Kunden anders als gegenüber seinem Projektteam? Welche materiellen Dinge stellen Status Symbole dar, welche wirken eher peinlich? Wie geht der Projektleiter mit Konflikten im Projekt um? Wie geht der Kollege im Rahmen eines Analyseinterviews vor, um die kritischen, aber erforderlichen Informationen zu erhalten?

Durch die enge Zusammenarbeit im Projektteam kommt es unweigerlich dazu, dass sich zahlreiche Gelegenheiten bieten, das Verhalten der anderen zu studieren. Anhand der Reaktionen der anderen, seien es Kollegen oder seien es externe Kunden, lässt sich relativ einfach feststellen, welche Verhaltensmuster nachahmenswert und welche nicht. Es geht also nicht darum, sämtliche Verhaltensweisen unreflektiert zu übernehmen. Die Fähigkeit zur Einnahme einer objektiven Beurteilungsposition geht bedauerlicherweise früher oder später verloren und irgendwann wird das Verhalten automatisch als richtig und sinnvoll betrachtet, welches dem eigenen Unternehmensstandard entspricht.

In folgenden Situationen ist das Verhalten eines Beraters besonders wichtig und daher bzgl. einer möglichen Nachahmungsstrategie von Relevanz:

- Kick-off-Veranstaltungen
- Vorstellen der eigenen Vita
- Kritische Workshops und Interviews
- Projekt-jours-fixes
- Status- und Abschlusspräsentationen
- Off-Site-Veranstaltungen mit Kunden
- Off-site-Events mit Vorgesetzten

10. Regel: Nicht den Mut verlieren (niemals aufgeben)

Die zehnte und letzte goldene Regel soll dem zukünftigen oder noch relativ unerfahrenen Consultant Mut für seinen Beruf zusprechen. In den ersten Wochen ergeben sich zahlreiche Risiken für den Berufseinsteiger. Manche können sogar so folgenreich sein, dass die Consultant-Karriere vielleicht schon mit der Probezeit wieder beendet ist. In den meisten Fällen sind die ersten drei bis sechs Monate auch zugleich die arbeitsintensivsten, welche auch zu Selbstzweifeln bei der Berufswahl führen können. Dennoch sollte ein Berater hier nicht zu früh aufgeben. Ein erfahrener Kollege hat einmal zu dem Autor während dessen Probezeit als Consultant Folgendes gesagt: „Wer sich nicht mindestens zweimal in den ersten zwölf Monaten seines Beraterdaseins fragt, ob er wirklich den richtigen Beruf gewählt hat, zeigt weder Herz noch Verstand!"

Trotz aller Handlungsempfehlungen, Fettnäpfchen, Knigge-Faux-pas oder unpässlicher Umgangsformen darf und soll dieses Buch nicht darüber hinwegsehen, dass es nur wenige Berufsbilder gibt, die so abwechslungsreich, spannend, herausfordernd, teamorientiert und Karriere fördernd sind wie das eines Consultants. Wer nicht nur fachliches Engagement und Motivation, sondern auch entsprechend vorbildliche Umgangsformen mitbringt, dem steht die Möglichkeit offen, den Grundstein für ein erfolgreiches Berufsleben zu legen.

Um sich auch in schwierigen Berater-Zeiten mit wenig Freizeit, hochkomplexen Projekten und persönlich problematischen Kunden und Kollegen immer wieder zu motivieren, sei an dieser Stelle auf die folgende Abbildung verwiesen, die der Autor während seiner Zeit als Doktorand immer über seinen Schreibtisch hängen hatte (siehe Abbildung 17).

PAROLE :

niemals aufgeben ...

Abbildung 17: Niemals aufgeben!

Abkürzungsverzeichnis

ARIS:	Architektur integrierter Informationssysteme
BCC:	Blind Carbon Copy
BCG:	Boston Consulting Group
BDU:	Bundesverband Deutscher Unternehmensberater
BMW:	Bayerische Motorenwerke
CC:	Carbon Copy
CV:	Curriculum Vitae
DB :	Deutsche Bahn
E-Mail:	Electronic Mail
EDV :	Elektronische Datenverarbeitung
ERP :	Enterprise Resource Planning
FEACO:	Fédération Européenne des Associations de Conseils en Organisation
HR:	Human Resources
ICE:	Intercity Express
IFA:	Internationale Funkausstellung
IT:	Informationstechnologie
KPMG:	Klynveld Peat Marwick Goerdeler
MB:	Megabyte
o. V.:	ohne Verfasser
PDA:	Personal Digital Assistant
PWC:	Price Waterhouse Coopers
REFA:	Reichsausschuss für Arbeitszeitermittlung
RKW:	Rationalisierungs-Kuratorium der deutschen Wirtschaft
SAP:	Systeme Anwendungen Produkte in der Datenverarbeitung
VDA:	Verband der Automobilhersteller
VW:	Volkswagen

Literatur

BDU (2013): Facts & & Figures zum Beratermarkt 2012/2013, Bonn/Berlin

Büsch, M. (2013): Praxishandbuch Strategischer Einkauf, 3., korr. Aufl., Wiesbaden

Claus Goworr Consulting (2005): Ellenbogenverhalten oder Sozialkompetenz – wie wichtig sind gute Umgangsformen bei Führungskräften?, München

Dalan, M. (2007): Umbenennung – Daimler lässt sich von Chrysler scheiden, http://www.welt.de/wirtschaft/article1235779/Daimler_laesst_sich_von_Chrysler_scheiden.html (Stand: 22.05.2008)

FEACO (2012): FEACO-Survey of the European Management Consultancy Market 2011/ 2012, Brüssel 2012

Friedrichsen, H. (2011): Viel Stress, viel Geld, http://www.spiegel.de/karriere/berufsleben/0,1518,775548,00.html (Stand: 02.04.2013)

Givhan, R. (2005): Dick Cheney, Dressing Down, Parka, Ski Cap at Odds With Solemnity of Auschwitz Ceremony, in: Washington Post vom 28.01.2005. S. C01

Hartel, D. (2002): Auditierung und Erfolgsfaktoren industrieller Serviceleistungen, München

Hartel, D. (2004): Externe Berater: Acht Regeln – wie Sie erfolgreich auswählen und steuern, in: newsletter Controlling&Finance, Nr. 11, S. 4+5

Hartel, D. (2008): Ein weites Feld, http://economag.de/magazin/2008/1/46+Ein+weites+Feld (Stand: 22.05.2008)

Hartel, D. (2009): Consulting und Projektmanagement im Industrieunternehmen, München/Wien

Hartel, D. (Hrsg.) (2012): Fallstudien in der Logistik, BVL-Schriftenreihe Wirtschaft und Logistik, Hamburg

Heuermann, R./Herrmann, F. (2003): Unternehmensberatung, München

Huber, M. (2012): Unternehmensberatungen – Supermann für vier Jahre, http://www.spiegel.de/karriere/berufsleben/ueberblick-ueber-den-job-des-unternehmensberaters-a-821628.html (Stand: 05.04.2013)

Hus, C. (2006): Angestellte mögen fahrbare Statussymbole, http://www.faz.net/s/Rub8D4D94F71B3A43159C78FB196DED6A94/Doc~E3E76A7C28B0 A4160B17622AF60C644E4~ATpl~Ecommon~Scontent.html (Stand: 23.04.2013)

Jacoby, A. (2005): Vom Einsteiger zum Junior- zum Senior-Berater,
http://www.faz.net/s/RubB1763F30EEC64854802A79B116C9E00A/
Doc~EC39297FBFF13498F9A965665CA36644B~ATpl~Ecommon~Scontent.html
(Stand: 22.05.2008)

Karle, R. (2008): Toni Tüftler wird Berater, in: Financial Times Deutschland vom 14.03.2008,
S. B3.

Kienbaum Management Consultants (Hrsg.) (2010): Statussymbol als Motivationsanreiz,
Online Befragung zum Thema Dienstwagen, Gummersbach

Knigge, A. (1788): Über den Umgang mit Menschen, o. O.

Knigge, M. (2006): Warum wir Statussymbole brauchen, in: Cicero, Ausgabe Mai, S. 141–142

Kostka, C./Mönch, A. (2009): Change Management. 7 Methoden für die Gestaltung von
Veränderungsprozessen, 4. Aufl., München

Kuntz, B. (2007): Berufsanfänger- Mit beiden Füßen im Fettnapf,
http://www.focus.de/jobs/karriere/tid-6738/berufsanfaenger_aid_65374.html (Stand:
07.07.2007)

Niedereichholz, C. (2010): Unternehmensberatung, Band 1, 5., vollständig neu bearb. Aufl.,
München

Niedereichholz, C. (2013): Unternehmensberatung, Band 2, 6., akt. Aufl., München

Noé, M. / Student, D. (2007): „Hausberater nicht zu empfehlen",
http://www.manager-magazin.de/unternehmen/beratertest/0,2828,494249,00.html
(Stand: 22.05.2008)

o. V. (2006): „Pacta sunt servanda" – Ex-Karstadt-Quelle-Vorstände bleiben mobil,
http://www.faz.net/s/RubD16E1F55D21144C4AE3F9DDF52B6E1D9/
Doc~E992EA4C18447401F828153B6F5529A70~ATpl~Ecommon~Scontent.html
(Stand: 23.05.2008)

o. V. (2008): Consulting Insider, http://www.consultinginsider.com/
(Stand: 18.05.2008)

o. V. (2013a): Schnelle Karriereschritte, vielfältige Perspektiven,
http://www1.deutschebahn.com/db-consulting/start/karriere/ihr_einstieg/ (Stand: 05.04.2013)

o. V. (2013b): Your Path: Faster, Higher, Farther,
http://join.rolandberger.com/nl/what-s-in-it-for-me/career-stages/ (Stand: 22.03.2013)

Peitsmeier, H./Löhr, J. (2013): Roland Berger verhandelt wieder über den Verkauf,
http://www.faz.net/aktuell/wirtschaft/unternehmen/fusion-mit-wirtschaftspruefer-roland-
berger-verhandelt-wieder-ueber-den-verkauf-12128011.html (Stand: 03.04.2013)

Peters, T. J./Waterman, R. H. (1982): Auf der Suche nach Spitzenleistungen, New York

proTransfer AG (Hrsg.) (2003): Neue Traditionen in der Unternehmens- und Mitarbeiterent-
wicklung, Nr. 14, Basel

Steppan, R. (2003): Versager im Dreiteiler, Berlin

Stuhr, A. (2003): Die 50 Mächtigsten – Makaay-Deal und Schrempp-Gedicht,
http://www.manager-magazin.de/unternehmen/maechtigste/0,2828,262239,00.html
(Stand: 23.05.2008)

Terpitz, K. (2007): Berater auf dem Laufsteg,
http://www.handelsblatt.com/news/Karriere/Management-
Strategie/_pv/_p/200812/_t/ft/_b/1267220/default.aspx/berater-auf-dem-laufsteg.html
(Stand: 22.05.2008)

Wannenwetsch, H. (2009): Erfolgreiche Verhandlungsführung in Einkauf und Logistik,
3. Aufl., Heidelberg

Wildemann, H. (1997): Produktivitätsmanagement - Handbuch zur Einführung eines kurzfristigen Produktivitätssteigerungsprogramms mit GENESIS, 2. Aufl., München

Wildemann, H. (2013): Lean Management, 20. Aufl., München

Index

www.ingramcontent.com/pod-product-compliance
Lightning Source LLC
Chambersburg PA
CBHW060302220326
41598CB00027B/4211